财经易文

www.ewinbook.com

突破困境的领导艺术

丹尼·考克斯（Danny Cox）
约翰·胡佛（John Hoover）［著］
易 晔［译］

LEADERSHIP WHEN THE HEAT's ON

中国财政经济出版社

图书在版编目(CIP)数据

突破困境的领导艺术/(美)考克斯,胡佛著;易晔译 .—北京:中国财政经济出版社,2004. 4

书名原文:Leadership When the Heat's On

ISBN 7 -5005 -7112 -7

Ⅰ. 突… Ⅱ. ①考… ②胡… ③易… Ⅲ. 领导艺术 Ⅳ. C933. 2

中国版本图书馆 CIP 数据核字(2004)第 014858 号

著作权合同登记号:图字 01 -2002 -4775 号

Danny Cox John Hoover

Leadership When the Heat's On

ISBN 0 -07 -140083 -4

中国财政经济出版社 出版

URL: http://www.cfeph.com.cn

E-mail: webmaster@ewinbook.com

社址:北京海淀区阜成路甲 28 号 邮政编码:100036

发行电话:010 -88191017

北京牛山世兴印刷厂印刷 各地新华书店经销

787×1092 毫米 16 开 19 印张 280 千字

2004 年 4 月第 1 版 2004 年 4 月北京第 1 次印刷

定价:39. 80 元

ISBN 7 -5005 -7112 -7 / F · 6222

(图书出现印装问题,本社负责调换)

三十六计的具体谋略……这些充满着对立面转化辩证思想的文化遗产，如今不仅成为治国、治军的锐利武器，也成为企业家在激烈的市场竞争中致胜的法宝。

决策是领导者的首要任务。如何确保决策正确，是领导者突破困境的关键。中国古代的先哲们，在这方面也有许多精辟的见解。

“先谋后事者昌，先事后谋者亡。”（《意林》引《太公金匮》）是说应谋划在先，行动在后，才能确保成功，反之则事必败。“不动声色，而措天下于泰山之安。”（欧阳修《相州尽锦堂记》）指的就是高级领导者在困境中沉着应对、运筹帷幄而决胜千里之外的大将风度。

“日之能烛远，势高也；使日在井中，则不能烛十步矣。”（《尸子卷上·明堂》）讲的是领导者应高瞻远瞩，而不能鼠目寸光。

“事无巨细，毕陈于前。若网在纲，振之则举，驰之则废。”（苏辙《孙览河北运副除右司郎官》）指出决策者应抓主要矛盾，抓住关键，才能纲举目张，作出正确决策。

“不苟一时之誉，思为利于无穷。”欧阳修在《偃虹堤记》中的这句话要求领导者在危难面前不要只考虑一时的名声，而应考虑组织长期的利益，克服患得患失的思想。

“详其小，必废其大。”（苏辙《宇文融》）指的是，决策者若只专注于小事、细枝末节，必然在重大决策上产生失误。苏洵在《高祖》中盛赞：“高祖之智，明于大而暗于小。”指的就是，汉高祖在大局上算度精确、精于决策的突出优点。

“工欲善其事，必先利其器。”（《论语·卫灵公》）讲的是，决策者必须考虑决策实施的手段，物质基础和政治制度等。

“它山之石，可以攻玉。”（《诗经·小雅·鹤鸣》）讲的是借鉴其他组织（国家、地区、企业）经验的重要性，那是正确决策赖以形成的外部因素。

“见兔而顾犬，未为晚也，亡羊补牢，未为迟也。”（《战国策·楚策四》）讲的是，决策者应注意搜集决策实施的反馈意见，及时纠正错误，采取补救措施，甚至于重新进行决策，常会力挽狂澜。

推荐序

21世纪，世界进入了竞争白热化的阶段。这不仅包括经济领域市场竞争国际化、快速化，而且还包括政治、文化、军事领域的激烈竞争。这正如疾风暴雨下的海上航行，到处都会遇到惊涛骇浪。大海航行靠舵手，靠船长，靠领导者直面挑战的勇气，靠领导者随机应变的智慧，靠领导者激发成员斗志的统率力，靠领导者大刀阔斧的实施力。

做水手难，做船长更难。《突破困境的领导艺术》一书，总结了优秀领导者的共性——勇敢地面对残酷的现实，并保持坚定信念。

中国海尔CEO张瑞敏也常说：总有一种“如临深渊、如履薄冰”的危机感，一刻也不敢松懈，需不断地应对新一轮的挑战。

自古以来，许多哲人先贤思考领导的艺术，特别是度过危机的艺术。

树立一种正确的、高明的思维方式，对于领导者突破困境至关重要。中国古代“物极必反”、“相反相成”的思想，鼓舞了许多身陷困境的英雄。《老子》中“以顺待逆，以逸待劳，以卑待骄，以静待噪”的后发制人思想；“以弱胜强，以柔克刚，以退为进”的斗争策略；“将欲弱之，必固强之；将欲废之，必固兴之；将欲夺之，必固予之”的欲擒故纵方法……《孙子兵法》中“知己知彼，百战不殆”，“得道多助，失道寡助”，“不战而胜，是为上策”的战略思想；“避实而击虚”，“因敌变化而取胜”的应变策略；“令之以文，齐之以威”，“令民与上同意”的带兵原则；“千军易找，一将难求”，“将者，智、信、仁、勇、严也”的人事哲学；以及在危难和困境面前，如何带好队伍是领导者的另一种关键能力。

两军相遇勇者胜，士气对于组织的成败至关重要。正如《尉缭子·战威》中所说："夫将之所以战者，民也。民之所以战者，气也。气实则斗，气夺则走。"士气怎样鼓起？怎样维持？一字而言：义也。"夫惟义可以怒士。士以义怒，可以百战。"（苏洵《心术》）组织的领导者应该引导部下认识到组织奋斗的崇高目标，组织为之奋斗的事业的伟大意义，激励部下"舍生取义"的奉献精神，成就伟大事业的使命感和责任感，使整个组织成员的团结建立在"上下同欲"的价值观基础上。这样的组织，其凝聚力是持久的，其战斗力是坚强的。正如《孙子兵法·谋攻篇》所指出的："上下同欲者，胜。"

杰出的领导者也不是神，而是人。人性的弱点往往成为无法突破困境的绊脚石。能否战胜自我，往往是困境对领导者的严峻考验。

"贪愎喜利，则灭国杀身之本也。"（《韩非子·十过》）高度概括了沉重的历史教训。

"防意如防城，胜感即胜敌"。洪仁玕在其名著《资政新篇》中的这句名言，浸透了太平天国后期许多起义将士的鲜血，值得每个领导者自戒。

"欲胜人者必先自胜"（《吕氏春秋·季春纪·先己》）必先战胜自己的人性弱点，才能战胜外界的挑战。

"以铜为镜，可以正衣冠；以古为镜，可以知兴替；以人为镜，可以明得失。"（《贞观政要·任贤》）李世民这句名言对于领导者发现自身之不足，加强素质之修养，实在是金玉良言。

中国的领导者应该经常重温中国古代先哲的珍贵思想，它们给领导者以智慧和勇气。

智慧的源泉还在于成功者的实践。古今中外的卓越领导者，用不计其数交口传颂的事迹，谱写出一曲曲突破困境、化险为夷的凯歌。

《突破困境的领导艺术》一书，从大量的事实和经验中，提炼和总结出领导者突破困境的诀窍。这种写法，有3大优点：第一，朴实而亲切，像是友人给你讲故事，娓娓道来，妙趣横生；第二，深刻而精炼，他不是停留在讲故事情节上，而是由浅入深，提炼升华，就像沙里淘金，最终摆在你面前的是闪闪发光的金子，给你智慧与启迪；第三，实在和实用，他讲的道理不抽象难懂，而是深入浅出，进而变成一些可操作的办法和诀窍，使你受益匪浅。

望众多的中国领导者从这本书中获得智慧和力量，望众多的有志人士在这本书的指引下，走上各种领导岗位。

张德

2004 年 3 月于清华园

目　录

致　谢

俗语有云："喝水不忘挖井人。"在这里，我要向那些在我老板告诉我他开始找人代替我之后，为我提供精神导师般帮助的领导者们致以真挚的谢意。是他们帮我走出困境，并一直鼓励我，直到今天。

感谢那些帮助我提高和成长的商业书籍和文章的作者。如此众多公开的"幕后"秘密可以帮助我们提高效率，获得成功。

我也要向约翰·胡佛，本书第一、二版的合著者，致以永远的谢意和敬意。是他整理了我的观点、技巧和故事，并把它们"付诸成书"。这不是件简单的工作，但他做起来轻车熟路。

在本书的整个出版过程中，麦格劳-希尔公司（McGraw-Hill）的责任编辑玛丽·格兰（Mary Glenn）提供了热情、积极的帮助。对此，约翰和我非常感谢。

特蒂，我38年来的老友，也是37年来的爱妻，为我提供了很多精彩的建议，也花了无数时间在这本书的打字和校对上。没有她，我不可能写成这本书。

还要感谢为本书写序的爱丽·牛顿（Ellie Newton）。在托马斯·爱迪生夫人（Mrs. Thomas Edison）的最后几年里，爱丽一直是她的旅伴。爱丽写了一本名为《心底回音》（*Echoes from the Heart*）的诗集。虽已103高龄，爱丽仍是聪慧、敏锐的，并仍在写着美丽的诗句。感谢爱丽一直以来的鼓励。她是我们一位不同寻常的朋友。

丹尼·考克斯

序　言

生于1899年的我，见证了20世纪的每分每秒以及迄今为止的21世纪这两年。我的丈夫吉姆，在他年轻时幸运地结识了托马斯·爱迪生、亨利·福特、哈维·凡士通以及查尔斯·林德伯格等人，与他们结下了深厚的友谊，并和他们中的一些人有过业务上的合作。在《非凡的朋友》（*Uncommon Friends*）一书中，他记录了对这些优秀的领导者和20世纪的影响者的观察和记忆。在我嫁给吉姆之前，我是爱迪生夫人的旅伴。可以说，他们都是我们非凡的朋友。

像他那些非凡的朋友一样，现在吉姆也离开了这个世界（他从来不说"去世"），但他对这些男人以及他们背后的女人的敬仰之情却从未止息。未来的福特公司和爱迪生公司仍在发展，仍需不断分辨什么是有用的，什么是用不着的。丹尼·考克斯的这本《突破困境的领导艺术》为那些新兴的领导者提供了宝贵的技巧参考，也使丹尼丰富的个人经验和知识得以对这一日益重要的领导角色产生了重大影响。

在吉姆年近70而我自己刚过70的时候，我们开设了一家房地产公司。虽然起步很低，但它很快发展成包括130名销售人员和15个办事处的公司。后来，我们请丹尼来为我们的经理和销售员们讲课。当丹尼在佛罗里达为我们讲课时，每次我都坐在听众席上，如饥似渴地听讲。丹尼满足了我对知识的渴望，每天他都是在使自己作为一个领导者和一个普通人不断得到提高的努力中度过的。那些年中，我们在个人生活和职业生涯上的成长使吉姆和我获得了可以和30多岁的年轻人相抗衡的能量。

当看到周遭的人疲倦和失败时，自己想要努力向前的那种力量和意志并不是一种过时的品质。坚忍不拔和献身精神仍将会被未来的人们所追求，正如它们过去被人们孜孜以求一样。同样，踏入一个未知领域时仍需要人们拿出和过去一样多的勇气。改正挑剔心理、克服对失败的恐惧及调整其他一些消极因素等，仍将是实现卓越的决定因素。哪怕是许多年后，读到这些话的人已经在天堂和吉姆以及他那些非凡的朋友们相会，一起在董事会共事，一起在码头钓鱼。

我从我的丈夫吉姆，从塑造了他人生的那些非凡的男人和女人那里学到，领导艺术，真正的领导艺术是不朽的。

爱丽·牛顿

一位103岁的年轻人

前言
安德鲁空军基地，
2001 年 7 月 21 日

此刻，我坐在 F－16“战隼”式战斗机狭窄的驾驶舱尾部，氧气面罩的耳机里传来自己清晰可闻的呼吸声。驾驶舱前排，准将飞行员正请求使用飞行跑道，控制塔的指示是：“可以起飞。”于是，这架头部尖细的战斗机笔直地对准了长长的跑道。

霎时间，制动闸松开了，节气阀前推，补燃器被点着。随之而来的加速度令人惊心动魄。我被狠狠地摔向弹射座椅，防撞头盔也好像被胶水牢牢地粘在座椅顶部放置它的凹槽里。随着震天动地的一声巨响，一股橘黄色的火焰划过天际，转瞬之间，这个 14 吨重的铁家伙已然翱翔于长空了。

突然，“战隼”拐了个大弯，我感到血液被惯性从头顶带向脚底。这时，藏在过载保护衣里、覆盖着下半身的橡胶皮囊膨胀起来，及时挤压着我的双腿和腹部，迫使血液回流到头部和双臂，以免眼睛发生暂时性失明。

随着速度的迅疾提升，“战隼”轻捷地朝切萨皮克湾掠去。天气很好，蓝天上点缀着两三朵松软的白云。我瞟了一眼下面的海湾，蓝色水面上漂满了悠然享受周六下午闲暇时光的帆船。它们与我们的“战隼”在速度上的反差是何等之大啊！

我们现在是在距大西洋海岸线 25 英里的区域上空作超音速飞行。声音的速度是马赫 1.0。“战隼”的空速表首先指向马赫 0.7（也就是音速的

70%）；接着是0.8，0.9，1.0。我们达到了音速！然后，指针逐渐移向1.1，1.2，1.3，1.4，最后是1.5。其实，这架战斗机的设计时速是马赫2.0，但考虑到油耗的缘故，我们还是把速度控制在音速以下。减速的效果如此明显，以致我感到双手被外力紧紧压在胸前。

“战隼”娴熟地做了一系列水平侧翻，然后是个优美的慢翻。当飞机头部笔直朝上翻着筋斗时，节气阀再次前推，过载器开始工作……4、5，然后是6（如果我现在坐在体重秤上，我这165磅会立刻变成990磅）！现在，我们达到这个完美筋斗的顶端，机头冲下！我从朝向大海的驾驶舱罩看出去，又望见到远处星星点点的帆船。我忽然想：“那些人还以为他们做的事才挺好玩呢。”

准将问我在过去10年的超音速战斗机飞行员生涯中有没有作过垂直飞。“很多次了。”我答道。

“和这不一样吧。”准将说。现在，“战隼”正开足了马力，头部朝上作垂直飞行。我紧盯着空速表，它正随着“战隼”的拔高而迅速转动。我的飞行日志表明，我已有超过2400小时高水准的超音速战斗机飞行经验，但还没有哪一次像现在这样。真是够刺激的！我明天要给飞行员们上突破困境的领导艺术（书名暂定）和飞行无极限这两项课程。为了让我在这之前很好地了解飞行员、后勤人员以及征兵人员的日常工作，准将特地安排了这次表演性飞行。在返回基地的途中，我回忆起自己过去10年中在美国空军服役时飞过的战斗机。如果从4万英尺的高空全速俯冲下来，F－86佩刀的速度可以超过音速。F－102匕首可以作水平或垂直超音速飞行。至于F－101魔术师，我已经飞过1200小时了；这一机型至今还保持着好几项世界级速度记录，包括全美东西海岸间的速度记录，并能以超音速的速度爬坡（并非垂直爬升）。

想想看，这些超音速战斗机都是从莱特兄弟那架又轻又薄的小飞机发展而来的。自那以后，人们不断研究什么是有助于飞行的，什么不是，以此对飞机制造进行改进，从而把梦想一步步变为现实：一个如今我置身其中的价值数百万美元的现实。

着陆后，准将和我一起对这次飞行进行分析和评估。飞行前的准备和飞行后的总结是飞行员必须要做的功课。首先要制定周密的计划，然后要准确地付诸执行，并尽可能从中学到东西。我有多少次站在讨论室的讲台上，为即将来临的飞行任务做准备？数也数不清了。

领导才能是一项任务，必须要有好的计划和执行。但是，我们有没有花时间向经历学习呢？我们有没有学习怎样把知识传递给后人呢？我们给将要面对明日挑战的后人留下了些什么呢？毕竟，如今这些出生在 20 世纪初的孩子们是能够清楚地看见 21 世纪的曙光的。

从马里兰安德鲁空军基地返回位于弗吉尼亚州亚历山大市的酒店后，我和妻子特蒂决定要庆祝这个超音速日。我们选择了该市一家历史悠久的餐馆，建于 1749 年的“老城酒家”。

餐馆的气氛很适于庆祝和怀旧。美国早期风格的家具、侍者古朴的衣着以及室内暗淡的灯光，把我们带回到过去。特蒂知道我在研究我那可以上溯到这个伟大国家初期的族谱，所以，晚餐开始前她对我说：“如果我们能邀请你的一些祖先来共进晚餐，你觉得怎样？”

“那就太有意思了！”我答道。我们考克斯家族是在 1607 年首次踏上这块大陆的，比英国清教徒们还早了好几年。从那以后，祖先们一代代在此繁衍生息，参加了包括法印战争、独立战争、1812 年战争、美墨战争以及南北战争在内的历次战斗。

此时，我和妻子的对话突破时空的限制，谈到了我的一些祖先。亲爱的读者，来与特蒂和我一起做一次假想的会面吧，见见这些不断学习领导才能并将它一代代传下来的人们。

“对不起，”侍者打断我们，“这些淡啤酒是壁炉旁的先生们送给你们的。”顺着他的手势，特蒂和我看见，有 6 个男人坐在房间另一头靠壁炉的圆桌旁。特蒂和我笑着向他们举杯示意，他们也向我们举了举酒杯。

“你看，侍者们穿的衣服多像是真的呀？”我从高脚酒杯里抿了一口酒，对特蒂说。特蒂刚刚尝了第一口酒。

“还有壁炉旁的那些男人，”她轻声说道，“你觉得他们是些什么人？演员吗？”

“让我们来找出答案，”我答道。于是我们站起身，向男人们走去。刚走到餐厅中间时，特蒂碰了碰我的胳膊。

“丹尼，”她问道，“我们进来时壁炉是点着的吗?”

“不记得了。”我说。这时，我注意到所有的电灯都熄灭了，只剩下煤气灯和蜡烛。我们都站住了。“但我不觉得餐厅的气氛一开始有这么原始。”

我们转向壁炉旁的男人们，发现空气开始变得厚重，充满了长烟管中发出的弗吉尼亚烟草的味道。“这太奇怪了，”特蒂说，“这是家不吸烟餐厅呀！门口写得很清楚的。”

“也许只是我们进来时是这样……”我说。

一个男人从圆桌旁站起来。这是个高大健壮的男人，但有着真诚温和的笑容。他穿着鹿皮夹克，戴着浣熊皮帽，当他伸出手臂向我们示意时，袖口的流苏前后轻轻摆动。“一块儿坐吧。”他对我们说。我注意到他的腰间挂着一把硕大的双刃快刀。

特蒂紧紧挎着我的胳膊。壁炉前有两个位子被让了出来，我和特蒂坐了下来，心想，这两个位子应该是贵客坐的吧，好让他们可以背对温暖的炉火。火光映红了6个男人的脸。他们每人都穿着几百年前的兵士、劳工或猎户的衣服。

“我是丹尼·考克斯，”我开口道，“这是我妻子特蒂。”

“我们知道你们是谁。”穿鹿皮夹克的男人说，他脸上的微笑让我觉得很亲切。

“特蒂和我正谈到世代相传的领导才能。”我说，“据我所知……”

“你最好先弄清楚你自以为知道的是什么，”鹿皮夹克先生说，“事情可能并不像你想像的那样。”

“领导才能真是种可以遗传的财产吗?”特蒂问。她对这群不同寻常的人感到好奇，但也知道他们是不会说出自己的身份的。“有没有什么经验和教训是经得起时间检验的?”

“不要因惧怕而停步不前，”圆桌另一头，一个矮小精悍的男人插话道，“事先几乎没人相信这件事是可行的。”虽然外表看起来很粗糙，这个操威尔士口音的男人却是读过书的。他穿着蓝色的独立军军官服，上面装饰着长长的金色穗带，两边打着铜纽扣，显得既干净又整洁。我曾在族谱上见过他，他是我的一位祖先，小伊万·舍尔比将军，他领导过很多次战役。“从来没有人像我们这样为自由奋战并最终赢得胜利。这其中的风险是不可想像的。”

“是什么让你能冒这么大风险呢?”我问。

“是自由，”他毫不迟疑地回答，“我们和英国人作战，并不只是为了自己，同时也是为了子孙后代，其中也包括你。我们希望所有人都能自由地生活。再没有比这更大的风险了。”

“所以领导才能就是勇于承担风险。”我总结道。

“还有坚持。”舍尔比将军身旁的一个男人边说边用手中的长烟杆冲我这边指点，“一个领导者的心里面必须要有一团火，这团火要燃烧得比所有阻挡他的人和物都更强烈。”借着他眼里映出的火光，我可以看见他内心燃烧着的信念之火。他是我的另一位祖先，舍尔比将军的儿子，伊萨克·舍尔比上校；他指挥的民兵连非常有名。说完，他弯下腰，从壁炉里夹起一段燃烧的小树枝，点着了烟管。

舍尔比上校佩戴着一枚国会授予的表彰他英勇作战的勋章。奥瑞弗·威利上尉坐在他身旁，再过去是摩西·舍尔比。他们都对舍尔比上校的话表示赞同。从族谱中我了解到，这两人与舍尔比上校在独立战争中并肩作战，并以少胜多，在北卡罗莱纳州的国王山大败英军。是次战役扭转了整个独立战争。

“一个优秀的领导者不能因为时运不在自己一边就犹豫不决，”上校继续说。我知道他自己确实是这么做的，这是有史可查的。他被选为肯塔基州的第一任州长，后又连任，詹姆斯·门罗总统还邀他出任自己的战务卿(Secretary of War)。

“听起来一个领导者必须要具备实现目标所需的榜样和激情。”我说道。

“一个领导者必须随时准备去任何需要他的地方。”圆桌对面的一个男人说。我认出他是我的另一位祖先，兵士阿布纳·杜洛克。他在美墨战争中负过伤。

“即使当时没希望了，领导者也必须愿意做出牺牲。”鹿皮夹克先生补充到，他的声音低沉而坚定，“牺牲是我们留给后人的财富。”现在我认出他是我的曾曾祖父、拓荒者戴维·克洛克特。在抵御阿拉莫人的艰苦卓绝的斗争中他曾做出巨大牺牲。但正是他和其他牺牲者那天留下的这一财富，激励着无数热爱自由的人们赢得了今天。

“坚守你的信仰。”一个有着宽肩膀、锐利蓝眼睛的男人站起来说道。“领导者必须用自己坚定的信念向人们证明，不管有多困难，胜利终究是属于那些忍耐坚持的人的。坚持值得坚持的，就一定能赢。”内战结束后，我的曾祖父理查德·考克斯从声名狼藉的安德森维尔监狱回到家乡的农场。有多少次他几乎想要放弃但最终还是挣扎着坚持下来呢?

这一幕太令人称奇了。我转向特蒂，发现她的反应和我一样。我们朝对方会意地一笑。回过头时，发现圆桌旁的男人们都不见了。“还要啤酒吗?”只有侍者过来问道。

我无言地环顾四周。其他顾客穿的衣服与特蒂和我的没什么两样，侍者的服饰也没什么特别。光线依旧温馨，但不再是蜡烛和煤气灯发出来的了。空气也不再烟雾缭绕。“丹尼，”特蒂对我说，“你看。”

顺着特蒂的手势我看见，刚刚还有炉火在里面热烈地燃烧、温暖了整个屋子的巨大壁炉旁，摆满了插着漂亮鲜花的木制和陶制花瓶。再看旁边，一根长长的烟管放在一个木桶旁。特蒂和我对看了一眼。

“真可惜，他们走了。”特蒂叹息道。

我举起酒杯向特蒂示意，她也同样举起杯。“不，”我说，“他们没走。我们的祖先和我们在一起，他们中的每一个人都和我们在一起。”

在很多方面，回应领导才能挑战的办法与我的祖先们留下的答案极为相似。它们是人类无形的资产，扎根于人们的灵魂深处。所有领导者的灵魂，无论是过去、现在，还是将来，都被一个不可动摇的终极目标，一种永不言败的冒险精神和一种永不止息的创新意识紧紧连接在一起。当这些无形资产因你的努力而渗透到团队当中时，你就表现出了良好的领导才能，并能带出一个高效持久的团队。

19世纪末、20世纪初著名的哲学家艾伯特·哈伯德（Elbert Hubbard）

写道："当你渴慕知识时，你会开怀畅饮。你无需四处找寻，你也无从找寻。知识的海洋像空气一样包围着我们。"

这些100多年前的话语，对我们21世纪的领导者来说，是一份历久弥新的忠告。找寻实用的领导才能并把它传递下去，这就是我写这本书的目的。不要被管理速成之类的名堂所诱惑，那不过是昙花一现的时髦玩意儿。

本书将为你开启一段通向领导才能的旅程，这一才能会对你的团队成员及其家庭成员带来长期的积极的影响。当不久的将来，你的一位团队成员对你说"谢谢你，是你改变了我和我家人的生活"时，即便从最严格的意义来说，你也是一个合格的领导者了。所以，请系好你的安全带，精彩旅程即将开始！

愿你的人生是最美好的人生。

丹尼·考克斯

17381 Bonner Drive

Tustin, California 92780

（714）838－3030

www. DannyCox. com

第一章
领导者的压力来临

"最爽的活儿就是自己坐在树墩上，告诉别人怎么砍树。"

——幽默大师乔治·艾德（George Ade）

迪基和彼得

彼得·德鲁克（Peter F. Drucker）认为，人不能让危机重现。作为领导者，企业各方面的利益人都希望我们第一次就能从危机中学到东西，以尽可能避免下一次危机。你不一定非得是个领罗氏奖学金的学者（Rhodes scholar），才能知道某段经历是否值得重复，这是我在听到彼得·德鲁克前面所说的话以前很早就了解到的。

我是在伊利诺斯州南部一个小镇长大的。镇子上有个很有趣的人名叫迪基，大家都很喜欢他，虽然用我们那儿的话说，他的思维有些不太搭调。

有一天，迪基溜达进了铁匠奥瑞·海弗的铺子。奥瑞刚把一块马掌从炉火里取出来放在铁砧上。趁奥瑞转过身去的当儿，迪基弯下腰去，直接用手拿起那块马掌。然后只听得一声惨叫。奥瑞转身看时，只见可怜的迪基忙不迭地把马掌扔到铁砧旁边的大水桶里。马掌"吱"地一声沉入水中，冒出一条白烟。

"烫着你没有？"奥瑞问。

这个显而易见的问题一点儿也没让迪基气馁。“没有，”他应声答道，一边握着手腕，来回甩动那只受伤的手，“可惜的是我没来得及看清马掌的样子。”

从那以后，迪基再没摸过任何马掌，不管是冷的还是热的。

很难说谁的话更有道理，不过，当彼得·德鲁克和迪基两个人都同意不能重复错误这一根本原则时，他们都是对的。我自己则总是会忘记迪基的教训，时不时地拿起一块马掌。我敢打赌你也是。

作为领导者，因为周围压力的增加而冒汗是很寻常的事。虽然我们可能并不清楚是什么让我们体内的温度计爬高，但是擦掉额头上的汗水并不是什么难为情的事，只要你以前并没有过这种尴尬的经历。不过，我在全国各地的商业会议上演讲时，经常能听到人们坦率地承认，他们曾不止一次陷入同一困境中。

如果你曾不止一次被同一块马掌烫着，这说明你还没弄清楚是什么情形或行为导致你第一次犯错。当我在美国空军服役，驾驶超音速战斗机时，我所接受的训练要求我能预见问题的发生，以便迅速有效地解决问题。可以说我被训练得使体内的预警系统一直保持高度戒备状态。任何组织中的领导者都应做到能预料困难的出现、从经验和教训中学习以及接受可能为组织带来改变的新知识和新方法等。

有经验和高效率的领导者应该学习、学习、再学习。出色的领导艺术需要在行动和思考之间达到平衡，而这是需要不断实践的。很多人要么急于行动，要么耽于思考。而很多情况下，缺乏两者中的任何一项都将使你难于实现自己的目标，并可能最终导致失败。

在报纸或杂志上读到有关“准备、开火、再瞄准”型经理人的故事时，或许你会觉得很有趣，但这些领导者会使他/她的组织很快陷入困境；而“开火、瞄准，但从不准备”型经理人只会更加快组织的灭亡。与此相反，有些人得等到每一个交通灯都变绿以后才把车开出车道。这些人不仅哪儿都到不了，他们甚至根本就没机会把车子开起来。优秀的领导者总是努力在想和做之间寻找平衡。

温度在升高

驾驶舱里有烟从来不是件好事，还是件很糟糕的事。问题是，会有多“糟糕”？如果飞机在空中翱翔时驾驶舱里有烟，这意味着你必须一边确定烟雾的来源并加以控制，一边努力让飞机安全着陆。如果驾驶员——飞机上的领导者——事先已做好应付危机的准备，那么机上所有人员就有可能毫发无伤地安全脱险。否则，在危机来临时，一个毫无准备的飞行员或领导者就只能祈祷那天是他/她的幸运日了，因为只有运气才能带领他们脱离险境；而如果没有充分准备，即便是一个幸运的飞行员或领导者也不一定能安全脱险。应付危机的准备之一是能够迅速确定问题的来源。许多因素共同作用在领导者身上，从而产生某种“热”困境，这就是本书书名的来由。这些因素都会造成压力。当一种以上的因素做功时，摩擦就产生了——就像你快速搓动双手时的那种摩擦——不一会儿你的手掌就热了。像大多数人一样，当你觉得冷时，你会本能地摩擦手和腿。

字典上对摩擦的另一个解释是“观念或性格上的差异造成的冲突”。领导和被领导的对立关系最终必然造成形势的紧张，这种紧张的形势更多的是因期望的落空造成的。如今，人们对生活的期望比过去更多了。我们对自己有期望，别人也对我们有期望；家人对我们有期望，下属对我们也有期望，这两者通常是不同的。当工作占去我们更多的时间和精力，使我们无法顾及家人时，摩擦就产生了。

在如今的职场上，尽管出现了很多调整个人生活和事业之间的方法，工作还是比以前占去了人们更多的时间。这使得随之而来的压力变得像三维象棋一样令人应接不暇。即使你已经在家庭和工作之间取得了一些平衡，一旦走进办公室，你仍然要马上面对工作的压力。如果你是处在领导者的位置，这种压力就成了你名字的一部分。来自下属需求的“上行压力”与来自上级和股东需求的“下行压力”发生碰撞，结果就产生了热——你能清楚感觉到的热。

如果来自顾客的外部压力和来自成本控制、原料供应以及其他生产因素的内部压力发生冲突，结果会怎样？结果将会是热，热，更多的热。每个领导者，从小企业主到大公司老板，都会感觉到业界的压力，不管市场情形是好是坏，也不管美元是坚挺还是疲软。

除了直接的消费者需求外，外部压力还来自银行和法律部门的限制、法规、税收，同行竞争以及其他许多因素。别忘了，还有你自己给自己施加的压力。

而除了要满足雇员的合理需求外，内部压力还包括努力跟上新技术的发展、利用和开发新技术和智力资本、组织发展造成的矛盾以及其他一系列因素等。当领导者紧紧捏住老虎钳时，在受力最多的那点就产生了热。

在学习领导者艺术时，越早认识到你将与这些热打交道，你就能越早受益。这些热既可能来自下行压力与上行压力的摩擦，也可能来自内部压力与外部压力的摩擦。对几乎任何一个处于领导者位置的人来说，这两者都可能发生。想知道组织中的负责人是件很容易的事，只要找到各种反对力量聚集的焦点就可以了。处在焦点的那个人就是了。

如果你不太能理解摩擦这个例子，那或许是因为你一直处在焦点当中。那也会使热度升高的。如果你有试过用一个放大镜把一束太阳光聚拢在一堆木柴或干树叶上的经历，你就会知道将要发生什么了。先是有烟冒出来，很快地，火就被点着了。即使你以前从未测试过放大镜这一功能，你一直觉得全世界的能量似乎都聚集在自己一人身上；这两者的效果其实是相同的，强烈的关注就好像激光束一样，能在你身上烧出洞来。

不管最大的压力是来自内部还是外部，左边还是右边，上面还是下面，只要你处在老虎钳的把手或放大镜的焦点上，你就会比别人感觉更热。我还没碰到哪个人处在领导者的位置，当热度升高时他/她却不知道的。遗憾的是，那些处在领导者位置（我称他们为经理）的人，如果他们没有准备好或是不愿意有效地解决使热度升高的压力问题，这种热通常就被转嫁给了最没有能力说“不”的人。

一个有经验的领导者懂得如何通过解决压力产生的根本问题来控制热度。压力总是无所不在的，只是有的时候大些，有的时候小些。如果一个经理的解决办法是不管不顾地把压力硬顶回去，他/她很可能会将高温变成四级警报的火灾。我接到过太多这样的电话了。“丹尼，”电话那头的声音说，“我这边着火了，你得帮我把它扑灭。”

这其实没什么了不起的。但如果你深谙领导之道，你可能就不需要打这个求救电话。你会发现，当问题发生时，你早已预料到了，并且做好了相应的准备。你只需从容应对，而不致匆忙应付。热是领导者日常生活的一部分。只要处理得当，常温不一定会变成高温。

什么是领导才能

了解到底什么是领导才能非常重要，不同的人对此有不同的理解。你或许注意到我并没有把执行官或经理人看成是领导者的同义词。领导才能一词应该包括以下涵义：

引领
指导
开始
带头
影响
命令
领先
先行
铺路
指引方向
控制行动
带来进步

领导者：一个光荣的称号

以上这些词语都描述了领导才能这一行为的某一侧面。每个真诚的领导者都会告诉你领导这一概念包含很多内容。可能你自己在做领导的过程中也碰到过很多不同的情况。但是，不管你自己给这个词下的定义如何，领导者是个光荣的称号，而这一荣耀则是由被领导者们赋予的。是在什么时候赋予的呢？是在你帮助他们成长、笑看生活的时候，是在他们因你的帮助而更有信心面对挑战的时候。

你赢得了他们的尊敬。高层管理者并不比普通职员更能指定领导者一职。这里所说的领导者，是指那些通过一系列与下属成功的合作关系赢得这一称号的人；而那些被任命为领导者的人则是以常规的方式获得了这一职位。

经理则是指那些被挑选放在领导者的位置上，但可能缺乏这方面技巧或动因的人。你愿意读这本书，这一事实说明你认为领导者行为是门艺术，同时也是门科学。学习领导才能这一行为本身已经使你超出了那些只是把管理任务当作日常事务一部分的人，同时也使你距离真正的领导才能更进了一步。值得注意的是，缺乏真正的领导才能而又能对人和事实行有效的管理，这是可能的。

正如你下面将要看到的，让人做事是需要技巧的，而这一技巧是可以学会的。一些经理在这方面比其他经理要更擅长一些。你同样也会看到，激励和引导他人实现其潜能和梦想还需要更复杂、更专门的技巧和策略，以及领导者的决心和意志。

责　任

领导才能中最首要的个人素质是责任感。与其他职责相比，领导者首先要负责使任务得以完成。不管该任务涉及多少人，也不管你是新官上任，下属寥寥，或是身居高位，作为领导者，你就肩负着最终的责任。你的领导地位很大程度上是由你所担负的责任来界定的。

身为领导者本身是种挑战；只有全然接受这种挑战，我们才成为一个真正的领导者。接受领导者这一角色是项纯粹个人的选择，因为他/她自己从此要担起全部的和最终的责任。任何推脱责任或踢皮球的人都算不上是真正的领导者。令人欣慰的是，全权负责是件快刀斩乱麻的事：责任的界限一清二楚。

图1－1中列出的自我对话可以帮助你在头脑中清楚地形成有关责任的概念。我把它称作我的“个人责任申明”。

> 我最近得到了我想要的和配得的一切，这是我努力的结果。我的财富、储蓄以及我的生活方式是一面镜子，反映出我这个人、我的努力以及我对社会的贡献。我得到什么，就应该付出什么。如果我对自己的所得不满意，这是因为我还没有相应地付出。我还一直想去逃避。
>
> 我很清楚地知道，当时间逝去以后，它就成为我的负担。我的过去是属于我的，而在现在这个时刻，我是在向它预支另外的24小时。在经过一个控制时刻后——这个控制时刻就是现在——未来很快就成了过去。我不仅真实地生活在这个控制时刻，而且我还负有全部的责任来最大限度地利用好这个永不再来的现在。
>
> 我对自己生命中的成功和失败负有全部责任。如果现在的我不是自己希望成为的人，那么我的人生目标就打了折扣。我不能再让自己的潜能打折扣。
>
> 我是自己已经作出的选择以及每天仍在继续作出的选择之和。我现在密切关注的是每个选择的价值。那里潜藏着我未来生活方式的质量。
>
> 我的未来是属于旧我的还是新我的呢？这个问题的答案取决于我在此刻对自己个人发展的态度。时间所留下的一切都是有意义的，而剩下的时间则是由我支配的。因为自己变得更成熟了，我对自己在那些最重要的事情上能做多好负有全部责任。
>
> 与个人的发展随之而来的是对不可知的未来及新问题的担忧。这些问题是我个人发展中的阴影。在神的帮助下，我正在把这种巨大的忧虑变成一种新奇的历险。
>
> 我的生命在延伸，朝向新发现的目的地。旧我将要和新我会合。

图1－1　个人责任声明

一旦你了解并认同这一观点——人要对自己的行为负责——你就做好了成为一个更有绩效的领导者的准备。你作为领导者的绩效与你作为人的绩效是直接相关的。当然，凡事都有例外。有些人能中奖，有些人却怎么也不行。我这里说的是长期效应，是对你我这样的人而言的生活状态。要成为一个具有持久能量的、富于绩效的领导者，你必须要全力应付生命的挑战，成为一个具有持久能量的、富于绩效的人——一个合乎你自己的"个人责任申明"的人。真的，为什么不把自己的"个人责任申明"写下来呢？这会带给你一种面对面的、实实在在的责任感。

领导才能的艺术性

科学需要严格的证据。严肃的科学家认为只有那些可以重复、没有例外的事情才是事实：比如地心引力、人性、税，等等。你可以辩论说领导才能的结果是可以衡量，从而是可以证明的。但对于是什么导致了这一结果，人们还无法回答。在任何组织中，相对于领导才能的坏结果来说，争议似乎更多地集中在好结果上。

几乎无一例外地，每次你总会发现某个别人应该对坏结果负责，而人人都希望把好事归到自己名下。这种争议在组织上下都可能发生，关键在于领导者的素质。一个优秀的领导者会把坏结果承担下来，而把好结果归功于他/她的团队。换句话说，如果你是领导者，就应该把坏结果揽到自己身上；而当事情一帆风顺时，把功劳归于你的下属。没有什么能比替下属担当过错更能赢得他们的信任和支持的了。

领导才能首先被认为是门艺术，因为很难把它划归到科学类。领导才能是关乎人的，而人是不稳定、不可预测的。几乎人的所有行为都可以从不同的角度来解释的。人是情绪化的动物，而情绪的组成要素只有上帝才懂。有关领导才能最令人兴奋，也是最让人乐观的一点就是，不管我们剪的是哪匹布，我们总来得及把它织成新的、多姿多彩的人生。

就像某些渴望成功的人士认为工作当中的人性是机械的一样，我个人认为，人性的复杂远远超过任何人的想像。我们必须保持开放的心态和观念。懂得如何解开一个死结是一项非常了不起的、无关乎科学的、有时甚至能打破僵局的才能。优秀的领导者通常都是真正的艺术家，而不是科学家。当威廉·莎士比亚说“世界是个舞台，我们都是演员”的时候，他其实说的是领导者面临的挑战。出色的领导者看起来更像全才，而不是专才。

问题于是变成，你将怎样扮演自己的角色。你的表演是发自内心的吗？你用自己独特的颜料和画笔组成的调色板画出来的图画应该是你个性的真实反映——作为个人的和作为领导者的。你的绩效应该反映了，或者更理想地衡量出了你是个怎样的人。

领导者是天生的吗

接下来我将要和你分享我个人的成长经历，希望你能由此看到，领导才能这一概念是如何在我的个人和职业理念中发展起来的。我并不是生来就知道一个好领导者的成长条件的，别人也是一样。尽管人们常说“天生的领导者”这样的话，但领导者并不真的是天生的。产房里的大夫不会举起一个新生儿说：“看啦，我们刚接生了一个领导者。”地方报纸也从来没有“昨天下午，圣·玛利亚医院诞生了一个 7 磅 6 盎司的领导者”这样的报道。领导才能只能从经验中获得，并且在学习中不断得到更新。作为一个煤矿工人的儿子，我可以告诉你，最好的经验有时是从错误中亲手得到的，甚至是从失败中获得的。

高风险的错误

我的首次销售体验是为了解决“音爆”[①] 问题。在“超音速战斗机的黄金时代”，战斗机的速度几乎被提高到了音速的两倍，因此，“音爆”的

① 所谓“音爆”是指飞机的飞行速度超过音速时发出的声音（译者注）。

问题变得非常普遍。中队办公室的电话成天响个不停，我们不断接到当地老百姓的投诉，从母鸡停止下蛋到小猫离家出走，甚至还有脱发问题。

我飞过包括 F－86“佩刀”、F－102“匕首”、F－101“魔术师”和 F－16“战隼”在内的所有超音速战斗机，已经不下 2000 次突破了音速的极限。我敢肯定，被我震掉的墙皮和震碎的玻璃已经远远超出了我所知道的。

为了改善与当地群众的关系，我自愿成为“音爆推销员”。这一份额外工作的任务是与充满怨气和敌意的社区成员对话，以说服他们相信，他们所听到的是“自由之声”。这真是件相当艰苦的工作。但是，我从中学学到的经验帮助我后来在民用领域里建立了一支出色的销售队伍；当然，这支队伍不用推销音爆。在下一章里你会看到这一切是如何发生的。

因为每天要飞很多高难度动作，而音爆推销工作又带给我一些不太好的名声，所以我计划申请去美国空军的飞行表演大队，“雷鸟”。初选通过后，我接到电话，通知我去面试。

我的求职材料给面试者们留下了非常深刻的印象，而他们的电话则给了我千载难逢的机遇。经过 6 小时令人疲惫的面试之后，大队领导走过来同我握手。“祝贺你，”他说，“你是我们中的一员了。”我知道我成功了。我的梦想实现了。什么都不能阻止我成为这个星球上最棒的飞行表演队的一员，除了美国空军。

我成为“全天候”战斗机大队的一员，而“雷鸟”则隶属于“日间战斗机”中队。当我的调动申请遭到拒绝时，军队中官僚主义的毛病就暴露出来了。全天候飞行员需要进行额外的训练，而美国空军认为我不能离队去做这样的训练。你可以想像，我于是设想他们会在哪里安排他们的“特殊训练”。我当时很不开心。

带着一个刚被挑选出来要与世界顶尖好手一起飞行的年轻人所固有的激情与自信，我实施了自己的第二计划：辞职。我想，这下美国空军该慌了。如果他们不让我进“日间战斗机”中队，他们就别指望我会走出这扇门。

事实上，他们不仅让我走出了那扇门，并且还为我把门打开。他们批准了我的辞呈！一夜之间，我成了普通老百姓，发愁今后该怎么办。这个打击真是够大的！不过现在回想起来，这对我其实是件好事。

我那时没什么积蓄，也领不到退休金；还有一个妻子和三个馋嘴费钱的女儿要我养活。像当时大多数人一样：我把她们都塞进车里，开车往加州进发。我盘算着在民航找个飞行员的差事。毕竟，我的资历和经历还是很值得炫耀的，它们不应成为我人生转折的障碍。

这一假想是对我的第二计划的打击。我的材料本身没有任何问题：我有长达2400小时高水准、无事故的战斗机飞行经验。但是，民航飞行员的身高要求是5英尺8英寸。“真是太巧了，”我对他们说，“我一直梦想自己能达到这个高度。”我并不是没有能力驾驶民用飞机，他们只是不想让乘客说：“你的意思是，这架大飞机要有那个小个子来驾驶?”又是一次打击！但像以前一样，这个打击促成我的人生向好的方向转变。

本色销售

我回顾自己到目前为止所取得的成就，并没有发现太多可供被聘用的技能。但是，如果我能说服一群抱有成见、斤斤计较的居民，让他们相信，从国家安全的角度考虑，音爆是可以忍受的噪音时，我就可以去推销任何东西了。这次我总算猜对了。我做推销员第一年挣到的钱比我在美国空军服役的任何一年的收入都要多。更重要的是，我不用每天在工作的时候面临死亡的威胁（不过，有些顾客的情况我并不了解。我当时做客户服务没有现在这么在行）。

事情发展得很顺利。我的工作表现非常出色，一年以后就被公司任命为一个销售处的负责人了。我当时的想法是，这是家看得见才干并重用才干的公司。我觉得我天生就是当领导的料。毕竟，我从未学习怎样当领导就已经被提升到一个领导者的位置了。我的任命很快生效了。公司惟一的要求是让我先别急着使用新办公室，以便他们可以先解雇我的前任。这当然没问题。

上级对我的耳提面命是不要把销售处搞得比以前还糟。这就是给我的全部管理培训了，对领导才能连提都没提。坦率地讲，我负责那个销售处1年有余，并没有把它弄得比我刚去的那天更差。更重要的是，我们还大幅度提高了销售额。就像我在美国空军服役时曾说的，“领导才能没什么了不起的”。我当时哪里知道，其实远方的地平线上早已乌云密布了。

正如我所期待的，一年前把我放到这个小小销售处的公司老板再次出现，再次宣布对我的任命：管理36个连锁营业处，办公室就在原来的营业处。我多想马上就回到那个小营业处啊！正是在那里，在两年前，我作为一个初出茅庐的推销员开始了自己的事业。此时，地平线上清晰可见的乌云几乎就要压顶，而我依然毫无察觉。

想像一下销售员们将多么欢迎我回去做他们的新老板啊！事实上，他们以一种我以前从没有见过、以后也没再见过的激情恨恨地盯着我。我请他们不要把我当老板，就当作一个一贯正确的朋友好了。我当然并没有这么说，但却是让他们这么理解的。我的目标是让营业处的每个人都变成我的翻版。这听起来再正确不过了，简直棒极了。至少我自己这样以为。

把整个营业处克隆成丹尼·考克斯的模式似乎也是我的老板们对我的希望。我的推理证据是，如果他们对我的表现不是如此满意的话，他们就不会提拔我了。我进一步推想，如果我可以让销售人员们照我的方式来做他们的工作，他们就不会带给我一些我没法解决的问题。这样，我就不会被这种难题弄得下不来台。

得益于我“天生的”领导才能，这个第一流的营业处变成了36个营业处里的第36名。在那个历史性的时刻来临的时候，我正在办公室里抓耳挠腮地思考问题。我的老板招呼也不打一个，突然出现在我面前。他惯有的微笑和愉快不见了。“考克斯，”他咬着牙说，“我现在看出来了，让你坐在这个办公室里是个错误。我觉得有必要告诉你，我已经在物色合适的替换人选了。”

停止克隆

这是我所经历的最短的，却也最有效力的振聋发聩的提醒了。我环视整个办公室，像是要从墙上或文件柜上找出一些合适的话来回答我的老板。我能想起来说的就是："我需要时间学习怎么做。"

"你不会有太多时间了。"他简短地答道，一边朝门口走去。

"你不知道我有多努力。"我朝他已消失的背影喊到。

接下来的那一幕非常经典。我站在营业处的门厅，看着我的老板走出大楼，也注意到整个营业处的人都在看着我。鞋子错穿在另一只脚上，而所有的人都注意到了。他们成功地终结了这个将要实施克隆计划的人。那一刻我觉得自己是那么渺小，可以径自钻到桌子底下。至少我想这么做。

我到底是怎么远离了那些我赖以成功的人们的呢？为什么他们不能一字排开，做我希望他们做的"考克斯制造"呢？我越思考自己的困境，就越认识到，在我期望得到正确的答案之前，我必须要提出正确的问题。

我很快就明白了。冰冻三尺，非一日之寒。天并没有裂开，掉块石头砸在我脚上。但当我明白过来时，我知道问题已经很严重了。我需要在自己，而不是他们身上下工夫。我以前的思考重心整个都错了；我一直只关注利润率，而不在意其他任何东西。我一味想把他们塑造成我想要的样子，却完全不管自己曾经是什么样子。

了解到这一点使我立即振奋起来。尽管老板已经开始在找人接替我，我也感到一种轻松。我认识到，只有经理提高了，职员们才能提高；只有老师提高了，学生们才能提高；只有父母提高了，孩子们才能提高。没道理期望学生比老师懂得更多，或者孩子比父母还成熟。我最重要的收获就是，我不再期望其他人变成像我一样。

我已经形成了一种习惯，希望别人照我的方式做事，几乎不，或者很少考虑他们的想法。种瓜得瓜，种豆得豆；没有耕耘，就没有收获。这样的例子很多，比如同情、宽容、理解等。我在克隆自己。我只是不愿承认，我希望别人按我说的，而不是按我做的去做。我不太关心我的团队，他们也就更不关心我。我正在成为自己领导的团队里的一个被除名者，就像团队里的几名顶尖销售员一样。

如果你认为我是在用警告和威胁的办法做一个管理案例的话，那你猜对了。我自己的这个例子是够负面的了。不耐烦、不宽容和不灵活从来不能鼓舞人；它们或许能吓唬人，却从来不能鼓舞人们去达成更高的目标。我的朋友肯·布兰查德（Ken Blanchard）称之为“海鸥式管理”。有些经理像海鸥一样飞进办公室，拍拍翅膀，啾啾叫着，把每个人搞得团团转，然后一溜烟又飞走了。如今，职员们能像他们的经理一样勤奋和自律地工作。所以，问题不在职员身上，而在经理身上。

工作力争第一

不过，我后来并没丢掉饭碗。我怀疑在我那些所作所为之后，老板是否能找到一个有正常理智的人来接管这个营业处。在得知老板开始另请高明之后，我赶紧振作精神，改变工作作风。我努力要成为一个最好的经理，不管要付出何等的代价。我和职员们的关系一天天好起来。让我惊奇的是，他们也开始有所反应，而且反应得很快。我们开始变得像一个真正的团队了。我不再要求他们向我看齐，而是帮助他们做真正的自己。我所发明并用于实践的方法将在第三章中谈到。

短短 4 个月后，我们重新成为业绩最棒的营业处。我们一个个超过其他 35 个办事处，升到公司销售榜的首位。我的职员们所希望的，不过是他们的个性、能力和长处得到认可、支持、鼓励和尊敬。一旦他们自己需要的，而不是我认为他们应该需要的东西得到了满足，他们的创造力就被激发出来了。多年以来，我为各种不同类型的公司授课、讲座，还没见过哪家公司重视职员的个人发展而没有很快受益的。

所有这些技巧、办法和技能——这些我很努力才学到的东西——将是贯穿本书的主题。它们能使你成为一个头脑敏锐、把人作为公司第一重要资产的领导者。你越这样做，你就能做得越好。在读《突破困境的领导艺术》这本书时，你已经开始在自己身上下工夫了。祝贺你！当你的手下开始变得成熟起来时，他们能够自行缓解“上行”或内部压力，从而替你解除压力。同样，当效率得到提高时，“下行”或外部压力也会随之消失。在你开始这样做以后，你的情形会一天天变得好起来。

操纵并非领导之道

真心关爱周围的人，这种感情不是能装得出来的。人们可能一时会被虚伪的言语和行为蒙蔽，但不久就会看出对方的真实面目。这就是为什么乐观自信的艺术家必须不断进步，而心态苍老、慢条斯理或盲目冲动的人可能一辈子都在原地踏步的。

操纵意味着迫使他人违背自己的意愿、更好的判断，甚至是自身的利益行事，而操纵者则从中白白受益，虽然不可能久长。操纵的终极代价是士气和效率的直线下降。而高超的领导才能是由周密的计划和灵活的技巧组成的，旨在激发团队成员在完成额定任务的同时达到个人发展的新高度，以及鼓励新颖、有创意的行为。

优秀的领导者能促进员工的个人发展、激发其工作潜能以及实现团队目标。在优秀领导者管理的团队中，不可能一方面士气高涨，另一方面却业绩下降。只有当领导者心中的工作蓝图也包括了下属的目标和抱负时，成功才会成为每个人都能享受的甜美滋味；而每个人都感同身受的成功是可以不断再现的。

超越个人极限

优秀的领导才能不仅能缓解来自上级、股东和/或顾客的“下行”或外部压力，也能通过积极有效的雇员关系舒缓“上行”或内部压力。与此同时，它也拓展了你的个人能力。当我的营业处重新夺回公司第一的宝座后，我学到了关于个人极限的新的一课，令人大开眼界。我如果能把这个突破个人极限的例子用于当年在美国空军处理“音爆”问题的公关经历时就好了，可惜我当时还没领会到这一点。

令人困惑的是，在重新回到第一的位置后，营业处的工作效率在我刚接手时的水平上停步不前了。一旦回复到以前正常的状态，我们就不自觉地被自己设置的障碍限制住了，不再向前发展。注意，我这里说的可是我们自己；而我所指的障碍既不来自公司，也不来自顾客：它们来自我们自己。世界并非大同，认识到这一点可以让世界变得不同。

飞行员们经常谈论可以接受的最低表现值和最高表现值之间的“安全地带”。不同的飞行器和飞行气候适用不同的最低及最高安全飞行速度；后者有时被称为“不可突破的”速度。结构性压力及其他安全因素也都有各自的安全地带。最高值和最低值之间的差就是安全地带。要记住，一旦领导者的才能提高了，组织及组织成员就都能有所提高。一旦领导者学会了如何拓展自己的“安全地带”，其他人也会仿而效之。

我自己曾经超越极限飞过很多超音速战斗机，并且最终活下来坐在这里和你谈这些。这就是一个试飞员的工作。一个飞行员如果超过安全标准飞行的话，他/她是会被免职的。作为领导者，我们同样要对自己行为的安全性负责。但是，为了成为一个高效率的、不断进步的领导者，我们都需要有一点试飞员的勇气。否则，我们自己设置的障碍就会一直阻碍我们的发展。如果没有试飞员或领导者来挑战极限，就永远不会有创新和进步。

自我设置的障碍不是我们生活中的墙，而是我们生活中从未被触摸到的边缘。它们充其量不过是我们已开发的和未开发的潜能之间的分界线，但被我们自己看成了一堵墙。试想，如果先辈拓荒者们一开始就认定他们哪儿也到不了时，现在这个世界会是什么样子？这就是我的营业处坐回公司第一的位子后所要克服的。我们的工作效率在以前的水平上停滞不前，其实并没什么有形的障碍。

但是，要把效率提高到前所未有的水平上无异于在蛮荒之地探险。作为一个团队，我们的发展遇到了瓶颈。我的队员们并非游手好闲之辈，他们是世界上最好的工作伙伴。作为公司最好的营业处，我们每个月都受到奖励。成功却因此成为我们的障碍。人们至今仍记得沃尔特·迪斯尼（Walt Disney）警告他的全体公司同仁不要“躺在过去的功劳簿上”。瑞夫·沃尔多·爱默生（Ralph Waldo Emerson）则进一步说：“那些坐在更舒服垫子上的人会马上睡着。”

永远不够好

曾经有一个非常出色的经理人对我说：“好是最好的敌人，而最好则是更好的敌人。”当人们开始做得很好时，他们会想，为什么要费力去做到最好呢？现在不是挺好的吗？而通常，当人们做到最好时，他们会觉得很安逸，于是效率就下降了，就像我的营业处那样。

我决定给我的团队成员一个挑战，让他们突破现有的个人发展极限。为了实施这一计划，我找他们每个人单独谈话。我说：“我不要求你去打破别人的纪录。我希望你能打破你自己每天、每周、每月、每季度、每年的个人纪录。”一旦他们开始关注自己的而不是他人的纪录，他们确实马上看到了自己每天、每周、每月、每季度、每年的进步。整个团队焕发出前所未有的能量和士气。我们一再打破了营业处、全公司乃至整个行业的纪录。

绳子与锁链

在西部片中，我们经常看到牛仔们骑着马去酒馆。他们跳下马，把缰绳松松地往柱子上一绑，然后进去要一杯撒尔沙酒。这时我就会想，为什么马不挣脱缰绳跑掉呢？后来，有些养过马的朋友告诉我，只要马觉得它是被绑住了，它就不会去想逃跑的事。我们自己也是这样：被绳子绑住了，还以为那是锁链呢。

事实证明，我的这些创纪录的营业处成员们一直都是很优秀的销售员。随着我们的出色表现受到越来越多的关注和称赞，经常有人问我是从哪儿得到这么优秀的人才的。是从竞争对手那儿挖来的？还是从最棒的商学院聘来的？难道他们都是从同一块布上裁下来剪成这样的？所有这些问题的答案都是“不”。他们曾经来自各行各业——都是一些发现自己有潜能做不寻常之事的寻常之人。

营业处有位女士，原来是名年薪2.5万美元的秘书，但她想拓展自己的事业，成为一名销售员。在我认识她以前，她已经做了4年的全职销售，每年拿着2.5万元的佣金，不会再多了。像别人认为的一样，她看不到自己可以挣得更多。她被绳子绑住了，却以为那是锁链。

在团队打造策略中，她几乎马上突破了自己的障碍，并且再没有受到束缚。我们会在下一章里详细谈到这个策略。在最后一份报告中，她把自己的销售计划提高到300万美元。对一个领导者来说，为一个在自己推动下取得成功的人鼓掌喝彩，再没有比这更高的荣誉和更大的回报了。

重新整合

领导者应该找出下属的舒适地带。有时候，你需要为你的成员描绘蓝图，让他们知道他们为之奋斗的成功是什么样的；有时候，你需要把执行过程译成他们能懂的语言。因为营业处位于圣费尔南多峡谷，销售团队中有些人还是季节性的动作片中的性格演员。就像我来自美国空军一样，他们以前也没有接受过任何销售培训。

作为性格演员，他们赚不到多少钱；作为销售员也是一样。有一天，我给他们每人一份销售培训手册，对他们说："先生们，这是你们的台词。好好研究一下，因为我们的顾客已经看过了，知道里面的内容。"他们的脸上闪过熟悉的光芒。从那以后，他们不再做任何销售讲演，而是做销售视听，并且做得非常好。我让他们知道，对他们旧瓶装新酒的成就我有多骄傲。

亲爱的老爸

营业处还有一位推销员简直要把我弄疯了。他无疑是我手下最让我头痛的一个（我敢打赌你脑中一定也想起了一些类似的人）。为什么他会让我头痛呢？因为我看到了他身上的潜力，而他自己却没看到，因为那些自设的障碍。

他的问题在于他每个月只有3000美元的直接佣金。我至今仍不明白他和全家是怎么靠这点钱生活的。他总是很谨慎地挑选他的销售对象；如果不是这样的话，他应该早就能打破他的限制了。如果某个月他能提前三四天实现3000美金佣金的销售额，那就是奇迹了。如果有人走进来对他说："我要跟你订货。"我敢打赌他一定会晕过去。

我决定这个月是属于他的。要么他突破他的障碍，要么我就在白费力气。我做了所有我能做的事情，就差和他形影不离了。如果我不在他左右，他几乎做不成什么事。我像个"大哥"一样罩着他。如果我不在门外把风，他可能连男厕所也不敢去。

令我骄傲的是，那个月他几乎把业绩翻了一番，拿到了将近6000元佣金！但紧接着他让我无话可说：接下来的那个月他一分钱也没拿到！再后面一个月呢？你猜对了：3000元！我忘了他的进步必须是以他的方式来衡量的，不是我的。

我把他叫进我的办公室，请他谈谈他对这件事的解释。我简直不敢相信他的说法。他告诉我是我自己没搞明白。他说从小到大他的银行存款从来没超过他父亲。我意识到他给自己设置了一个限度，使自己的银行存款总是停在不超过父亲存款的水平上。这一选择正确行为模式的方法让我大开眼界。

运用我新学到的知识，我想出了一个办法。我对他说："这就是你给你的孩子们树立的学习榜样吗？这样，他们有天可以坐在办公室里，告诉他们的老板，他们从来没有过比父亲更多的银行财产，而这一直是他们的家传？"

他猛地从椅子上站起身。我往椅背上一靠，心想，他现在可能要从我的桌子上飞过来了。幸运的是，他只是被我的话点醒了。"天哪！"他喊到，"我可不真是在这样做吗？！我给孩子们树立了一个榜样，叫他们永远不能超过我的成就。我选择了自己的生活方式并且一直没有改变，我的孩子们也就认为这样很好了。为什么他们要感到有所不同？我从来没给他们这样的理由。"他走出我的办公室，掀掉了自己设置的障碍。在上一份报告中，他还在努力拓展自己的安全地带。

白费工夫

经理们感到的“热”中有一大部分来自不必要的摩擦。习惯于做无用功就是一个很好的例子。我们可能工作了 8 小时或更长却一无所获，然后回家时告诉家人自己今天工作得多么努力。

我请你把你典型的一天写下来，包括怎么工作，怎么和别人说话，得到回答后又怎么再和别人说话，等等。这样写了几页纸后，我请你回过头去，把每件事过一遍，分出哪些事做成了，哪些没有。然后停止做那些没做成的事。听起来很简单是吗？也许吧。汤姆·彼得斯（Tom Peters）把这称为“对显见之事的随意回放”。顺便说一句，如果不再做没结果的事很容易的话，那大家都会变得更高效更高产。没有人在认真地回顾了自己的活动后，能说自己的能量一点没有浪费在我们熟悉而舒适，却消耗掉了更高效率的旧习惯里。

我们怎么知道什么东西是没用的呢？某一行为伴随我们很长时间，这是第一条线索。可能我们在做事的时候连想都没想，只是觉得很自然。如果有人问你为什么要做那件事，而你的回答是“我一直是那样做的”时，恐怕你要好好想一想了。很多时候，我们的行为是没必要和缺乏效率的。如果你能给出某一行为合理的解释，那说明你的头脑还比较清楚。

每天，有时候是常常，我们每个人都会站在一个交叉路口（如图 1－2 所示）。一条路通往个人和事业的发展，是通往高效领导才能的必经之路。另一条路让我们总是重复一些没有效率的事。

我们倾向于选择重复之路，因为它总是把我们安全地带回我们熟悉的地方。熟悉之地给我们安全感，哪怕它是毫无效率的。很多组织声称自己有着深厚的传统，其实他们不过是泥潭深陷。不管我们愿意与否，明天照样来临。这些“传统主义者”们眼睛紧盯着后视镜就冲进了明天。他们紧抱传统，拒绝进步。

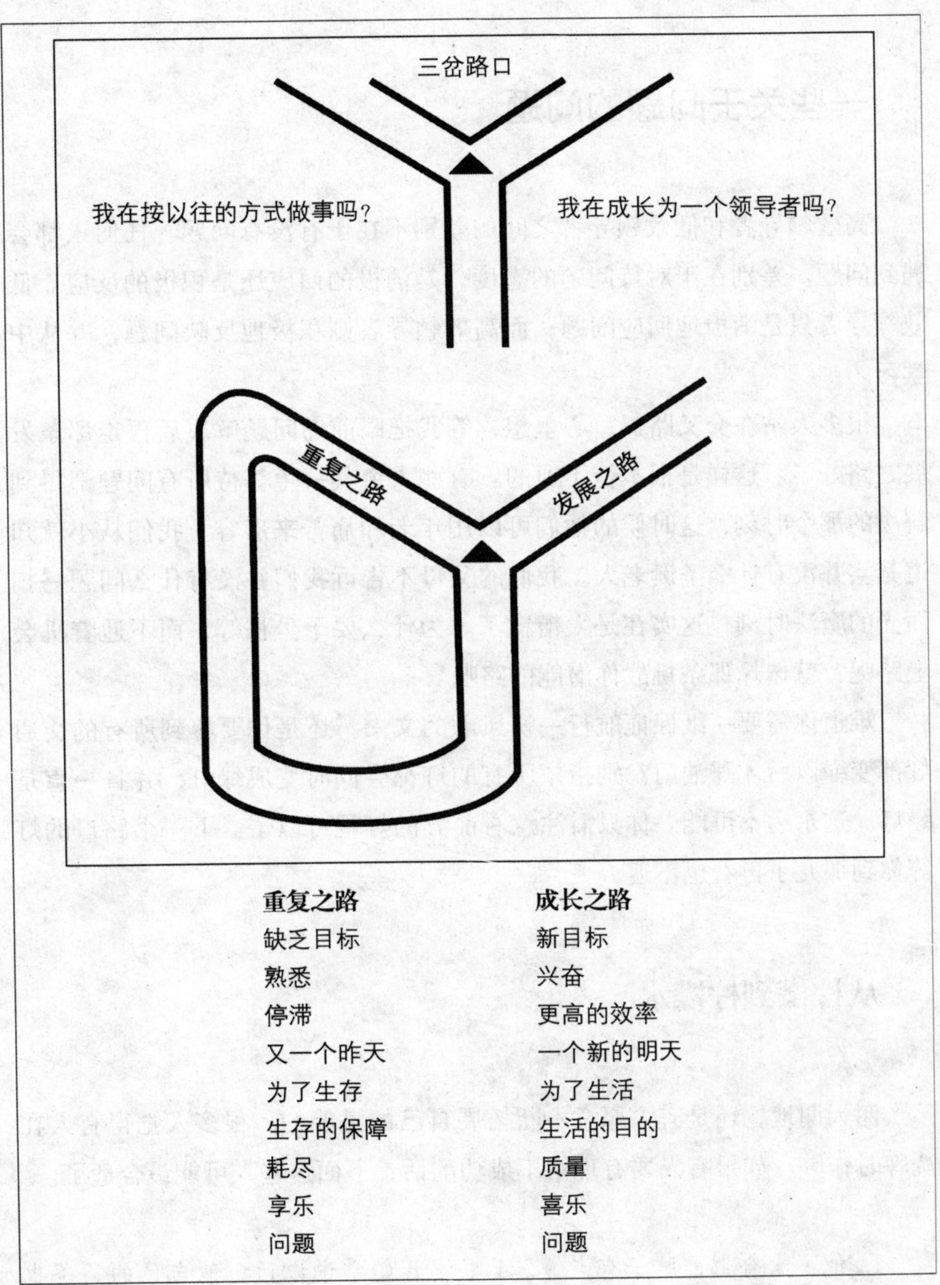

三岔路口
我在按以往的方式做事吗？
我在成长为一个领导者吗？
重复之路
发展之路
重复之路
缺乏目标
熟悉
停滞
又一个昨天
为了生存
生存的保障
耗尽
享乐
问题
成长之路
新目标
兴奋
更高的效率
一个新的明天
为了生活
生活的目的
质量
喜乐
问题

图 1－2　交叉路口

一些关于问题的问题

高效领导者和低效领导者之间的差别不在于有没有问题。任何人都会遇到问题。差别在于对待问题的态度，是消极的回应还是积极的反应。低效领导者只是消极地回应问题；而高效领导者则积极地反映问题，并从中学习。

很多人站在交叉路口，心里想，等我把眼前的问题解决后再走那条发展之路好了。这样是根本行不通的。有些人穷其一生等待所有问题都得到解决的那个时刻，这时候的他们可以用年老和痛苦来形容。我们从小就知道其实并没有什么圣诞老人。我们的父母不告诉我们并没有什么问题一扫而光的魔法时刻，这实在是太糟糕了。为什么要干坐枯等，而不迎着机会上路呢？就选择那条挑战你潜能的路吧。

难道你需要一纸保证航行一帆风顺的文书？还是你要等到所有的交通灯都变绿以后才踩油门？别指望所有的灯都会同时变成绿灯，并且一直是绿灯。这永远不可能。你只需注意右前方的灯就可以了。下一个路口的灯等你到那儿了再看也不迟。

从柠檬到柠檬水

谢天谢地，还是有人愿意不断拓展自己的潜能的。很多人觉得有人在洗牌时作弊。如果有人要有理由不成功的话，下面这些人可能最合适了。

1. 他不太合群，脑子有点慢。4 岁才开始学说说话。他自己的爸爸也说他不太正常，将来什么都不是，甚至被学校退学。
2. 这个人侥幸当到上尉，后来却被降到大兵的行列。退伍后，他在农场打零工。他在军队里和事业上的发展居然是倒退进行的。

3. 小时候，音乐老师说他没一点唱歌方面的天分。
4. 他的老板说他不懂得如何接待顾客。他被派去仓库里分拣货物，在那儿一直做到21岁。
5. 报社编辑说他“缺乏创造性”，并以“没有好点子”解雇了他。
6. 他一直是班里最差的一个，老师说他太笨了，什么也学不会。最后是他非常有耐性的妈妈在教他。
7. 她父母收到她所在的表演学校的来信，老师们认为她没有表演方面的天赋，建议他们不要再浪费钱了。每次试听她都失败。后来又受腿疾的困扰，整整两年不能走路。终于在40岁时才扮演了一个有分量的角色。
8. 她母亲在12岁被人强奸后生下了她。从5岁起，她就开始给妓女和皮条客跑腿。

你猜到他们都是谁了吗？（1）大脑迟钝，被学校赶出来，艾尔伯特·爱因斯坦（Albert Einstein）；（2）不合格的军人，亚伯拉罕·林肯（Abraham Lincoln）；（3）嗓子很糟，恩里克·卡罗索（Enrico Caruso）；（4）不懂得如何接待顾客，被贬去仓库，弗兰克·伍尔沃思（F. W. Woolworth）；（5）缺乏创造力，没有好点子，沃尔特·迪斯尼；（6）老师眼中笨得什么都学不会的孩子，托马斯·爱迪生；（7）没有表演天赋，直到40岁才得到一个像样的角色，露茜·波尔（Lucile Ball）；（8）流浪街头的私生子，伟大的福音歌手、奥斯卡提名获得者，伊瑟·沃尔特斯（Ethel Waters）。

那些逆流而上、不屈于逆境、战胜种种困难的人们的故事总是特别吸引我。诺曼·文森特·皮尔博士（Dr. Norman Vincent Peale）曾经说：“你其实和挡在你面前的困难一样大。”对我自己来说，我总是特别感谢那些大过可能挡住，实际上也已经挡住了其他人的困难的人。在他/她们变得更强以后，世界也变得更美好了。

压力下的午餐

在就要被人取而代之的那段艰难岁月里，上面这些伟大人物没有一个能帮到我。于是，我开始从报纸和杂志的商业栏目中寻找讲述成功人物的文章。当我看到一些写本地人士的文章时，我就给他们打电话。“你不认识我。我是丹尼·考克斯。我刚刚把一个最棒的销售处从36个销售处的第1位带到了第36位。老板在找人取代我。我能和你一起吃午饭吗?”

这些成功人士不仅接听我的电话，而且还同意和我一起吃午饭。有些人从我的声音中听出了焦虑，有些人则只是想见识见识这个单枪匹马把一个组织搞得一团糟的人。所有这些成功人士的一个共同拥有的特点就是企业家精神。他们都把我看成是对他们的一种挑战，至少是种新奇的经历。我仔细倾听他们的故事，并且立即运用我学到的东西。我从没停止向优秀的领导者学习和请教。去和他们共进午餐吧，免得别人吃掉你该得的。你可以学习的人不必非得和你同一行业。待人处世的基本原则是一样的，与行业无关。努力去学习并实践它们。

不是给人印象……而是让人振奋

经历一次危机就要从中学到东西。不要等到迪基或德鲁克对你说：“我早就告诉过你了。”如果你学东西够快或者够细心的话，你不必等到自己的危机来临时再去学习。注意你所在的组织、行业或当地商界中正在发生的事情。树起你的雷达，别在有情况的时候睡着。托马斯·爱迪生说：“答案就在那儿。去把它找出来。”

当事情发生时，想保持衣服没一点褶儿是不可能的。有褶的衣服以及指甲里有污垢要不了谁的命。但是要记住，当你卷起袖子时，你一定要亲自动手。你个人追求卓越的不懈努力将带动组织中的每个人。

试一试今晚睡觉前问问自己：“谁会对我的做事方式感到振奋?”注

意，我说的不是谁对你的做事方式有印象。当人们对你的做事方式有印象时，他们会说，“你干得不错。”而当你的做事方式让他们振奋时，他们说的是：“我希望我做得和你一样好。”我们现在比以往任何时候都需要振奋。

有效领导的方法、技巧和原则必须先编织进你自己的布料中，才可能让别人学习和应用。作为一个领导者，你的任何进步都会反映到组织中。试着这样去想：因为你现在花时间读这本书，某个人或某个组织将因此而受益。

第二章 新兴的领导程序

"在别人抢先以前，和行家里手共进午餐。"

——丹尼·考克斯

当我被老板另请高明的举动激发起一股学习的狂热时，四周的热度开始慢慢升高了，而我绝不能让自己在烈焰中滚鞍落马。我想方设法向可能找到的成功人士学习。我对知识有一种如饥似渴的需求；不仅仅是头脑中的知识，而且是任何可以转化成有意义的行动的有意义的知识。直到现在，我还一直在寻找能够学习的对象。

20世纪伟大的哲学家约吉·贝拉（Yogi Berra）曾说："如果观察得够久，就一定能看见。"我一直在观察，也就一直看见了新奇的、令人兴奋的事。观察是一种好习惯，多年来对我帮助甚大。不过我过去一直不知道——现在仍是——我是花了很长时间才了解到这一点。领导才能的学习和提高与年龄无关。你是刚出道的新手，或者是经验老道的宿将，这都不重要。

领导才能的高下也不由所要完成任务的缓急或大小决定。我见过或读到过，为了实现理想，一些最优秀的领导者曾把许多时间花在处理日常事务上。这些人之所以优秀，在于他们处理生活中每件事情的独特方式，不论是普通小事或是重大挑战。

在多年来学习许多优秀领导者的经验基础上，我把他们最卓越的品质归纳成10条有效领导的特征。

领导才能的10大特征

特征之一：诚信

诚信是最首要的品质。领导才能的所有其他特点都建立在这一钢铁般不容动摇的基础上；并且，其他9项特征的次序或许可以变动，但诚信绝对是摆在首位的。不要听信别人说，作为个人道德品质的诚信和作为职业道德操守的诚信可以有所不同。除非你允许自己的生活有双重标准，否则，这两者必须是一致的。

亚伯拉罕·林肯跑了好几里路，只是为了退还一位顾客的零钱，这一经典事例就是诚信在职业道德操守中的反映。正如第一章的例子所说明的那样，诚信的核心是个人的责任。一个拒绝承担责任的人在面对诱惑时将缺乏道德上的规范和支撑。

持久力

在商业社会里，我们经常看到一些人像火箭般迅速崛起，令我们叹服他们的辉煌成就。新闻界和出版界总是不厌其烦地报道和记载这些新星们的事迹，我们自己也大把大把地花钱去听他们的报告会和研讨会。不幸的是，这些人的辉煌成就大都免不了两三年后渐渐归于平淡的命运，如果他们没有更早就陨落的话。我相信每个人都听过一些这样的故事，当一个人缺乏正直诚信的道德操守来与诱惑和挑战对抗时，他/她的财富是如何转瞬即逝的。是什么让这些人跌倒的？是因为他们没有坚守诚信的底线。

如果人们能及时认清他们信任的人其实是在吹牛，或者对使这些人迅速升上重要职位的成就能保持清醒的认识，那该减少多少损失和痛苦啊！在小镇里，一个初来乍到的人需要用事实来证明他/她的品格；如果他/她在人们眼里是不可靠的，那他/她需要很长时间才能重新获得人们的信任，并且还很不容易做到。

在我的老家，人们用“把湿垫子铺在螺旋形楼梯上”或“像块乳酪蛋糕一样滑腻”来形容一个人的不可靠。如果你从邻居那儿听说了这么一个人，你还会从他/她那儿买东西吗？《华尔街日报》每个月应该出版一份“湿垫子”名单，以消除商界中因为没有认识到诚信的重要性而造成的损害。

诚信这个话题本身就够写一本书的。事实上，已经有很多关于诚信以及个人品格和职业道德的书了。这些书是关于是非对错的。在你认为我是个在你面前挥舞道德大旗的理想主义者之前，请认真想一想商业诚信是成功的基础这个问题。如果不坚守诚信不欺这一原则，任何一家企业都长久不了——大大小小，任何一家。

别只为自己打算

诚信的一个重要表现特征是乐于助人，就算没有回报。几年前，我和妻子特蒂去荷兰旅游，打算从那儿坐船沿莱茵河前往瑞士。到达阿姆斯特丹后，我们乘一辆出租车赶往码头，我们搭乘的船当晚要从那里出发。但我们到达码头后，并没有看见我们的船。

出租车司机载着我们在附近四处找寻。后来，他认为我们付的车费已经够了，就索性关掉了计价器。我告诉他我们仍然愿意继续付费，但他摆摆手说不用了。最后他把我们带到码头附近一家很不错的餐馆里，他认为我们的船有可能去过那个码头。

那是星期天的晚上，船务公司已经下班了。餐馆的柜台招待非常同情我们的遭遇，并把我们托付给一名非常热情的侍者。这位侍者安排好我们的晚饭后，马上找来了餐馆老板，贾珀·莫斯。贾珀安慰我们不要着急，他自己则开车在码头上兜了半个多小时，四处打探。

过了没多久，柜台招待叫我去听电话。是我们要乘坐的那条船上的工作人员打来的。他们碰巧从一个好心人那里听说我们在这个餐馆，于是赶快派了一辆车来接我们。原来，出发的城市临时从阿姆斯特丹变成了鹿特丹，而我们已经离开美国开始了旅行，已经无法通知到我们了。在我们等车的时候，贾珀和他的侍者为我们准备了非常可口的晚餐，并且热情地与我们聊天。我们觉得仿佛已经与这些善良的人们认识了很多年，几乎不愿意离开了。

轿车司机准时把我们送到鹿特丹。已经看得见远处的船了，但司机不清楚通往码头的路。于是他向一辆路过的出租车问路，出租车司机主动表示可以带我们过去。在穿过许多迷宫似的狭窄街巷后，我们最终到达了我们的船停靠的码头。

当我跳下车来到出租车司机跟前，想塞给他一些钱以示感谢时，我再次遭到了善意的拒绝。就像轿车司机一样，这位出租车司机什么也不肯收就离开了。我们在荷兰遇见的每个人都是这么的诚实守信，给我们留下了非常美好的回忆。究竟有多少人听过我们这个关于荷兰人如何热情助人的故事？愿意听的人有多少，那就是有多少了。

而这么美好的经历是不能不与人分享的。如果你下次有机会选择给一位顾客一段愉快的经历还是一段不愉快的经历时，请想一想这个故事。如果有什么比一个关于愉快经历的故事更常听人说起的，那一定是一个关于不愉快经历的故事了。

每个人都要对自己的行为负责；而除此以外，作为领导者，我们还要对我们职员的行为负责，这是我们职业上的责任。然而，任何一个组织都不能迫使我们牺牲诚信这一品质。自古以来，英雄们就是以不惜代价坚持这一原则而为人们景仰的。不论我们的年龄如何，我们都应该把这一品质作为我们的人生宗旨之一。与其他品质相比，领导者有没有诚信更容易被顾客和职员感觉到。

特征之二：精力充沛

我对领导才能的研究发现，精力充沛是另一个非常明显的特征。出色的领导者不会让琐事缠身，因为他/她知道琐事是精力的最大敌人。他/她不仅知道对与错的界线，而且也知道有趣的事与重要的事之间的差别。两者之间有着巨大的差别。一个优秀的领导者必须具有识辨能力，能够分清什么事对组织是很重要的，什么事只是有趣而已，这其中就包括一些琐事。

很大程度上，这种识辨能力来自个人经验。就拿迪基来说吧，再没有比经验更好的老师了，尤其是亲自动手的经验。然而，即便是一名缺乏经验的新任领导者，他/她仍然有一项可供调遣的工具：常识。我们的常识或许在挑剔的父母眼中可能很微不足道，但那仍是我们拥有的知识。我们对常识的最大问题不在于它是否足以使问题得到解决，而在于我们是否信赖自己的常识，依靠它来做出判断。

优秀的领导者经常被人们赞为可以“看得更远”或“临危不乱”的人。这两种情形都是因为这些领导者对自己的判断力有信心。当其他人像没头苍蝇一样惊惶失措时，头脑清醒、精力充沛的领导者却能借助自己的常识和判断力挽狂澜。有时候，像其他人一样，经验丰富的领导者也会遇到不同寻常的新问题。在这种情况下，和缺乏经验的领导者一样，他们也得靠各自的常识来引导。

蕞尔小事

小事可以毁掉一个公司。我敢肯定，你每天都会碰到这样那样的小事。我曾见过整个办公室的人为了买什么样的办公用品而争论不休。一个追求效率的领导者是否应该把时间花在要不要采“鹰”牌 2 号铅笔这类问题上？信不信由你，这类问题是可以成为公司里电子邮件讨论的主题的。更令人吃惊的是，公司职员们会把大量时间花在讨论铅笔问题的电子邮件上。他们甚至会相约一起吃午饭，以便商议铅笔危机。没准还会发起一次请愿。

如果公司决定停用经办人从中提佣金的邮递服务，后果将会怎样呢？可能公司的整栋建筑会从接缝处裂开，而你会以为自己的生活和事业都将被击得粉碎。在公司宣布这一决定之后的同事之间的午餐会上，抗议的领头人之一这样说：“如果公司认为我商议的邮票价格能让我获取 1000 元的佣金，他们最好再想清楚一点。”

出色的领导者必须要能战胜这些情况。要记住，只有你自己先取得了进步，你的下属才会有进步。同样的道理，只有你告诉他们怎样去做，他们才会变得顽强起来。去做重要的事吧，别管那些无关紧要的小事。否则，任何一家公司，从私人企业到跨国公司，都能被堆积如山的小事绊住乃至陷入困境。

琐屑之事非常微小，不易察觉，但它们却像空气过滤器中的灰尘一样，最终会令你因缺氧而窒息。政策、规则、制度等常常被费尽心思制定出来，然后被强制执行以抚平最细微的皱褶。太多能量被用来解决鸡毛蒜皮的小事。可是，大锤不是用来杀跳蚤的。

组织的规模越大，管理过度的可能性就越大。在我所观察的公司中，没有哪一家的经营是完美的，没有哪一次人性的弱点这一因素被消除掉了。相比较而言，那些考虑并接纳人性因素的组织似乎比那些恪守名目繁多的规章制度的组织具有更高的效率和士气。

当除去琐事和冗规的负荷和捆绑后，人们自然而然会更关注手头的工作。顾客得到更好的服务，工作效率也就随之提高了。你可能会联想到，一些公司的培训中心挂着这样一些标牌："我们让顾客向我们购买东西会有多难?"当然，没有人愿意宣扬这样一种消极的想法。然而，许多组织就是会把注意力向内投放在琐碎事务，而不是向外投放在人及其需要上，这是不争的事实。在我曾服役的飞行中队，我们经常这样说：

有些人被榴霰弹击中
有些人被火焰吞没
大多数人则在小游戏中慢慢丧命

我们每天晚上需要问自己的一个严肃问题是："今天我做的是大事还是小事？明天又要做什么样的事?"

特征之三：做事有先有后

高效领导者做事是有轻重缓急的。分清事情的先后次序很重要。不过，这并不意味着最后就一定能按先后次序做事。很多情况下，许多事情先后次序的清单最终被淹没在生活的洪流中，从未被实现过。分清事情的先后次序与按先后次序做事之间的差别类似于梦想家与实干家之间的差别。梦想与计划固然重要；但梦想与计划本身并不能把事情做好。实干才能做到这点。当一件事情需要被完成时，我情愿用1000个苦思冥想事情该怎么完成的人和你换1个脚踏实地让事情完成的人。我家乡有一个说法，如果你知道接下来的后果怎样，你大可以去摸老虎尾巴。

按先后次序做事对在压力下保持镇定非常重要。为什么？因为在压力下保持镇定是有效解决问题的关键。很多人通常需要充裕的时间和宽松的环境才能做到这一点。

然而，当来自上层的资金需求与来自下层的生产和人事压力交织在一起时，这其中的摩擦就产生了热。这种热会吓退那些信心不足的人，留下来的是那些真正有勇气面对困难的强者。领导者通常对问题的解决负有最终的责任，他们的勇气要靠时间和能否在压力下保持镇定来证明。

第一件事情第一个做

我所研究的优秀领导者们都是按轻重缓急来做事的。而对你我来说，虽然我们也搞对了事情的先后次序，但我们可能会一下子跳到第五件事，因为前面4件事看起来很难。第五件则要容易些。优秀领导者不是这样，他们总是从第一件重要的事情做起。最重要的事情理应得到最重要的对待。

对优先次序名单最上面的事情视而不见并不会使事情自动得到解决。从第五件而不是第一件事情开始一天的工作有点像慢慢揭开一张创可贴。小时候，妈妈用勺子喂你咳嗽糖浆时，你不是一滴一滴细细品尝，而是大口大口地迅速咽下。痛苦的经历越短，效果越好。在我们南伊利诺斯州老家，我们通常这样说：

如果你得咽下一只青蛙，那就别盯着它看太久。如果你得咽下不止一只青蛙，那就先咽最大的那只！

如果每天你都按正确的次序吞咽你的青蛙，你就不必下班后把它们带到家里的餐桌上了。没有被及时咽下的青蛙会越长越大，并且越长越多。做一名出色的领导者，而不是养蛙人的方法在于仔细照顾好这些家伙。每天的正确次序是，从大到小。

高效领导者在做完第一重要的这件事后，接下来会做新的第一重要的事。没错。当名单上的第一件事情完成后，接下来的这件事并不是第二重要的事。它成了新的最重要的事情。以前第二重要的事情现在变成了第一重要的事情。我们对待事情重要性的态度有强有弱，这取决这些事情在次序名单上的位置。当重要性由第二变成新的第一时，我们对待事情的态度就应该是对待第一重要事情的态度。

如果我们把第三、第四和第五重要的事分别当成是第三、第四和第五件事，其结果将是这天工作质量的下降。每天早晨，当精力都放在第一重要的事情上时，每件事看起来都会很有意思、很吸引人；但一天下来，你就会觉得筋疲力尽。

想要在一天结束时仍保持精力充沛，关键在于按照新的第一重要性原则做事。你自己曾经亲眼目睹过很多次这种情况：当截止日期到来时，整个办事处是怎样热火朝天地工作，为的是赶上第二天的快递。每个人都热情高涨。就应该这样对待每件事。在这个涉及优先性的问题上，每一连贯的优先性都是最重要的。实际上，就其本身而言，每件事也确实是最重要的。

高效领导者列出事情的先后次序后，不会因为某件事情一开始安排得如何不好就放弃或者退让。他/她能做到把次序名单上的每一件事都划上一个表明完成的叉，除了诸如“下班后取干洗的衣服”等小事外。什么原因呢？因为他们比其他任何人都更会取干洗的衣服。这不过是手法和习惯而已。出色的领导者比其他任何人都更会下班后在自助加油站加油，因为这是他/她那时候名单上最重要的事。

特征之四：勇敢

《绿野仙踪》里那头胆小的狮子后来意识到：做一个谨小慎微的苦工并不能获得成功。我所研究的出色领导者都是勇气可嘉之人。这并不是说他们做事不负责任，而是说勇敢者和怯懦者在对待生活的态度上有所不同。勇敢者在必要时不仅敢于大胆谈论事情，而且敢于打破常规做事——不是为了寻求刺激，而是为了把事做好。不害怕冒险并乐于承担后果，这是优秀领导者的素质之一。

与此相反，胆怯者总是唯唯诺诺、小心翼翼地生活，但求一辈子都别出错。而这恰恰是错误的。就好比留下香蕉皮，却把香蕉心给扔了。也好像那些急匆匆赶往终点的人，只求不要坏事临头。

胆怯者是你在城里停车场看到的那些人，一定要等到所有的交通灯都变绿以后才敢启动车子。我在第一章里谈到的这类人不仅在停车场是这样，他们的一生都是这样。有谁愿意在生命的停车场里度过一生？如果这个人是你，我可以很肯定地说：如果你太过谨慎的话，好事和坏事都不会降到你头上。

听到别人说“我们试试吧！”时，胆怯者会吓得脸色发白，或者迟迟拿不定主意。换句话说，你必须去做你恐惧的事情，否则，恐惧感就会把你打垮。这两者中间并没有价钱可讲。要么是你自己，要么是你的恐惧感，将决定你的工作效率。和你的团队成员一起分享这一重要理念吧，这对他们和他们的工作一样适用。

特征之五：投入地工作

你是一个忘我投入、努力工作的人吗？你认为其他人为什么没有全力以赴？如果他们没有努力工作，他们节省下来的精力又到哪儿去了？当我们看到一个人很努力地工作时，我们会称赞他/她工作卖力。但是，他们可能无一例外会说：“我不觉得辛苦。我喜欢我正在做的事情，不给钱我也愿意做。不过，可别到处跟别人说。”

他们可能不会说最后这句，但是，没有人在做喜欢的事情时会把自己搞得筋疲力尽，人只有在做自己讨厌的事情时才会觉得累。做自己不中意的事情会让你着急上火，这是一种消耗你不喜欢的人的正常表现。我相信，任何一位医生都会发现，很少会有开心快乐的人来就诊，抱怨说自己上火了。

那些喜爱自己工作的人总是想着如何能把事情做得更好。对他们来说，凌晨4点时突然想到一个好点子，于是赶快从床上爬起来，拿笔把它记下来，然后早早来到办公室，考虑将它付诸实施，这是件很平常的事。要记住，敢于承担风险的人是随时都会准备采取行动的。

你可能还会注意到，忘我工作的人不会垂头丧气。他/她没有时间这样做。他/她能够控制自己的情绪，而不是让情绪控制自己。当同事提醒他/她时，他/她可能才会慢下来，但也只是短时间而已。实际上，这正是同事们给他/她的忠告：“你最好把节奏放慢点，否则你会垮掉，没准哪天你会心脏病发作死去。”

工作是属于胜利者的

我个人并不认为，提出上面这一严肃忠告的人真的很关心这些工作骨干们的身体健康。我这里所说的全力以赴投入工作的人，不是指那些借工作来逃避个人或家庭问题的工作狂；而是指那些从家庭和朋友那里得到支持和鼓励的人，那些正确地处理事情轻重缓急的成功人士，那些有家人支持、为他们事业上的成功感到骄傲的人。他们不仅从职业生涯，而且也从家庭生活中获得回报和快乐。

当压力增加，你需要快速高效地工作时，你希望身边能有这样一群忘我工作的人。如果大家都热爱自己的工作，你们的业绩将不可限量。领导着一群热爱工作的人却不能分享他们的工作热情是一件很可悲的事；同样，一个雄心勃勃，却没有一群尽职尽责的下属的领导者也是很可怜的。爱岗敬业的领导者会带出一个爱岗敬业的团队，不管成员们最初的情况如何。

最理想的状态是，我们每个人都能从事自己喜欢的、即使免费也愿意去做的职业。我所研究的成功人士大部分并不太在意他们得到的报酬。他们只是全力去做自己喜欢的事，而报酬则是自然而然会有的结果。我有一个问题一直难住了很多人：“如果不用考虑钱的话，你会去做什么？”

出色的领导者通常会回答：“我仍然会做我现在做的事情。”如果你的回答有所不同的话，你可能需要一些改变了。如果改变对你来说太可怕或太不确定的话，请你再读一下前面的特征之四。

特征之六：反传统和有创造力

每个行业的优秀领导者都具有一些反传统和创新精神。事实上，他们可能还会搞一些恶作剧。他们不容易满足现状，而对于没有结果的事，他们不会缠住不放。如果你有一些不太可能出结果但又需专人照管的事，你最好还是把它们交给那些有干劲没闯劲的人。这些做事认真的人会尽职尽责地替你把事情照管好，而追求效率的人是没有耐心等到电话响过以后才采取行动的。

高效领导者都是创新者。你或许听说过，他们宁可事后请求原谅，也不愿事前苦等许可。我这里并不是指那些做事不负责任的莽撞鬼。想想那些重要而宝贵的领导者品质，比如判断力、常识和责任心等，你就会知道它们是如何相辅相成的了。

经常会有一些销售人员到我的办公室问我：“丹尼，我刚刚试了一下这个不同寻常的办法。”我吓得脸色发白，赶忙问到：“你干什么了？结果怎样？”并不太敢听答案。

回答却是：“他们下了一个大订单。”这时我才喘过气来，说道：“祝贺你！”我的口气里有着无比的信心。“你干得很棒。”

完美的失败

经历是无可替代的；而且，如果你从失败中学到东西，那它就成了一个“完美的失败”。我觉得，前瞻性地看待一次失败尝试中的教育意义是很高明的。每个组织都会有完美的失败。在他拿起马掌的时候，迪基经历了自己的完美失败。新的完美失败发生了，这不要紧，要紧的是它们不应该再次发生。吸取教训就不会让失败重现。

当我还在空军服役的时候，有一次，我在 7.5 万名观众面前，距离地面 25 英尺的空中做飞行表演。做过这种表演的人并不很多。当你以 700 英里的时速——仅次于声音的速度——飞行，飞机的尾翼急速掠过一棵大树的树梢时，你知道自己是在快车道上了。要记住，当你在离地 25 英尺的空中飞行时，转弯前一定要把飞机拉起来一些；否则，其严重后果是飞机将以 700 英里的时速从侧面翻转过去。天空并不是限制，大地才是。低空飞行才可能打破纪录。

在做完一个水滴型的大转弯后，我得再做一个转弯以穿过跑道，这时速度降到每小时 600 英里……而且是倒栽葱的方式。当我整个人被卡在驾驶舱的座位里时，我还得记住，在俯冲飞行时，控制面板是倒过来的。谢天谢地，我从来没有过片刻的失忆。飞行表演中我最不愿听到自己说的一个词就是：“哎呀!”

我的意思是，我头上的白发不是以 600 英里的时速向下俯冲的结果。这些白发来自那些与我共事，并不断地以独特和创新的方式做事的职员。我为自己的白发自豪，也为这些教给我许多新东西的人们骄傲。

特征之七：锁定目标

我所研究的优秀领导者们都具有锁定目标以便做出具有重要意义决定的能力。具有重要意义的决定不一定非得是很大的决定。它可以是一些生活习惯的改变，例如晚上不看电视，请人教你做晚饭，读一本自己喜爱的书，或者有一段安静的时间进行思考什么的。这些事情看起来似乎并不起眼，但却是成功者和不知道自己下一步要做什么的人之间的巨大差别。

有时候，具有重要意义的决定可能需要你舍弃生命中的一些人。如果朋友之间没有相互的尊重、支持和鼓励的话，那么这种关系可能会被其他人利用，来破坏你们之间的友谊。我不是说你不应该去帮助有困难的人，而是说你应该多和那些与你有着相同事业和生活方式的人交往。近朱者赤。就像圣经里说的，铁磨铁，磨出刃来。正确地选择人际交往对象并不是要对朋友吹毛求疵，而是为自己建立一个良好的社交圈。

所有这些都要求你对自己要走的路，也就是自己的目标有一个计划。选择合适的人相处就是一个例子，它能反映出那些目标明确、行动积极的人和那些目标没能达成就惊惶失措的人之间的差别。当一个人开始承担责任时，事情就会有起色。

当你的职员与组织及其他职员的目标发生冲突时，你应该果断地采取措施解决。我会在后面有关团队塑造的章节里详细讨论如何艺术地解雇缺乏工作效率的职员的问题。继续让一个缺乏效率、对组织没有贡献的人留任，无论对组织还是对他/她本人都没有好处。我们工作不是为了保持原状，而是为了让事情变得更好。

曾经有一个有着明确目标的人（我会在第四章里详细谈到）告诉我，他努力工作不是为了支付账单，而是为了有钱可以享受生活；否则，你两样都做不到。我还要告诉你，你应该爱你做的事，甚至是那些没有报酬的事。

难受？没问题

我曾为前重量级世界冠军乔治·弗尔曼（George Foreman）做过一个节目。虽然他只是前世界冠军，我还是称呼他为冠军。如果我因为个子不够高而不能做民航飞行员的话，那我的个子肯定也不够大，所以，惹毛了乔治·弗尔曼肯定没有我的好果子吃。那天，在我们一起吃饭时，我悄悄地从对面观察他的鼻子。说真的，一个重量级拳击手的鼻子简直是件艺术品。

乔治·弗尔曼的鼻子像座纪念碑一样能马上抓住你的目光。他的鼻子肯定被最重量级的打孔机结结实实地打过。我自己就可以告诉你，在鼻子上来这么几下子会有多难受。这个鼻子真是叫你过目不忘。

我在南伊利诺斯州州立大学读书时曾在校摔跤队呆过。有一次，我和密苏里州冠军较量。我在垫子上四处游动，以寻求机会把他摔倒。我觉得很自信。因为某种原因，我觉得那天会是很特别的一天。我是对的，但并不是我所想的原因，而是因为它就是很特别。那天的经历真是独一无二。

我盯着他的脚，决定用传统的飞轮式战术向他发起进攻。我一跃而起，向他的双脚扑去。如果你也采用这一战术，你要确保你的对手不会在同一时刻和你做同样的动作，这一点心得仅供你参考。

我的教练告诉我要抬着头以便能看清自己运动的方向。他经常说："要注意对手的错误。"他是对的。我仰着头，看见对手犯了一个错误。在半空中，我发现他所受的训练没有我扎实。他低着头，完全没有意识到我的鼻子对他直冲过来的头颅将要造成伤害。

嘭！惟一能体会那种剧痛的办法就是想像有颗原子弹在你的鼻腔里爆炸开来。我觉得仿佛火箭在我的脑子里升空了。眼球后面金星飞溅，鼻子的下半部分耷拉到嘴边。除了头发，头上的每个部分都在流血。我痛得直打哆嗦，脑子根本不能想事情。

这一摔跤经历使我更加钦佩乔治·弗尔曼的鼻子。我凝视着他头部的这一构造，心里好奇他怎么能忍受这么多重量级拳击手对他鼻子的蹂躏所带来的痛苦。我老实不客气地向他提出这个问题。"如果我看到我想要得到的东西真的很好时，"他平静地答道，"我就不会在意它带来的痛苦了。"这一理念或许让他想起了自己 43 岁夺冠时的情景。

对职业拳击手或任何其他人来说，这都不是什么问题。孩子为了得到渴望拥有的东西时，也会愿意做出一定的牺牲。但是，人做事是需要榜样的。有些人来找我说："丹尼，你不知道我对疼有多敏感。"这时候，我会问他们有没有在做家务或园艺时不小心划伤自己，却并没有马上觉得疼的时候。我知道我有。

我也曾不止一次看着自己身上一道很难看的疤痕，奇怪它是什么时候，是怎样落下的。问题在于，我们的思维一次只能集中在一件事上。当我们全神贯注于这件事情时，我们不会感到疼。如果你拿起一把刀说"我现在要割我的手指了"，你马上就会觉得疼，不是吗？锁定目标能产生一种能量和魄力，使我们远离痛苦和疲惫。所以，如果你在追求自己想要的东西时会感觉到疼，这是因为你还不清楚自己想要的是什么。

特征之八：富于激情和感染力

我所研究的优秀领导者们都富于激情和感染力，并且善于鼓励人。他们像是煤气炉上的点火苗。我敢肯定你一定也有这样的、一走进来就使满室生辉的朋友或同事。他们内在的激情是有感染力的。作为领导者，你的下属期望在你身上看到激情。他们其实并不需要借用你的激情，只是不好显得比老板还更富有激情。他们需要得到你的许可，好让他们的激情释放出来。激情来自于亲眼看见目标的顺利达成，不仅因为它是自己的目标，而且还因为它是整个团队目标的一部分。

有时候，有些人有太多热情，简直无法抑制。几年前，我曾有一位名叫克丽丝的女职员。那时她什么都不顺。她的家境不太好，全家在加利福尼亚的一个西红柿农场做工，她从小帮着父母在农场干活。因为一直在农场生活，她没有机会读完 8 年级，说话还带有浓重的西班牙口音。

后来，她通过自己的努力取得了事业上的成功。她打破了公司的每一个销售记录，销售额居全营业处 20 人之首。我问她是如何做到这一切的，她眨眨眼睛说："上帝没有给我配备刹车装置。"如果我们每个人都没有妨碍出状况的刹车装置的话，生活会变得简单很多。

虽然我是销售处的头儿，克丽丝却是带动整个销售处的人。我需要做的只是为她铺路，让她可以一直做她为之兴奋的事。我不会让任何人向她泼冷水，让任何事阻挡她的工作热情。

你是有感染力的

我希望这个说法会像闻到氨水一样，让你睁大眼睛。我前面提到过，激情和鼓励是具有感染力的。如果你没有富于感染力的激情和带动性，你所具备的其他品质也是可以的。这听起来似乎很吓人，但却是事实。如果你暗自希望你的一些优点是你的同事所没有的，那你放心好了，他们可能早就具备了。

领导者自身——尤其是面临压力的领导者——的进步和提高要求他/

她具有激情和带动性。如果你不清楚人们是如何带着激情工作的话，你可以再温习一下前面谈到的7项领导者特征。要记住，这些素质之间有着明显的互动关系。

如果某个人在工作中只是假装充满激情，他/她的同事很快就能觉察出来。假冒工作热情的人会频繁地变动工作。他们从一个地方不断跳槽到另一个地方，刚开始的时候他们的激情确实让人印象深刻，但因为不真实，所以并不能长久。

作为领导者，我们需要检视我们的激情，看它是否来自我们对工作的热爱。与此同时，我们应该学习如何调动人们的积极性。如果这两者中任何一个出现问题，将使我们面临前面图1-2中岔路口的抉择；而我们最终的抉择，取决于我们和下属的激情是来自工作上的成就还是工作上的进展。激情的催化剂首先是成就，其次是影响一个人性格的良好人际关系。

特征之九：保持头脑冷静

高效领导者都是头脑冷静的人。他们能很快掌握情况，控制住混乱的局面。他们总是实事求是，而不是一厢情愿地看待问题。他们通常不是被动地应付，而是积极地回应问题。被动地应付问题就像膝盖的条件反射一样，不可避免地会导致在第一地点产生“热”的同一行为模式。

而积极地回应问题则意味着运用合理的常识作出判断，为组织选择更好的新道路。当内部压力与外部压力交织在一起，使局面变得异常扑朔迷离、错综复杂时，理智的领导者往往能采取正确措施，理出头绪，使组织走上正轨。这正是一种在艰难情形下的领导才能。

这些人更喜欢解决问题而不是谈论问题。我相信你明白这两者的不同。有些人总是带着焦虑的心情和看似无法解决的问题来找你。他们会对任何一个愿意倾听的人无休止地讲述碰到的问题。有意思的是，即使在问题解决以后或变得无关紧要之时，他们还是会喋喋不休地谈论。

而那些积极对待生活的人就不一样。无须指令，他们就会自己采取行动，因为他们深知，问题其实并非不可战胜，它们不过是些决定点而已。

不必害怕问题，应该学会预料到问题的发生。当压力来临时，头脑清醒的领导者不会惊惶失措；相反，他们会充满信心地去处理问题。在其他人惊惶失措之时，出色的领导者必须保持清醒，实事求是地看待问题。

实事求是

我是在一次飞行测试中学会实事求是的。我知道独自驾驶一架7.9万马力的超音速喷气式飞机，从6万米的高空以1200英里的时速——每分钟20英里——俯冲下来的感觉是什么……真如着火一般。我那时就是这样，眼巴巴地看着仪表盘上的每个指示灯在我面前红光闪烁，至少我觉得它们是在我面前红光闪烁。驾驶舱里烟雾弥漫，实在无法看得很清楚。

我那时还没读到彼得·德鲁克的书，也忘了应该吸取欧扎克山区同乡迪基的教训，所以，在我成长的岁月里不只一次遇到类似的问题。不过，在任何一种情况下，我都尽自己最大的努力保持冷静，以面对眼前的挑战。说实话，我是从自言自语开始的。

丹尼，冷静点，我对自己说。你是个合格的飞行测试员，习惯应付各种挑战。这里是美国。这个国家需要你，整个世界都在紧急频道上聆听你的动静。在触动麦克风按钮时你要牢记这一点。

当我觉得自己镇定下来以后，我伸出戴着手套的一只手，关掉我认为导致起火的任何按钮，同时用另一只手紧紧摁住麦克风的按钮。我对控制中心喊到，用尽自己全身的力气："呼救，呼救，呼救。我现在正在6万英尺的高空，头下脚上。请清理飞行航道，我请求返航。"

我记得每一个字都是很清楚冷静地说出来的。一个好莱坞的演员在排戏时不会比我更镇定，而我自己在军官俱乐部里点火腿鸡蛋时也好不到哪儿去。当然，在我设法安全地着陆以后（别说上帝不听我们的祷告），交通控制塔的工作人员邀请我听一遍我这一紧急呼叫的录音。不知为何，我印象中原本沉稳冷静的男高音变成了一只惊恐战栗的花狸鼠的纵声尖叫。

在这一紧急状态下，肾上腺素的激增超越了我想要保持冷静从容的意识，以至我后来居然识别不出自己的声音。交通控制员们一想到这就会忍俊不禁。我这一款高音祷告嘟囔得如此之快，以至他们有时候甚至要把它重录下来才行。我当时没有迅速把手指从按钮上挪开，所以我和上帝的谈判常被别人听到。这里有必要简要介绍一下飞行测试员的祷告："上帝呀，让地上的人知道我这一想法，我会为你把这架飞机开回去的。"退役后我还使用过一两次这一祷告，其中之一就是当老板走进来告诉我他要找人代替我的时候。

能帮助我们提高领导才能的人其实就在我们身旁。记住，领导者不是天生的。他们不过是从艾伯特·哈伯德所说的"知识的海洋"吸取养分。没有什么比知识更能培养临危不乱的冷静和从容了。对知识的缺乏会导致无知、偏见和狭隘的想法。

特征之十：渴望帮助别人成功和成长

我所研究的优秀领导者都有一种帮助别人成长的愿望。这种心态正是戴尔·卡耐基（Dell Carnegie ）成功的关键。通过帮助和鼓励别人成为百万富翁，他自己也成了百万富翁。真正的领导者不仅希望他的手下成功，而且希望他们不断成长和提高。当一个组织是在一种支持和鼓励的环境下运转，当无关紧要的小事都被理清，当人们都能开诚布公地交流自己的想法时，就产生了整合效应。

整合效应能使整个组织以及成员的整体超过所有个体的总和。我们时不时能听到体育评论员说，最近有一支球队的状态处在上升阶段，赢得了某场比赛、或者得到冠军，甚至击败一直比它更强的对手，夺得金牌，让所有人大跌眼镜。这就是整合效应了。不过，正如我的销售人员所证明的，你不必非得是个出类拔萃的人物才能获得成功。

我们永远不应该向别人的梦想泼冷水。缺乏热情、说三道四以及漠不关心等，是能破坏整合效应以及阻碍团队成员发展的最快方式。相信我，如果你像是公司早餐里湿不拉叽的燕麦粥，那说明你需要有些个人的"真实时刻"了。

在你最需要别人帮助的时候，不要不好意思。把能量和激情注入到你的办公室或公司里的办法之一就是借助那些可以借助的、最富才干和技巧的人。遗憾的是，聘用比自己棒的人一直只是种少见的特例，而不是常见的情形。在聘用和提拔雇员时，经理们常常会首先确保他们选用的人不会对自己形成竞争和威胁，以保护自己的利益和/或形象。其结果是使那些最有才华的人得不到用武之地。没有经理会承认这一点，但这种事太经常发生了，也许他们自己也没意识到。

不聘用比自己强的人有很多理由。其中没有一条是对的，但它们又都根深蒂固。例如，如果聘用不如自己有能力的人，他/她可能就不会带来任何自己无法应付的挑战，不会促使自己去学任何自己还没有掌握的知识，或带来自己以前没有解决过的问题。而另一方面，这个人也就不会带来创造力、新的和不同的主意，或者其他能帮助你以及公司达成更高目标所需的部落俗套的思想。选择舒适也就意味着选择放弃更好的。

让自己向前看

如果你致力于达成体现自己价值和追求的目标时，人们是会注意到的。他们观察到的事情之一就是，在你这样做的时候，你并不孤芳自赏。你做事时不会一双眼睛盯着镜子看。当看见有人做的事情很有难度、很有挑战性时，人们会深受鼓舞。聘用比自己有才能的人说明你关心整个团队的成功更胜过自己的形象。这将鼓励其他人把整个团队的福祉放在自己个人的利益之上。要承认自己一直需要提高和成长并不是件轻松容易的事。

帮助其他人得到提高取决于你是否愿意支持和鼓励他/她，无论他/她的抱负看起来有多遥不可及。当我在亚利桑那州的塔克森飞战斗机时，我遇到了哈尔·尼达姆（Hal Needham）。那时，哈尔是个为了每次500美金的报酬去演从马上摔下来或在车祸中受伤等角色的特技演员。我们成了朋友。我们俩都过着不同于常人的生活。

如果那时哈尔告诉我，他想成为好莱坞最棒的特技演员，我可能会回答说："嗨，哈尔，这不可能。你活不到那么久。你已经有43处重大骨折，还不算手指和脚趾。"

如果他又说："丹尼，我想写一部将来能成为10大经典影片的戏，和《乱世佳人》、《音乐之声》以及《星球大战》等片子一样成为电影史上的票房传奇。”我可能会接着回答说：“哈尔，你总共不过念了9年书，以前还是个修剪树木的园丁。你打算用拳头夹着蜡笔写你的剧本吗?”

如果他继续告诉我，他还想和另一个朋友，一个爱好机械的肉店老板，一起合作制造一部用火箭做动力的超音速汽车，我可能会不客气地说：“得了吧，哈尔。别忘了你是在跟世界上最权威的超音速飞行器专家说话。我告诉你，汽车是不可能超过音速的，在那种速度上，橡胶甚至没办法呆在车轮上。”然后，我会拍拍他的肩膀，同情地说：“哈尔，老伙计，我觉得你是从马上摔的次数太多了。我开车送你回旅店吧。你需要好好休息。”

幸运的是，在我学会不向别人的梦想泼冷水前，他没有向我讲太多他的梦想。很多年以后，他有一次给我打电话，说我们很久没见面了，应该一起吃个晚饭。当我们坐在 Malibu 餐厅，看着窗外的海浪翻滚时，他告诉我他是如何成为好莱坞最棒的特技演员，又是如何写出并拍出紧跟《音乐之声》之后，持续名列票房第四位的《追追追》（*Smokey and the Bandit*）①。我从未想过《追追追》能和《音乐之声》相提并论，但那时，它们在动作影片类确曾同享殊荣。

他继续说：“丹尼，下周有件事我想邀请你一起参加。”

“什么事，哈尔?”

“我已经和我那个开肉店的、爱好机械的朋友联系上了。我们已经造出了一辆用火箭推动的汽车。我们准备让它挑战音速的极限，而我希望你能在场。”

“那肯定是辆很棒的车?”我说。

“它有18英寸宽、40英尺长。”他解释道，“它甚至还有金属轮子呢。”

“当然，”我自信地说，“橡胶到时候可能就要从轮子上掉下来了。”

这个只受过9年教育的前剪枝匠给我上了很好的一课。他继续说，他们准备在爱德华空军基地的一个干涸的湖床上测试这辆车。所以，一周以

① 又译《猴子和强盗》（译者注）。

雷克斯抬头看着妈妈，把手放在屁股上，头歪在一遍，问道："会关多久？"

这就是典型的奖励至上了！吸引你和你所领导的集体的是未来定会胜过现在的这样一种美好前景。无论是单独行动或是与人合作，我们都必须朝着一个目标迈进。当压力来临时，我们的天性会让我们远离麻烦；而有效的目标设定会帮助我们将注意力从我们需要避免的事情转向我们希望达成的事情。这两者之间有着极大的不同。极力避免某事是很消极的做法，而努力实现某事却是很积极的态度。消极的态度会削弱我们；积极的态度则令人振奋。

回首往昔，我的脑海中浮现出我们站在双倍超音速战斗机旁的情景。你总是精神抖擞地钻进驾驶舱后座，伴我一起翱翔蓝天。

而在爬进这架纤巧、针鼻状高性能战斗机的机舱前，你总有一些问题要问我。第一个问题就是："我们要从那个方向起飞？"

我的回答嘛："飞机是冲这个方向停泊的，所以我们应该穿过坡道朝这个方向起飞。"

"那升空后该往哪个方向飞呢？"你又问。

"这个角度以及其他359个角度都可以。"我总是回答你。

"飞行高度呢？"

"直到飞机爬不动为止。"

"我们会飞多远？"

"我也不清楚，直到油用完吧。"

这时，你不再用"我们"这个词，而是改问"等油用完了，你会怎么做？"

"等油用完了再担心好了。现在，你该爬进去，坐好，闭上嘴，好好呆着了。"

你会照着做吗？我不认为！可是仍有很多经理这样在管理他们的团队，却总也想不明白为什么得不到团队成员的长期配合。为了建立一个团结高效、运作良好的团队，必须使团队的每位成员都清楚地了解领导者为团队勾画的蓝图和设计的实施方案。

后，我站在航天飞船曾经着陆的同一块湖床上，我的妻子站在我的一侧，另一侧是查克·耶格尔（Chuck Yeager）。查克曾是第一个超越音速的人。现在，他正看着斯坦·巴雷特（Stan Barrett），哈尔请来的试车员，钻进那个窄小的车座里。

斯坦花了20分钟试图让自己的身体挤进这辆18英寸的车里。当他一点一点地挪动和调整身体时，我觉得他确实很想挤进去。我无法想像我自己要花多长时间才能挤进那辆车里去，不是因为我的块头比斯坦更大，而是因为我会又踢又叫，可能会使整个过程速度放慢。斯坦一钻进车里，他们就把车罩拴好。这意味着你被锁在车里，直到有人来把车罩给你打开。多么大胆的想法！我觉得自己在这方面缺少“恰当的素质”。

声音的速度因气温及其他空气指数的不同而不同，那天的音速是每小时730英里。也就是说比从印第安那波利斯500（Indianapolis 500）高速公司比赛上的赛车手们的速度每小时还要高出500英里。想像一下，印第安那波利斯赛车以3倍的速度经过看台的场景！倒计时开始了，火箭式引擎开始点火。虽然戴着耳罩，引擎的噪音还是震耳欲聋。火箭式引擎能够立即提供所需的全部动力。正如斯坦所形容的：“眨眼间就出去了。”

他们告诉斯坦要跑3次，每个周末一次，以挑战音速极限。斯坦说：“为此我将3次冒生命之险。”我妻子和我准备看第16次。火箭汽车在这条长而干涸的湖床上呼啸而过，转瞬消失在地平线上，只留下50英尺长、像公鸡尾巴一样的烟尘清晰可见。当斯坦被从车子里放出来时，他并没有达到声音的速度，但也已经开到了每小时637英里，比此前任何一个在地球表面移动的人都要快。

他说他觉得自己没法开得再快了，但每个周末，他都努力钻进车里再试一次。接下来的那周，他又一次试车。点火17秒后，他已经比音速快出每小时9英里了！作为第一个在地面上打破音速障碍的人，斯坦因此被载入吉尼斯世界纪录。斯坦后来向我描述这次行驶时说，当他开始达到音速时，车子的后轮已经离地有1英尺多了。

“你当时有没有意识到自己只是在用前轮驾驶?”我问。

“当你闭着眼睛，耳朵用手捂着时，你很难知道外面发生了什么事。”

他答道。

或许我应该把自信和幽默作为优秀领导才能的第11项特征。杰出的领导者们似乎都具备这一素质，从遭暗杀的总统到失控的试飞员。

在斯坦取得成功后，查克和哈尔向他走去。查克指着车子尾翼上的星条旗说："除了在美国这个自由国度，一个来自圣路易斯、只念过9年书的剪枝匠还能在别的什么地方赞助一辆200万美金、由一个只是爱好机械的肉店老板制造的跑车，并让一个小时候被老师揪着耳朵从座位上拎起来，说他将来什么事也做不成的人以每次7.5万美金的成本试跑17次呢?"

永远不要向别人的梦想泼冷水；而且，看在上帝的分上，也不要向自己的梦想泼冷水。

你的价值等于他们的价值

没有一个组织的表现能超出其领导者的管理水平。采用前面10项领导才能特征作为压力来临时的指南，你可以领导一群各具特点的成员一起安然穿过危险的旷野，达成既定的目标。在组建一个新团队时，挑选成员的过程在某种程度上取决于要完成的工作是什么。

这部分并不难。决定谁是完成这一工作的最佳人选以及/或者谁最能为团队的成功做出贡献才是最困难的。在选择团队成员的过程中，无论工作性质怎样，我建议你采用这10项领导才能：

1. 绝对的诚信
2. 精力充沛
3. 做事有先有后
4. 勇敢
5. 投入地工作
6. 反传统和有创造力
7. 锁定目标

8. 富于激情和感染力
9. 保持头脑冷静
10. 渴望帮助别人成功和成长

上面这个单子可以作为你评估每一潜在领导者的10步骤指南，并且可以将每个特征细分出10个尺度。你可以根据你所理解的领导才能的重要影响因素加以改动，增加进来与你和你的组织有关的特征。要记住，你的标准应该对每个人都保持一致。不论你是在组建一个新团队，还是改变或整顿一个已有的团队，评判尺度上的一致性都是很重要的。

简而言之，我建议你在挑选新团队成员时，在他们身上寻找你自己作为他们的领导者的相同素质。不过，你不能克隆你自己。你只是在实践你的工作理念——对工作贡献最大的因素——并把它作为统一的标准。

听别人告诉你他们想要做什么可以让你学到很多东西。那些从不想犯错的人不是天真，就是不现实，或者两者兼而有之。我认为他们是一些保准不出错的兢兢业业干活的人，但不是我所寻找的不落俗套的创新者。设想一个应聘者告诉我："丹尼，我做事时，可能会时不时地出些错。但我宁愿努力往前冲，而不是慢吞吞地往前爬。我总是努力从错误中学习，而且很少犯同样的错误。"我可能会聘用这个人，并把他/她安排在我隔壁的办公室，这样我就能感染他/她的工作激情。

领导才能的发展

组织里的优秀员工可能希望进入管理层，以得到事业上的进一步发展。无疑他们的成绩值得肯定，但把他们吸收进管理层，对他们或是组织来说可能并不是最好的选择。那种认为经理们不做事却拿高工资的观念是错误的。这就是为什么员工们会认为提升做经理是为了将来"以管理者的身份退休"的原因。

作为一个领导者，你的职责是确保组织成员的工作以及整个组织的运转是为了整体的最大利益。这意味着你自己需要不断学习。就从亨利·福特的话开始吧。他曾说："问谁适合当老板就像问四重唱中谁适合唱男高音一样。"老板的工作应该给那些最有资格担当复杂的领导责任的人。这个人可能并不是办公室里销售业绩最好的人。当领导与做销售或修理机械是两回事。但这也不是说一个销售员或工程师不是一个好领导。我自己就是从销售做起的。一些成绩不错的CEO们原本都是工程师，通过培训和学习才成为领导者的。

领导才能评估：第一步

和某个具有领导者潜质的人坐下来，一起检视一份管理者素质清单。让这位潜在的领导者根据下面的项目给自己打分：

- 数字技巧
- 沟通技巧
- 产品知识
- 独立思考能力
- 处理变化的能力
- 与同级、下级和上级共事的能力
- 察觉他人需要的能力
- 与人交往的能力
- 引导团队的能力
- 做事的技巧性
- 自信
- 尊重权威
- 公平对待竞争对手
- 接受批评
- 解决困难

- 注意细节

你可以根据公司的实际情况适当调整这份清单。在看过清单之后，这名以前认为管理是件轻松容易之事的领导者候选人将会改变他/她的想法。这就是教育的功效。管理不是件容易的事。它和这名领导者候选人以前做的每件事一样的有难度和挑战性。如果你处理得当，很多想应聘管理工作的员工将三思而行，把眼光转向另一份更适合他们的工作。

领导才能评估：第二步

如果这名领导者候选人仍然认为自己是管理的料，你不妨进入分派任务阶段。告诉他/她，领导者所面临的挑战绝不是凭着以前卷起袖子做事的精神就能应付得了的。给这名候选人分配一些临时的任务，以把他/她放在一个实际的管理情景中。该候选人完成任务的方式将向你们双方很好地展示他/她的管理能力。

例如，你可以让候选人评价每个团队成员的长处和短处，以及如何最大限度地利用这些长处。

如果该领导职位的首要任务是每位团队成员的成长和发展，那你需要确定该候选人是否具有清醒的头脑和理智的判断力。他/她需要知道，帮助每位团队成员成长和发展将是他/她工作上的头等大事。对团队成员长短处的评价可以帮助他/她做到这一点。下面是其他一些可以分派给该候选人的任务：

- 请他/她为你寻找合适的新成员，由你来面试。给他/她一个期限。这将帮助他/她了解潜在同事所需的素质以及为什么。
- 请他/她一起参加对新人的面试；可能的话，不要参加他/她选的那个——万一那人落选的话。如果该领导者候选人是通过招聘了解这名应聘者的话，这可能会毁了一段友谊。招聘新人是经理们的一个主要工作。领导者候选人需要仔细观察他/她将面对的事，以决定管理一职是否合适自己。

- 给他/她分配计划和组织等任务。这可以帮助该候选人了解经理们所需承担的责任，以保持工作记录和信息管理的整齐有序。
- 让该候选人主持一个会议。站在众人面前讲话对他/她可能是个无法逾越的障碍，可能使他/她退出竞争。很多人不擅长在大众场合作讲演，但身为经理则不能不。
- 让该候选人试着培训一个新人。确保这名未来的经理有足够的耐心和细心与这名新人相处，并能看见新人的需求。
- 评估一个模拟或假想的辞退。在角色演练时，告诉该候选人你对这名问题员工所做的，看他/她是否有好建议可以让该问题员工回转。然后，让该候选人坐在你的位子上，走过去，假装是那名要被辞退的员工。"好吧，"你说，"开除我吧。"如果该候选人没有辞退人的勇气，他/她就不是做经理的料。我不是说手持战斧就是个好经理，但是一名出色的经理懂得在形势无法好转时让当事者走人。

现在，这名候选人应该清楚了，一名经理的工作真的是很复杂、很辛苦的。如果他/她以前认为经理们不过是坐在办公室里读读报告而已，那他/她现在肯定不会这么想了。

领导才能评估：第三步

如果你的公司已有管理人员发展计划，你可以让这名领导者候选人参加。不过，你应该已经观察他/她够久了，应该有感觉他/她是否适合管理工作。在该候选人参加管理人员发展计划时，你应该与他/她一起定期回顾他/她的情形。让他/她完成一份经理评估清单，例如前面第一步里提到的那份。在这一阶段，最重要的事是判断该候选人是否还有兴趣进入管理层。

寻找合适的人

如果你没有现成的合格人选，你可以走出办公室自己发掘。可以根据同事的评论来判断谁最具潜质。可以直接问某个员工："当经理不在时，有问题你会去找谁?"你会发现，原来眼皮底下就有一个很有能力又受欢迎的人——一个早已具备良好的教导能力和人际关系的人。

给你的最后一个问题

在领导才能 1 至 10 的尺度上，你会如何给每个特征打分？你的总分又是多少？你觉得员工们给你打的分和你自己的一样吗？如果不，想一想为什么你会觉得他们打的分会更低一些。应用好上述 10 个领导才能特征，不仅可以使你在压力增加时成为一个出色的领导者，而且可以使你成为员工的冷静伙伴，因为你绝不会第二次拿起那块炽热的马掌。

第三章

第一步：压力下的团队建设

"高手易得，合作难求。"

——凯西·斯丹吉（Casey Stengel）

在一些关于领导艺术的论坛或讨论会上，当我做完主题发言后，总会有与会的经理悄悄问我："丹尼，怎样才能除掉组织里那些不好对付的刺头呢?"

"没必要除掉他们啊。"我不假思索地答道，"相反，应该多多益善。"

"但是，这样我就得学会如何……"

我帮他说完了他的话："……对付那些新的厉害角色。"

如果你的目的只是为了发展一支这样的队伍：所有的人一字不差地执行你的指示，那你很快就会发现，他们只会做让他们做的事，主动性和创造性根本无从谈起。在现在这样一个竞争激烈的社会，你要的不能只是这些。

出色的领导者总是能破格招揽优秀人才。这并不奇怪。如果领导者没有进步，那他/她所领导的组织也没法进步；而且，卓越的领导艺术的一个标志就是：为员工的成就鼓掌叫好。如果在一个组织中，员工不被允许比经理飞得更高，那这个组织和组织里每个人的发展都将会受到限制。

海纳百川

在一个组织中，如果领导者拒绝接纳比他自己更强的人，或是压制他人的成就，他就太狭隘了。一个好领导的高明之处在于允许别人比自己更高明。前面一章中谈到领导者的10个特质，拥有这些特质的领导者总是渴望得到最好的人才以及让每个人发挥最佳状态。

许多人认为，我们之所以能打破公司的销售纪录，是因为我招来或挖来的都是其他公司具有丰富销售经验的出色员工。其实不然。我接手时公司正处于低谷，员工所剩无几；等到情况好转时，我们又招了些具有不同背景的新人，以增加人手。其中一个以前还在农场做过活。你的员工和你一样，都是有潜力的人，只是有些人的潜力可能更高些。

想像一下带你的整个团队到一个很特别的房间，关上灯。然后，很神奇地，只有他/她们身上未被发掘的潜力才会发光。这种光不仅令人难忘，而且灿烂夺目。当你看着每个团队成员时，把他/她们的非凡潜力刻在脑海中吧。它就在那儿!

本章所要讲到的团队建设是本书最重要的内容之一，因为努力建设最好的团队是领导者才能的基础。许多有关团队建设的精彩内容都会在这一章里谈到。除了塑造优秀团队以外，这些任务还包括建立有效沟通、关注组织运作以及完善激励机制等。一个在各种场合都有出色表现的团队可以为你减少很多从上层而来的压力；同样的道理，这样一支由优秀成员组成的、少有分裂和摩擦的团队也可以减少甚至消除自下而上的压力。

高瞻远瞩

胜利属于组织里的每一个人。一支球队赢了一场重大比赛，队员们冲向教练席，抬起教练，绕场狂欢，这样的场面你应该没少见过吧？这几乎是每一次巨大胜利后的经典场面。不过，仔细想想看。在60分钟令人精疲力竭的艰苦比赛后，这群大汗淋漓、一身伤痛、劳苦功高的队员们争先恐后拥戴的这个人却连球都没碰一下，更别说组织有效进攻了。

这一场面有何不妥吗？很多经理认为：如果放手让下属去做那些自己都不会做的事，那他们以后将居功自傲，踩到自己头上。其实不然。如你所见，队员们还是会奔向他们的头儿，围着他庆祝胜利。

但是，如果领导者希望，或者更糟的是，要求下属将整个团队成功的荣誉归到他/她一个人身上，这将对团队成员造成伤害，并使他们产生敌意。从来没有哪个教练会要求队员们把自己抬起来。你能想像，在赛后采访中，教练将胜利的功劳全都归给自己吗？队员们该怎么想？他们下次还会为教练卖命踢球吗？我不认为。总之，如果一个组织中有人辛苦做事，而另外却有人想窃取他人的荣耀，这种冲突将会给组织造成极大压力。

回到体育的话题上。我想起加州大学洛杉矶分校优秀的篮球队教练，人称“森林巫师”的约翰·伍登（John Wooden），曾讲过关于年轻的比尔·沃尔顿（Bill Walton）的一件轶事。有一次，这个才华横溢又目无纪律的家伙休了几天假，没有刮脸。他想留胡子。这是伍登教练不允许的。在归队训练时，他走到教练面前说：“教练，我要留胡子。”

“你知道这是不允许的。”伍登回答。

沃尔顿说他知道，但他认为自己有权利这么做。

伍登抬起头看着他，说道：“比尔，我佩服并支持有自己想法的人。我会想你的。”

比尔·沃尔顿于是转身走进更衣室，把脸刮干净了。伍登教练这一强硬的领导作风最终帮助沃尔顿成为真正的超级球星，无论是在大学校队还是在NBA联队。而他也直到90岁孤身一人时，仍然能每周接到比尔·沃尔顿的问候电话。这位超级球星以此向这位老教练表达自己的敬爱之情，感激他对自己的帮助。如果作为父母或领导，如果我们在90岁时还能接到我们的孩子或老下属打来电话说“谢谢你”或“我爱你”，这将是我们的莫大荣誉。

以身作则，尊重他人

尊重他人，不管对方是自己的上级还是下级，这是每位领导者面临的最严重考验之一。人们其实不在乎你有多聪明能干，他们真正关心的是你对他们的态度。只有在你建立起自己的威信，并且这种威信是基于对他人的尊重时，你才能得到他人给你的作为对领导者的尊重。谦虚和平等待人是领导者素质的两个不可或缺的组成部分。信任和鼓励他人，这才是消除嫉妒和猜疑情绪的灵丹妙药。

领导者不能“克隆”自己。“向我看齐”的做法只能带来不堪设想的灾难性后果。翻版和跟风只会扼杀人们的创造力和工作热情，使组织变成一个机械死板的小团体。这是对人类智慧的浪费。我自己深知其害，因为，最初……我也是这么做的。

如何减少来自下面的压力

组织中很容易产生摩擦。摁倒葫芦起了瓢的事是常有的。又要提高效率，又要节约开支，来自上层的这种要求就很容易引发矛盾。这就像又要马儿跑，又要马儿不吃草一样，很不实际。

如果条件允许，应该设法让下属知道你了解上述任务的困难程度，但你将和他们一起并肩作战，去争取每个胜利，无论大小，这点很重要。无论对个人或组织来说，突破自身的障碍都是件令人兴奋的事；而上级的指令不过是一种让组织成员突破自身障碍的挑战。

要记住，领导者的情绪是有感染力的。如果领导者在困难面前惊惶失措，这种负面情绪将传染给每个组织成员。很多经理处理不好来自上层的压力，无形中就增加了来自下属的压力。下面这些消极做法是领导者应该极力避免的：

- 威胁
- 当众训人
- 利用甲对付乙
- 拒绝下属意见
- 不公开承担责任
- 偏袒自己喜爱的下属
- 指责下属仓促但辛勤的努力
- 霸占他人的功劳
- 危急时刻丢下队伍不管
- 不量才而用
- 质疑团队成员的忠诚

像这样的做法还有很多很多。任何一个在或大或小的组织中工作过的人，不管是作为领导者还是普通一员，肯定都无数次经历过上述或其他问题。我知道我自己就是这样。

如何减少来自上层的压力

作为领导者，我们既能增减来自上面的压力，也能增减来自下面的压力。我们干得如何，这关系到组织中每个人的感受。当我的老板暴跳如雷地告诉我他已经在找人代替我时，我的员工们恐怕早已是怨气冲天了。让我们来看看如何帮他们消消气。

10 个让你夜不能寐的问题

以身作则，这一点是永无止境的。下面的 10 个问题，可以帮你了解到上司和下属之间彼此影响的互动关系。请真实地回答这些问题，不要自我设置障碍的干扰。

- 是我在掌控着组织，还是外部的力量？你在看到这个问题时，可能正处在市场疲软的非常时期，于是你会说："呃，既然现在市场这么不景气……"但是别忘了，卓越的领导者总是能有超过市场现有水准的出色表现。
- 我的员工和我这个领导一样尽职尽责，他们还能做得多好？作为领导，我是不是可以给他们做出更好的榜样？
- 我知道，如果我进步了，我的员工也会跟着进步。那么，过去的12个月中我让他们看到了自己的多少进步？过去的6个月又如何？过去的1个月呢（对于你在这些时期的发展态势，员工们看得惊人地清楚)？
- 如果下属让我描述我作为领导者的个人发展计划，我该怎么回答？我是否得飞快地捏造个答案？
- 就个人而言，我的员工和我谈话以后感觉如何？我和每个人的交流是否有偏心和不公平的地方？
- 从整体上来说，我的员工和我一起在尽可能利用好时间。我们做得如何？
- 就像我的未来和员工们的未来密不可分一样，他们也把自己的未来和我的未来紧紧联系在一起。但这种未来是多远的未来呢？
- 员工们都为组织的成功担负起自己的责任，就像我对他们的个人成功承担责任一样。这责任有多大呢？
- 我的员工为和我一起工作感到自豪，就像我以和他们工作自豪一样。这种自豪感有多强呢？
- 如果一个组织成功了，领导者会对大家说："你们干得很棒!"如果组织失败了，领导者会站出来说："我要对此负责!"我愿意承担这一责任吗？

领导才能的不同定义

很多人喜欢谈“管理”，而我喜欢将这个概念缩小到它的一个组成部分：领导。当然，管理要包括一些领导的成分。从规律上来说，一个人领导得越少，他就管理得越多。记住，只有你的下属认可你的领导时，你才真正是个领导者；在这之前，你只是在进行管理而已。我以前同意这样一种关于管理的传统定义：

管理就是让人们完成工作。

这一定义认为，让人们完成工作比让人们取得成功更重要。一个严厉的、A 型性格的老板可能会觉得这没有不对的。对这些经理来说，员工就像是可更换的电池，所以新电池总比旧电池好用。对电池来说，这或许是对的，但对人来说则不是。员工就像工具，需要挑选去做合适的工作。在这里，工作是决定性的，而员工为工作服务的。如果工作有问题，员工就会有更大的问题。你一定听说过那些寻找无辜者并惩罚不在场的人的故事。

不能再这样下去了。时代已经完全变了。一个不算新闻的新闻是：如果员工没有得到正确的领导，那工作一定会有问题。这一点其实没什么新鲜的了，管理层只是没什么心情去承担帮助员工发展的责任而已。新员工应该信任他/她将一起工作的同事以及为之服务的组织。员工比可更换的电池要宝贵得多，应该珍惜他们。当一个组织的成员提高了，这个组织的工作效率也一样会有很大提高。而员工是得到提高，还是被压制，关键是看他们的领导者如何。

想一想适用于领导者和被领导者的“信任”这个概念。领导者作为个人的可信度如何，决定了每个组织成员工作成功与否。很多领导都习惯于关心员工是否可信，他们真应该反过来想想了。这就是责任的意义了。

我承认，我，丹尼·考克斯，也曾是一名把员工当工具用的经理。需要的时候就把他们拿出来，工作做完了就塞回工具箱，直到下次我需要他们的时候再拿出。这样，也就不难看出我怎么会把队伍带到死路上了。我低估了每位员工的个性和能力，完全不把他们当作活生生的个体看待。在我的老板告诉我他在找人接替我之后，我创造了一个我现在还在使用的词：人性化管理。

人性化管理

简单地说，人性化管理就是让每个人在工作中得到提高，并享受这一过程的能力。很快地，我的工作重心转变了，不再像管理牲口一样管理我的员工，开始把他们当作人来对待。我发现，自己不仅能帮助每位员工释放自己的潜能，还能帮他们做到下面这些：

- 设立更有意义的目标（个人生活和事业两方面）
- 更好地理解和计划他们的时间
- 善用自己的创造力
- 更有效地对待压力
- 更勇于超越自己的极限

如果我们有一个快乐的办公室，一个成长的队伍，我想我们没有什么做不到的。的确，当员工们是带着新鲜、欢快的心情下班，而不是过去那种疲惫、烦闷、沮丧的情绪时，我们的团队就超越了我们过去所能想像的任何高度。

不要忘了我对于人性化管理的定义中“享受工作”这一方面。这并不是说每天要以讲笑话开始一天的工作。我的经验一次次证明，那些不断得到进步和提高的员工，那些能解决过去所不能解决的问题的员工，就是快乐的员工。他们快乐是因为他们发现和实现了自己作为人的价值。而一个团体如果都是这样在发现和实现自己价值的成员，团队士气将会越发高涨，工作效率也就越高。这一点屡试不爽。

员工士气越高，人员流动率就越低；而反之亦然。低流失率带来的是稳定的团队精神；而高流失率给人以动荡感，员工也就不愿投入地工作。如果失去工作的可能性很大的话，人们很难找到对组织的归属感。

有些经理总是申辩说他的组织有很棒的工作氛围，而员工辞职只是因为报酬不够有竞争力。而另一方面，又有很多人尽管受罪也不愿离开他们的单位。或许我们可以为这些组织取这样一个名字：

昨日重复有限公司：活死人之家

在上面两种组织中，没有人工作得开心。对第一个组织来说，员工离去不是为了要赚更多钱，而是因为干得不开心。工作得快乐，这一点比拿更多工资更重要。享受工作及工作环境，这比在一个不喜欢的环境中做不喜欢的工作，拿更高的工资更能留住人。

经理快乐吗

作为经理，你可能并不快乐。很多得到管理职位的人其实很怀念过去那种做着自己喜欢的事情的日子。令人遗憾的是，他们喜欢做的事情所创造的成就让他们得到提升，而他们接受这样的提升只是因为可以挣到更多钱。这样的提升使人远离自己合意和适宜的领域，于是就产生了一些不快乐，甚至是怨恨的经理。这也就给正在享受工作的人们敲了一记令人不快的警钟。

那些发现自己深陷困境的经理们也是有办法补救的。首先，他们应该正视现实，勇敢地回到可以让自己更快乐的旧职位中去；或者，他们可以静下心来学习领导技巧，使自己的管理角色更有活力。他们不能只是简单地接受领导职位，然后却不停地抱怨；也不可以身在经理的职位，却想着去做从前的工作。两者都对组织非常不利。

众人瞩目

这些问题和我们前面讨论过的作为领导者的态度问题紧密相连。我相信，你的组织里不会有人比作为领导者的你对工作更感兴趣。他们会去尝试。你常常会看到，一些没有长性的寻欢作乐者的确能让一个地方充满活力。但是，如果作为领导者，你不能创造一种享受工作和工作环境的氛围，那这种活力将会下降并最终消失。

当员工等着向你寻求建议和意见时，一种员工监督的、新型的自我更正机制就形成了。老的金科玉律起作用就像人会从浮木上掉下来一样自然。人们会把从你那里得到的关注和支持以同样的方式相互给与。这对你意味着什么？意味着来自下面的压力会因此被消除。

你的员工也会进行自我锻炼。他们会自行解决以前可能会带到你面前的问题。听到员工谈论问题的解决方案，而不是问题本身，这不是很棒的事吗？当团队真正高度融为一体时，员工们甚至会互相督促。那些互相帮助和支持的员工会主动把团队带到一个充满工作责任感和积极性的高度，无需你在一旁监督。

如果在一个团队里，领导者掌握方向，员工们添砖加瓦，大家热情高涨，同舟共济，这就是一个你理想中的能够自我调节、自我平衡的组织。一个超级成功的组织是一个突破自我障碍的组织，而作为这个组织的领导者，不遏制员工的潜能是再容易不过的事情了。

高效组织的 3 个特征

创 新

如今，很多商业人士一听到创新这个词就只会想到财务，就好像伸展腰肢只是在锻炼时才做的事。我说的不是这个。作为高效组织的首要特征，创新指的是想法和做法的独创性，这在如今的商场上越来越必不可少。

当压力来临时，老一套做法很可能不起作用。事实上，或许正是老一套做法给你带来了危机。下行压力的形式和强度在不断变化；而上行压力也随着形势的变化正以极大的速度变化着。作为领导者，如果我们在思想和行为上缺乏创造力，我们将逐渐淹没在扑面而来的变化中。

观念和行为的创新既是赢得胜利的关键，也是克服困难的法宝。它就像是推动火车前进的蒸汽机头。马克·吐温（Mark Twain）曾讲过关于火车的故事。过去的火车速度很慢，人们于是把火车的排障装置从机车的前面挪到守车的后面。创新可以确保你和你的组织走在正确的道路上。

活　力

任何一个高效的组织都能让你一走进它的办公室就感觉到它的活力。哪怕办公室里只有一个人在，你也能察觉到这一点。你甚至会有这样的想法，在这个地方工作一定很有意思。著名的企业家安德鲁·卡耐基（Andrew Carnegie）曾说：“一个没有欢笑的地方肯定是一个没有成功的地方。”

反之，当你走进一个没有什么活力或干脆就没有活力的办公室，你也能察觉到这一点。就好像走进了一个冰柜，冻得你直打哆嗦。就算当时办公室里只有一个人，你还是会觉得很冷。而有的办公室，它的墙上就像贴着一条标语：

严禁欢笑，享受工作者必受惩罚

没有欢乐就没有活力。你得花多长时间才能发现办公室有没有活力呢？10 秒钟？不，5 秒就够了。初次见面的 5 秒钟之内你就能知道在这里工作有没有意思。要记住的是，客户在见过你的员工后，也会在 5 秒钟之内得出上述问题的答案。5 秒钟，仅仅 5 秒钟，就足以让人了解和你一起工作有没有意思了。

变　革

创新和活力结合的结果就是变革。高效组织是一个处在不断变革之中的组织。不过，我并不是说一个在环境、员工、地址或其他事务上有所改变的公司就一定能提高公司的效率。正如曾经上过《疯狂》（*Mad*）杂志封面的埃佛德·纽曼（Alfved E. Newman）所说的："不是仅仅因为一切都变了，事情就有所不同了。"这真是智慧之语。

如果变革不是来自创新和活力的结果，这种改变会让人横看竖看都觉得别扭。我从没听过一个厨师因他/她做的一只塑料鸡而受到夸赞的。创新和活力带来的变革产生于组织内部，因而是现实的、能自我调节的；而从外部开始的改变则是强加给组织的号令，容易引起矛盾。

高效组织的基础

建立一个高效组织需要以下 4 个基本要素，缺一不可。这 4 个要素能让组织以更稳固的基础来迎接未来的发展。

- 危机意识
- 追求卓越
- 永不满足
- 承担责任

危机意识

现在，我把手伸向五六年后的未来，看看能为你找来什么。在这里了：一本未来世界的黄页。对某些人来说，这是一本股票交易所索引，或者是邓百氏公司（Dun and Bradstreet）的企业名录；对有些人来说，这是一本公司组织结构图。你公司的名字在上面吗？在哪一个档次？你对所看到的感到惊讶吗？

如果作为领导者，如果你对自己和公司的发展及效率有一种危机感，那么你和公司就能把握先机；否则，机遇不会一直等着你。危机意识影响着你对事情的态度，并在很大程度上决定着你是否能实现自己追求的目标。

追求卓越

我们生活在一个顾客至上的时代。那些最成功的企业家们从来都是以消费者为中心的。如今，消费者的影响力如此重大，那些不能对此做出迅速反应的商家终将被淘汰。由于媒体的作用，加上消费者日益强烈的权利意识，企业和公司经受的压力和监督越来越大。但是，仍有一些企业觉得客户服务不过是种时髦的一时之举。如果你对顾客说："我们不再像从前那样为你提供这项服务了，因为它已经过时了，"那顾客将让你和你的企业成为过时的东西。

我们的社会认为，消费者的付出和获得理应对等。作为消费者，我们自己也坚决捍卫这一权利。然而，在认为商业行为非有反证皆罪恶的社会环境里，领导者们要想避免执行双重标准或避免让员工在商业道德原则上打折扣是不太容易的事情。不过，害怕曝光不应成为商家为顾客服务的惟一驱动力。

坐得端、行得正，从我开始并将这一理念推介给我们周围所有的朋友和同事，这就是追求卓越的意义之所在。还记得"最大的善举就是在最长的时期内为最大多数人服务"这一终极理念吗？这意味着卓越是一种我们永远无法达到，但永远不应放弃追求的境界。我想每个人的奶奶都曾说过："如果这件事值得做，那就值得把它做对。"这是一个多好的关于领导艺术的建议啊！谢谢你，奶奶！

永不满足

健康的不满足感就像马鞍下的一颗小石子一样，让你觉得没法坐安稳。而病态的不满足感则表现为抱怨、怒火和愁恼。沃尔特·迪斯尼告诫他的员工不要躺在功劳簿上，是因为他知道自满的后果。不断寻找新的奋斗方面和改善已有的做事方式并不妨碍我们为已有的成就感到骄傲，只是我们必须不断向新的目标前进。

沃尔特·迪斯尼的例子很好地说明了不断搜寻新发展机会的必要性。当时，他本来不同意顾问们提出的拍摄《3 只小猪》续集的建议。但在顾问们的强烈要求下，他还是不情愿地拍板了。当续集票房失利后，迪斯尼将顾问们召集在一起，提出了一条迪斯尼公司至今牢记的规定。他说："你不能没完没了地让猪生猪。"斯言善矣。

承担责任

你有发展空间吗？这样来想这个问题：你的团队成员回家以后是怎样在妻子/丈夫和孩子面前评价你的？你不是谈话的某个主题，你根本就是整个谈话的主题。他们会说些什么呢？无非是你们工作的好坏与否。在你冲回办公室，炒掉那些说"对不起"的人以前，接着往下看。

当一个人投奔你时，他/她是把自己的生活都押在了你身上："我和我的家人都相信你和这个公司是在做正确的事情。"我的朋友，这种信任对你就是极大的责任啊。譬如，如果这个人在你这里浪费了一两年时间，这段时间是再也回不来了。人们的生活质量理应得到提高，他/她和他/她的孩子理应得到好的发展机会，因为他/她们出于良好的愿望来为你工作。在你的公司里工作顺利，对他/她们来说意味着孩子今后可以上大学，或是得到别处可能没有的生活质量。你的领导水准对别人的生活有着深刻的影响，别忘了这一点。我们每个人都有自己发展的空间。

对你的一个挑战

如果我告诉你，“未来的 5 年内不能招募新人”，你会不会重新想想如何领导现有的员工呢？如果你的队伍不能补充新鲜血液，你还能保持发展势头吗？我保证你可以做到。如果你真的不能招聘新人，我相信你一定会从现有员工中去发掘宝藏。

其实宝藏一直都在，只是此前你可能一直没有努力去发现它而已。只要你换个角度，全面深入地了解自己的员工，相信你会为他们所有拥有的潜力而惊讶。

领导者发展的三部曲

学习成功领导者的思考和行为方式

我一再强调这点，要多阅读和学习，别等到老板来跟你说他/她已经在找人接替你。如果我当时早一些了解到这一点，我就不会听到我的老板跟我这样说了。那时我会愿意花 1 万美元来买这本书，甚至两倍也愿意。

学习别人处理压力的成功经验可以让你避免以后自己碰到类似的问题。对比那些好像从没翻过船的人，我们和他们的差别可能就是：当我们还在艰难摸索的时候，他们已经在四处学习别人的经验了。学习别人的经验可以通过这些途径：

- 参加讨论会，不管是现场还是网上
- 读书、杂志和报纸
- 利用吃午饭的机会向别人学习

- 观察你的员工，向他们学习
- 利用录音、录像或其他多媒体工具学习

回想当年，当我没有管理好销售处时，没有一个人愿意来参加我的销售会议。而我听说同一条街上有一个汽车销售商，他组织的销售会议非常棒，会议结束后人们都对工作和团队满怀热情。于是，尽管我们从事完全不同的行业，我还是请这个汽车销售商一起吃午饭，向他请教如何开好销售会议。

像成功者那样做事

仅仅钻研还远远不够。真正的学习在于运用知识。成功地把知识和技巧用于实践是件令人兴奋的事情；而把宝贵的知识藏在脑子里是起不到任何作用的。

每周我都要在北美和其他一些地方做 3 ~5 次演讲。我觉得到目前为止我还没有遇到没有经历过一两次有意义的失败的听众。他们中有的人掌握了很多关于领导艺术的最新知识，却仍被困在原地或屡屡失败。有时候，他们满脸狐疑地问我：“考克斯，你说这些所谓的领导艺术到底有什么用？我参加这种讨论会好几年了，也读过所有的新书，可我的公司还是没什么变化。”

但是，当我问到有多少这些新技巧和新策略被用在他们的实际工作中时，他们都哑口无言了。真相令人不安。我们大多数人都是这样的吧？我们做事的方法和我们知道事情所应有的做法之间难道不是存在差距的吗？我数不清有多少次我有这个想法了。你肯定会说：“我知道我能把这件事情做得更好。”我对此的建议：“知识不用，过期作废。”

派不上用场的东西，知道再多也没用。你要做的是集中精力运用好最基本的概念和知识，然后精力和创造力会帮你做好剩下的事。你的目的将决定你的结果。你必须做你懂的事，然后才能懂你做的事。

增强领导才能的素质

下面是关于领导者工作效率的特征表。我在上一章中谈过这个特征表，在这里再次引用它是为了衡量你的领导效率。在左边的竖列给自己从1到10打分，10分为最高分。等你打完以后，我再告诉你要在右边的竖列做什么。

1. 绝对正直	______	______
2. 精力充沛	______	______
3. 有条不紊	______	______
4. 勇于冒险	______	______
5. 努力工作	______	______
6. 敢于创新	______	______
7. 目标明确	______	______
8. 善于鼓励	______	______
9. 脚踏实地	______	______
10. 助人进步	______	______
11. **总分**	______	______

在你给自己打完分后，再从员工的角度给自己打一遍分数，想想他们可能给你的评价，然后将分数打在右边的横线上。如果你够勇敢，你可以请一两个读过上一章的员工来给你打分。不管两组分数是否一致，员工给你打的分数才是真实的。是的，你的领导水平如何，这得员工说了才算。

幸运地是，在我老板准备炒我鱿鱼的时候，还没有这样的评分表；否则，我自己打的分数一定和员工们给我的分数相去甚远。他们肯定早就给我打上负分了。现在回过头看，我必须承认他们的分数可能是更准确的。员工给领导者打的分数通常是判断后者领导水平的最准确的工具。

谁是合格的新人

不落俗套者

尽可能聘用能干实事的人。这些人有时会被人们视为“难以合作的人”或“不易驾驭的人”。我并不是在让你自找麻烦。你已经建立了一个很畅通的领导机制和程序，要有信心自己能带领这些特立独行的强者成功地战胜挑战。亚瑟·摩尔主教（Bishop Arthur Moore）说得好：“宁要一个桀骜不驯的狂徒，不要一个点头哈腰的庸人。”

在组建新队伍时，我们一般是以完成工作为标准来物色人选的。这一点不难做到，难的是判断谁能完成得最好或能为团队做出最大贡献。为了了解某人与你的合作能力以及与其他员工的共事能力，我建议你使用前面那个自我评价的10步打分表。你可以根据需要进行适当修改，不过给每个人设置的标准应该保持一致。

无论你是组建一支新队伍，还是接手一个旧团队，或者是更换其领导，最重要的是保持评判标准的一致性。简单地说，作为领导者，你对自己有什么样的期望，就此为标准来寻找新人。你在克隆自己吗？不。你只是在树立你心中最好的典范，并以此作为一个标准。

如果你不怕聘任比自己更出色的人，并且鼓励所有员工发掘自己全部的潜能，那你将会建立一支最优秀的队伍。如果你给员工的评分表和给自己的不一样，那你就在使用双重标准。你的员工越有机会发掘自己的潜能，你身上来自他们的压力就会越小，团队的士气就会越高昂。

像很多其他事情一样，招聘新员工是件考验判断力的工作。很多时候，人们总会不由自主地重复自己的行为。譬如，一个经常更换工作的人就需要学习能减少这种不稳定倾向的品质，并将之付诸实践。多查阅相关资料，并尽量准确地勾画出这个人以往的行为方式，这很重要。在面试一名有潜力的新人或了解某位老员工时，最好能围绕上述10项领导力品质中的某些具体事项来作评价。

在进行领导力素质评分时，一支成功的团队自然会为自己、每位成员以及领导者打很高的分数。在某些项目上，某些成员的得分可能比领导者还要高。我真希望我领导的每个组织都能出现这种情况。这样的团队其整合效果真是惊人。

让招聘简单化

当团队运作良好时，没有人愿意节外生枝或是多此一举。成员们都像你一样希望团队运转顺利。对他们来说，招聘新人同样是件重要的事情。

因为他们和你以及和其他同事的这种密切关系，你的员工也就成了你最好的招聘人员。英雄惜英雄。你的员工不但会支持你聘用能人，而且也会自己主动地去寻找能人。他们会用自己的见证为你和组织留下这样的能人。

有关招聘的问题

我喜欢在餐饮业和零售业里寻找新人，尤其是销售人才。侍者和店员们都善于与人交往和解决问题，并且乐观，会动脑子。一般来说，他们的组织纪律性很强，并总是以顾客为中心。他们中大多数人记性很好，学习库存、销售技巧和工作程序等内容速度非常快。他们能很快吸收培训知识并将之用于实践。当我碰见吸引我的有潜力的员工时，我总是会先问他/她："你打算以后一直做这个吗？"

这名价值员工通常会回答："不。"

于是我会递上我的名片，对他/她说："我想和你谈谈你的下一步打算。"

无一例外，他们会困惑地盯着我的名片，问道："我的下一步？"

"下周二或周三来见我，"我让他们自己决定，"什么时候对你最合适？上午还是下午？"就这样，我开始让我的人才们重新审视他们的生活。

招聘工具

我发明了一项多用途工具，我管它叫“荣誉簿”。“荣誉簿”的首要作用是向面试者展示你有多么令人自豪的员工。它带出的信息很明确：加入吧，我们也会为你骄傲的；在这里，天赋和努力能够得到赏识。一步步展开“荣誉簿”，面试者将会为之吸引并越来越兴奋。

“荣誉簿”可以是一个大文件夹、一本相册、一个内部网页，甚至还可以联接到公司的互联网网址上。有些公司还会用胶片、摄像带或 CD 碟来介绍公司信息。不管使用何种媒体方式，你追求的印象和效果是最重要的，而面试者也不是你惟一要去吸引的对象。你可以按下面的方式传递你的信息：

1. 公司年度最佳销售员的销售业绩（用于销售人员的招聘，其他部门的人员招聘则可以展示该部门最佳员工的成绩）。这可以让面试者了解到，公司里至少有一个人目前在这方面做得很不错。在公开他/她的成就前，你可能需要先征得该最佳员工的同意。很少有人会不愿意让同事，或未来的同事了解自己的业绩。当然，你也可以不公布这名最佳员工的名字。业绩报告肯定要作为“荣誉簿”的第一页。
2. 接下来，可以用团队业绩示意图来展示整个队伍——不仅仅是某个人——的出色成绩。这是你强调你的团队管理能力，并让面试者知道，整个团队都将欢迎他/她的加盟和贡献的时候。
3. 接下来这一页可以展示一些生活性的照片。在得到同意以后，可以放进一些员工及家人去有趣的地方（比如欧洲）度假的照片。如果某些员工有一些独特的兴趣爱好，比如深海潜水、造船或跳伞，也可以在这里展示出来。面试者会看到，你的员工在工作之外还有多姿多彩的生活，他/她们也可以彼此互相学习一些东西。
4. 以小传的形式介绍你的团队成员，展现组织的多元化背景。有的成员可能被别的公司辞退过，还有人可能来自不同的行业。在这里，面试者可能找到和自己相似的情况。问题的关键是：来自不同背景的人都能在你的队伍里获得成功。

5. 现在这页是介绍培训中的人员的。要强调培训本身及良好的工作环境。这可以告诉你未来的员工，他们不会被扔到一片陌生的水域，自生自灭；相反，他们将会得到很好的指导和教育。这是向面试者展示培训过程的最好时机。
6. 用具有说服力的资料展示公司的产品或服务。如果面试者应聘的是销售员的职务，他/她会很高兴了解到你是个为团队成员加油鼓劲的领导者。一般而言，广告和报道显示出公众对公司所作所为的了解程度。这是具有报道价值的。
7. 接下来的“名人堂”也是很有意思的部分，它突出了那些非常优秀的团队成员。可以把它分成不同的类型，这样，不同的员工都会有自己的目标。这些类型包括：日/周/月/年销售冠军、最大订单制造者、最高产量创造者等。你会发现，人们会以名列“名人堂”而自豪。所以，当你看到新纪录被创造出来，新纪录创造者的照片被放进“名人堂”而前记录保持者被激发出更大的干劲时，不要惊讶。这种竞争是良性的、健康的。
8. 人们总爱看幕后故事。如果你有一些关于公司艰苦创业的照片，可以把它们放到展示公司目前盛况的照片后面。
9. 做一个公司持续成长的图片系列。这可以告诉面试者，公司一直在稳定发展；如果他/她愿意，他/她可以加盟公司，和其他成员一起获得发展。
10. 加上自己作为团队领头人的小传。这样，你在介绍自己的背景和成绩时就更容易些。这可以帮助面试者看到，你是个合格的领导者，善于打造优秀的团队，有你掌舵，他们会有美好的未来。最重要的是，要强调你会担负起对每个团队成员个人成长和发展的责任。这不是夸耀，而是对自己责任的自豪，对整个团队的自豪。这也方便面试者在你没头没脑地自我介绍以前，提出关于你背景的问题。

“荣誉簿”是一个很有帮助的招聘工具。不说别的，它至少能告诉你的现有员工和未来员工，你非常重视公司和公司成员，并将他们的历史一一记录在案。不过，除非你决定录用此人，否则不要以任何形式（打印、网络、多媒体等）向他/她展示这本“荣誉簿”。因为，当对方被你和你的团队吸引，而你却不想录用他/她时，事情会很尴尬。在招聘过程中，你至少得问自己下面几个问题：

- 这份工作能提供这个人他/她想要的东西吗？
- 根据我对这个人的了解，这对他/她来说是最佳的职业选择吗？
- 我会乐意培训、指导，并逐渐锻炼和发展这个人吗？

研究招聘问题

花些时间和你的高层人员面谈。你眼皮底下可能就有许多有价值的信息，可以使你的招聘眼光更加独到。你可以先问对方3个问题：

- 你第一次是怎么知道这个公司的？
- 是什么使你决定通过竞争加入这个公司？
- 如果你要主持一场招聘工作，你会关注什么？

在一些特别的、创新性的“想像会”上，我常会问团队成员们上述问题。我尽可能深入地探究这些问题，并要求他们列出公司每一个真正独特的地方。最后，我们精选出公司最出色的特点，把它们整理出来，作为向新员工展示公司特色的材料。回答这个问题对团队成员们来说也很有意义，因为最后大家对公司的自豪感都增加了。

这个关于公司特点的表格也衍生出一系列我用来让面试者测试我们的竞争对手的问题。我没有把我们公司的名字写在纸上，然后让面试者回去后用自己的方式向我们的竞争对手提问。几乎无一例外，大部分面试者都带着问题的答案回来了。通过这种提问，面试者自己证明了我们是多么优秀的公司。

你们公司的独特性是什么？如果你还不知道，快把你的员工找来，用下面章节所要谈到的关于创造力的方法，找出你们之所以领先竞争对手的原因，以及员工留下来为你工作的理由。把这些至关重要的信息收集起来，并让它为你和公司服务。

依靠我

这听起来像是个不错的歌曲名字，不过，把它和你的员工联系起来却是一件烦人的事。好的领导者并不是一座靠山，不是让员工时不时去依靠的。哦，可能开始的时候他们是需要你，但你的首要目的是帮助他们最终依靠自己的力量站立起来。为人父母也是如此。有些经理似乎一定要别人需要自己才能体现自己的重要性。你知道这种人。他们一天 24 小时，一周 7 天都带着寻呼机和手机，热衷于为自己的团队成员解决问题。这能帮助他的队员成长吗？不，只会招来怨恨。

篱笆战术

记得当老板告诉我他已经在找人接替我时，像任何一个正常经理的反应一样。我来到了海边。像我老家的俗话说的："窝着脏猪的小河干净不了。"我的销售员们同样也需要一些舒展的空间。我独自在海滩徘徊，凝神静思，并在小本子上写下我的一些想法。周围是平坦的沙滩、起伏的海浪。此时，我才渐渐明白，我的组织力有道篱笆，我的员工在一边，我自己在另一边。而从两边看到的篱笆是不一样的。带着这个发现，我找到了我的第一个团队建设技巧（见图 3－1）。

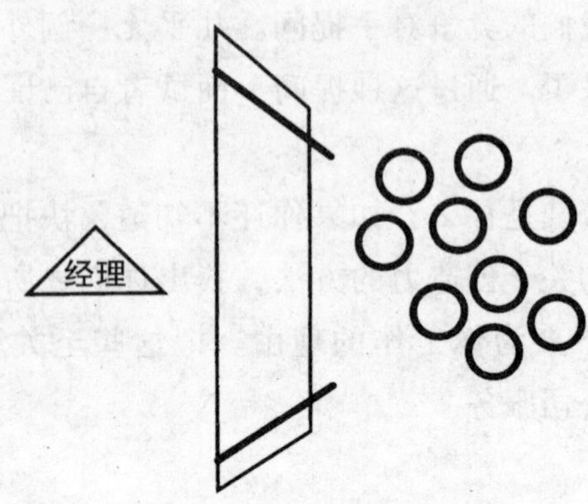

图3－1　篱笆战术——团队建设的秘密

围墙另一边，所有的人都有一个共同点：讨厌我。这不是一种健康的联合，却有着强大的力量。我面临的挑战是团结我的员工，消除我们之间的隔阂。我的确可以运用我作为领导者的权力，命令员工加入到我这一边。然而，这一想法很快被证明是不现实的。经验已经告诉我，吆喝是不可能让别人合作的。

我还有一个选择：挪到围墙的那一边，试着重新营造那种和平友爱的气氛，就像大约两年前，我作为一个新的销售员初进公司时，被他们看做自己人那样。这种做法最大的问题是：没有领导者。这也是不能接受的。加入员工的小帮派并非上策，实际上，对于领导者来说，这简直是个下下策。

后来我想到了，我不可能一下子重新团结起所有的员工，我只能一个个地获取他们的信任。然而，从谁开始呢？这是一个重要的问题。我先是想到从业绩最好的员工开始。但直觉马上告诉我，这会引起其他员工的嫉妒，甚至招致不和。我应该找到篱笆那边说话有分量的人，从他开始。

我发现，团队里最有影响力的人不一定是工作上佼佼者，而是大家最尊敬的人，也就是那些自始至终都可以让人信赖的人。通常来说，他们都比较平易近人，关心其他同事，业绩倒比较一般。

我按照新标准将所有员工排序，从最受人尊敬的那个人开始，然后次之，再次之。这样做时，我已经将员工的价值观纳入我的观念中。我用的是他们的排名标准，而不是我自己的。于是我开始和这位最受尊敬的员工接触。慢慢地，他真的开始为我说话了。为什么？原因就在下面一节“团队建设：依靠优势”中要谈到的策略。

随着这一策略的推展，第二受人尊敬的那名员工也被拉向我这一边，然后是第三位、第四位，等等（见图 3－2）。当我赢得了大约 1/3 的员工——最受尊敬的 1/3 时——其他人开始主动从远远的篱笆那头向我靠拢。这时我认识到，没有必要给所有人的受尊敬程度排序，有一半人就足够了。

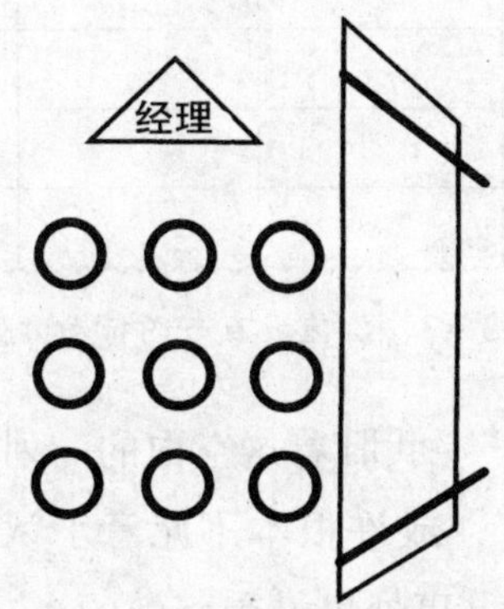

图 3－2　目标：聚集在同一侧

你的员工每天都在商量要加入篱笆的哪一边，就算他们已经跟了你很多年也是一样。你好他们才会跟着好。他们的第一次表决是私下的，第二次就是公开的了。换句话说，每个人都会暗自盘算在围墙哪边呆着自己最舒服。这是每个人自己的选择。然后，大家就会凑在一块，投票作出集体决定。最初的决定可能不是永久性的。加入你这边的人也可能又离开你。为了让他/她们重新回到你这一侧，你需要再次使用当初把他们争取过来的这一策略。

团队建设：依靠优势

当我在海滩上时，我制定了一个计划，实际上是如图 3－3 所示的一个表格。在将员工按照受尊敬程度排序后，我把名字后面的第一列设为“弱点”。这一列可能会很长。请迅速回答我：为什么？因为我们总是首先注意到弱点，并倾向于关注它们。你可能会问：“干嘛要把这些负面的东西都写下来呢?”这个表格会成为一个雷区地形图。此前，我对员工们的长处和弱点都不在意，也就难怪我会有这么大麻烦。

姓　名	弱　点	长　处	战　略

图3－3　价值数百万的行动方案

接下来一列是“长处”。我盯着这空白的一列，而它好像也在盯着我。我像是个灵感枯竭的作家，或许根本不愿意承认她（这表格上的第一个人）有任何长处。但她是办事处里最受尊敬的人，她肯定有什么长处。我强迫自己努力把它找出来。

这长处可能是她的数学天赋、对公司的忠诚、幽默感、善于观察生活等。那些我原本不认为与工作有关的长处统统冒了出来。我认识到，人们的各种长处都能帮助他们更好地工作，从而得到全面提高。我的注意力开始从一大堆的弱点转移到大量的长处上面。真是学海无涯啊！

一旦我发现了某个员工一些以往被埋没、没能加以利用的长处，我再考虑他/她的长处时常常会感到异常兴奋。渐渐地，长处变得和弱点一样多了。别以为这些员工不会注意到我在积极关注他们的潜力。

于是，某个以往一直恨我的员工不再恨我了。为什么？因为我回应给他的都是一些他也觉得重要又感兴趣的东西。他的想法和感受开始成为我关心的事情，而以前我总是强迫他接受我关心的事情。你听说过有谁憎恨别人是因为那个人理解和尊重他吗？我前面谈过，人们总是自然而然地喜欢那些关心自己的人。你对这个人感兴趣的可能是你们之间惟一的共同点。再没有比这更牢固的联系了。

我们可以移植人的心脏和其他重要器官，但我们没法把一个人的长处移植给另一个人。然而，领导者和父母却天天在进行这种移植，虽然他们从未成功过。所以，我们的任务就是做利用长处和完成工作之间的催化剂。

随着时间的推移，你可能需要修改这两列。需要提醒的是：负责任的领导者不会把这个表格在办公室里到处乱放。这是你自己的工作，把它好好放家里。每天晚上花上几分钟，从中挑出几个人，考虑第二天对他们进行指导的内容。找出他们的一两项长处，告诉他们如何将此长处运用到工作上。

下面是一个有关长处的清单。如果对于名单上的某位员工，你实在想不出足够的长处，这份清单能帮你打开思路（你可能注意到了我没有给出一个有关弱点的清单，我想你在这方面应该不需要帮助）。

— 诚信
— 积极
— 敢于冒险
— 有抱负
— 善于分析
— 向前看
— 外表体面
— 有鉴赏力
— 发音清楚
— 良好的意识
— 可以信赖
— 有责任感
— 始终如一
— 合作
— 勇敢
— 会一门外语
— 能干
— 有个性
— 乐观
— 平易近人
— 付出努力
— 有常识
— 沟通能力强
— 具有同情心
— 概念清晰
— 自信
— 令人难忘
— 独立
— 勤奋
— 有影响力

— 彬彬有礼
— 有创新精神
— 以客户为中心
— 可以依靠
— 注意细节
— 意志坚定
— 令人尊敬的
— 努力的
— 有活力
— 热切
— 受过良好教育
— 效率高
— 注意力集中
— 精力充沛
— 热情
— 有道义感
— 优秀
— 有经验
— 外向
— 灵活性
— 目标明确
— 心存感激
— 工作努力
— 注重健康
— 善于帮助人
— 诚实
— 有想像力
— 沉稳的
— 有礼貌
— 有原创力
— 善于变革
— 善于激励他人
— 有智慧
— 正直
— 有兴趣
— 有趣的
— 有判断力
— 善良
— 学识广博
— 可爱
— 善于倾听
— 逻辑性强
— 有爱心
— 忠诚
— 成熟
— 记忆力好
— 有进取心
— 富于谈判技巧
— 思维开放
— 乐观
— 井井有条
— 有耐心
— 以人为本
— 敏感的
— 坚忍不拔
— 做事有计划
— 服务意识强
— 真诚的

- — 积极乐观
- — 精确的
- — 按轻重缓急做事
- — 善于解决问题
- — 专业性
- — 准时
- — 合格
- — 思维敏捷
- — 值得信赖
- — 有弹性
- — 值得尊敬的
- — 旁征博引
- — 口碑好
- — 有责任心的
- — 注重销售
- — 仔细认真
- — 自我肯定
- — 自我约束
- — 自我推动
- — 有幽默感
- — 细心敏感
- — 坚定的
- — 稳定性
- — 有力量
- — 成功
- — 有技巧
- — 顽强
- — 周到
- — 善于管理时间
- — 能包容
- — 值得信任
- — 有理解力的
- — 乐观向上的
- — 积极进取的
- — 多才多艺
- — 精力旺盛
- — 有意愿
- — 睿智
- — 聪明
- — 写作能力强
- — 心态年轻

看到别人的优点

只是列出上面这张表格还远远不够，应该很好地加以利用。要学会看待别人——包括你的孩子的优点，这很重要。当我明白这一点以后，我认识到自己从前总是看他们的缺点，而不是优点。怎么会这样呢？因为我总是说："如果我是你，我就会……"相信我，当你这样说时，没有人会再想听下去。他们只会想到你是在拿自己的长处和他们的短处相比。你可以想像这将带来多么具有毁灭性的后果，这等于你在说："如果你能有我的优点，而不是你那些可怜的缺点的话……"

很快，我扔掉了"如果我是你，我就……"的说法；我开始说："根据你的优点，我觉得你处理这件事情最好的方法是……"这样，人们才会愿意听。不管有没有说出来，他们的反应总是这样的："头儿，你比我过去所有的老板都更了解我的优点。你总是很清楚我应该怎样利用自己的优点来解决问题，而不是你的。谢谢你为我花的时间。"

突破！突破！

如果你觉得作为领导者，自己已经很久没有过激情了，那么我保证，如果你能努力去发现并培养下属的优点，你就能迎来事业上一个新的春天。这需要你认真观察、分析，并研究每位下属的性格、行为以及特定情况下的反应。而这种探求也能帮助你不断发现下属们，包括孩子们的新优点。

致力于团队成员的个人发展，你的这一热情将永不消退。在《地老天荒不了情》（*Magnificent Obsession*）这部影片中，导师对面临人生重大改变的主人公说："这件事对你会是个困扰，但却是个很有意义的困扰。"发现别人的优点就是一种很有意义的困扰。至于缺点，除非员工问你，否则不要主动谈起。不管是对你还是对员工来说，在他们没有准备好以前谈这个话题都是在浪费时间。在你善待员工的优点后，他们可能会请你帮助他们改进自己的缺点。而这时候，再明显的缺点也会被视为成长中的优点，而不是什么严重的问题。

典型案例：和宾尼兔共进晚餐

我所经历的最能说明一个人的潜力的故事发生在我家餐厅里。在我的朋友，配音大师梅尔·布兰科（Mel Blanc）去世前几年，有一次我们一起在我家里吃晚饭。梅尔给大约 400 个卡通角色配过音，包括宾尼兔、

Tweety Bird、Elmer Fudd、Foghorn Leghorn 等。饭后，梅尔一边喝咖啡一边跟我聊起他在日落大道上碰到的一起严重车祸以及后续故事。

车祸后，梅尔在医院里昏迷了几个星期。医生们尝试了各种办法，希望从他那里得到一点反应，哪怕是动一动手指，转一转眼珠，只要表示他听见了就好了。但他没有一点回应。医生们的信心越来越渺茫，直到有一天，一位神经科大夫来查床。他一边翻看着梅尔的病历，一边嘟囔了一声，"我们来看看宾尼兔今天怎么样了"，根本没指望梅尔会有什么反应。

让医生惊讶的是，宾尼兔回答他了："怎么了，大夫?"再经典不过了，用的是大家耳熟能详的兔子的声音。这是真人真事，就是宾尼兔本人告诉我的。

大夫喜出望外："再说一遍，梅尔，你醒了。"但梅尔没有再回应。试过几次以后，大夫突然有了灵感。"宾尼，"他说，"梅尔怎么样了?"果然，宾尼兔的声音又冒出来了："他可不太妙，大夫。"

那天晚上，在梅尔离开之前，我和他谈起团队建设这一概念的实质。他认为他的经历与这一概念并非无关：医生们想与之交流的梅尔·布兰科被撞了个半死，而宾尼兔却并没有受伤。梅尔认为，他身上有 400 多种优点等待着被人发现。当某个人发现了时，那简直太棒了！对你的孩子和员工也是这样。

试试这个方法

组织中的每位成员都有自己的优点，只等着你去发现。毋庸置疑，这些优点一旦被发掘出来，你和组织都将受益匪浅。彼得·德鲁克指出：最强之人总有最弱之处。仔细想想，确有道理。给我举出一个成功的人士，我会告诉你他/她的几处软肋。

德鲁克还强调：关注一个人的优点意味着关注他/她的表现。当你发现某人的优点，并向他/她指出这点时，他/她准会说："你说的没错，瞧我的吧。"对此不必惊讶。他们是想展现自己的优点，以证明你的眼力。

著名女演员莎拉·伯恩哈特（Sarah Bernhardt）深明此理。她说：“你要是说一个女人的侧面很美，她就会故意走在你旁边。”男人也是。

为了说明德鲁克的理论，我常常举这样一个例子。假设我们都在当地一家汽车修理店工作，我是业务经理，工作间就在你隔壁。有一天，你走进我的工作间，对我说：“丹尼，帮个忙，这有个0.5寸螺丝，我得用用你的多用扳手。”似乎经理通常都会备有一个多用扳手。

如果我是个一般的经理，我会把多用扳手借给你；如果我是个可怜的经理，我会亲自帮你拧螺丝；而一位优秀的领导知道怎样才是对你以及对组织最有用的做法，最终帮你拧好螺丝。所以，我会问你知不知道怎样使用扳手，应该往哪个方向用力。这是为了确保你懂得利用你的新优点——这里指的是扳手。这样，你以后再也不用来找我这个经理借扳手了，因为你自己懂得怎么做。

你自己也必须了解自己的强项。要明白，你有很多优点还没有发掘出来。所以，去寻找那些更需要理论、技巧、创造力和速度的挑战吧，这样你才能发现自我，才能更称职地帮助你的下属更好地享受工作和生活。而他们也会真正把你看成他们的领导者，对你的尊敬也会与日俱增。

动机的3个层面

欲望产生动机，它们密不可分，而且相辅相成。真实的动机无论如何也不可能高过诚实的欲望。为了清楚地了解动机是如何与欲望相伴相生的，你必须深入了解动机的3个层面。

第三层：责任

第二层：锁定目标

第一层：服从

最低层次（第一层）的动机是服从，即按照要求去做某事。在服从层次没有什么动机或个人欲望，也有什么个性可言。往上一个层次（第二层）是锁定目标。这种锁定给人一种对目标的投资感，从而产生更大的动机和欲望。最高一层（第三层）是责任。再没有比觉得事情就该自己做更大的动机了。要让人达到第一层动机，只要具备“因为我这样说了”的管理技巧就可以了。你只需简单地给出命令，就好像对方不会思考和分析，也不具备除了免于被炒鱿鱼以外的其他能力。而要帮助别人达到第二层动机，你需要清楚明白地阐述达到目标所能带来的益处，告诉他们为什么要这样去做以及为什么达到目标符合他们的最大利益。有收获，人们才会愿意付出更多。很多公司就是这样扭转局势的。

要达到第三层动机，这个人一定得相信自己就是完成任务的不二人选。告诉这个人，他/她（不是你）的优点如何可以帮助实现他/她的目标。这样，他/她不仅能明白完成工作对自己的益处；更重要的是，他们会自己主动投入到工作中去。

在你的组织中，没有人能比作为领导者的你保持更高层次的动机了；否则，他/她就应该也只能另谋高就了。因此，你要把组织目标当作自己目标的一部分，并影响别人也达到你的动机层次——承诺。有一种说法叫做“把力量团结在目标周围”。这是怎样一种责任！怎样一种挑战！怎样一种增长机遇！

心理活动

为了让人们达到任何层次的动机，领导者必须了解并理解与每一层次相关的人们的心理活动。第一层次，即服从阶段的动机的心理活动是无望的。如果一个人最大的工作动机只是为了工资，那他/她无疑就是在第一层次了。那些处在服从阶段的人们都属于“又一天，又一张工资单”族。

锁定目标（第二层）其实是领导者的工作内容之一。你能把整个团队的蓝图展现给成员，使他们看见大家共同的未来吗？锁定目标阶段需要的心理活动是分析。当你的团队成员开始问，“为什么不是我？为什么不是现在？”时，他们的方向就朝向正确的目标了。当美国前总统约翰·F. 肯尼迪问，“如果不是我，会是谁？如果不是现在，是什么时候？”时，他是在把整个国家带到第二层次。

责任阶段的心理活动是洞见。在这一阶段，你的团队成员需要有高度责任感去达到目标。在这一阶段，潜意识在默默工作，解决问题。当一支团队在第三层次运转时，你会发现空谈者少了，实干家多了。

增强动机的技巧

作为领导者，做好下面几件事情有助于你帮助员工融入组织的目标：

- 以身作则。团队成员能看见你作为领导者的成长状况，即使是一周前的。如果他们勾画出你一整年的个人发展图，它会是什么样的？永远别忘了你的领导者一职是多么引人注目。不同的员工关注的事情不同，但他们永远是凡事惟领导者马首是瞻。
- 关注每位成员。一个小小的积极反馈也可能经历很长的路程。你可以平时多想想每位成员，分别给每个人作个评语，这样，你就能很快地给他/她一个恰如其分的接触。当员工路过你的办公室，或是在咖啡间“巧遇”时，你都可以来一下。关键是让他们听到并感谢你真诚的声音。
- 赏识并强调个人成长。公开的赏识作用最大。就算某个人获得了小小成功，也应该得到认同和强调。如果是一个重大的成果，就更应该捧场。可以在团队会议、公司剪报、办公室布告栏上，甚至是内/外部网络上进行宣扬。当某人得到公开赞扬时，他会成为全队的榜样。

转盘游戏

在那段为重建团队而奋斗的日子里，我意识到自己对于高效领导者甚至都没有一个形象的概念。我积累的惨痛教训越多，我就越觉得领导者就像电视里演的转盘子的人一样。就像你见过的，他们有大概25根竿子，每次放一个盘子在上面，开始旋转；等到第6或第7个盘子转起来时，他们得赶紧往回跑，确保前面5个或6个盘子旋转正常；这样一直到25个盘子都转起来。

高效的领导者和转盘子的人有一些相似之处。首先，他们决定要在某个地方转盘子。那些最终能在拉斯维加斯大舞台上转盘子的人，没有一个是随便玩玩的。不管选择是什么，他们都尽力去做。我也相信，持续不断的练习会使转盘技术会越来越精湛，领导水平也是一样。

然后是盘子的选择。管理者总想要最好的盘子。那些平滑、均匀、瑕疵最少的盘子总是特别引人注目。可是这种高品质的盘子总是有限的。如果盘子质量不好掉下来，剩下那根空空如也的竿子该怎么办呢？一般来说，经理们最后只是简单地寻找看起来像是好盘子的盘子。我把这称为买“半吊子猪肉”。这无论是对你还是对猪肉来说都不是最好最公平的选择。

如果你一开始就选错了盘子，以至它们转不好，你能怪谁呢？你给自己带来很多麻烦，因为你得花许多宝贵的时间来平衡这些盘子。而你本来可以把这些时间用来让合适的盘子转得更好。经理们本来早该让不匹配的转盘者和盘子分开，可是自尊心却让他/她没有这样做；这种事情太常见了。

让某个人的盘子转起来的办法是谈他/她的优点。如果你没有把时间花在你最好的盘子上，你就可能会失去它们，至少会失去它们的优势。同样，转盘子的人不可能让所有盘子同时转起来，然后站在一旁欣赏这一奇观，因为过不了多久你的盘子或组织就要倒塌。一个经常脱离团队的领导者是成不了事的。他/她必须参与其中，使团队有效运作。我敢打赌，你以前可能从未把自己想像成一个职业的转盘者。但如果你是个高效的领导者，你就是这样一个转盘者了。

员工的角度

当我从事业的低谷中振作起来，最终成为公司的第一副总裁时，我的注意力开始更多地放在创新力的培养上。我觉得这是必不可少的。但奇怪的是，对我那些奇妙的新点子，员工们并不总是感到很兴奋。对他们来说，我这些伟大的想法不过是增加他们的工作和困难。我以为他们会喜欢风景，但我并没有考虑他们看风景的角度。

你应该见过网球吧。它表面的颜色各有不同。当你拿球给别人看时，你看见的是对着你的那种颜色，而对方看见的则是另一种颜色。只有当你站到对方的位置上，或者把球转过来时，你才能看见另一侧的颜色。

一旦我认识到了这一点，对于所有的头脑风暴和推陈出新，我都尽可能从各个角度去作细致的分析。我们让员工时不时地休假，一边可以更好地从不同角度检验我们的新点子。我们把所有的角度写下来并讨论它们。与很多经理的想法不同的是，他们并不比他们手下的员工聪明；否则，他/她就没有很有效地统筹安排组织的人手。

如果你正为组织里来自下面的压力感到头疼，一个迅速行之有效的办法是：把自己的观点暂时放一边，真正从整个团队的观点考虑问题。即便你不赞成他们的观点，也应该让他们感到自己的观点被考虑过，这同样有助于缓解紧张局面。

当你考虑所有观点时，应该让员工知道：他们有权了解自己的工作以及什么有用什么没用。对你所有美妙、有创意的点子来说，再没什么比让你的员工自愿接受它们更有价值的事了。就像我前面所提到的，在动机最低的服从阶段，没有人会工作得愉快。

让别人赞同你的方式

一个高效率的领导者总是试图熟悉组织成员的想法。下面的步骤可以帮助你了解别人是如何处理信息的：

1. 输入
2. 评价
   A. “现状”意识
   B. 记忆片段
   C. 想像
3. 回应

输　入

领导者在团队集体思维过程中注入的信息会影响最后的结果。信息输入的质量越高，这种影响的效果就越好。从早晨起床到晚上睡觉，我们每天都被各种信息轰炸着，如广播、电视、报纸、杂志、广告牌、互联网以及和他人的谈话等。这些还只是我们每天要处理的信息中的一小部分。对一个高效领导者来说，每天给员工什么信息以及多少信息，才能让他们理解老板的思想价值所在，这是一个挑战。

评　价

然后，你必须让你的员工进行评价。这位评审员必须在一旁单独思考。如果你禁锢他们的脚步，他们会觉得最终得出的结论并不是自己的，也就不会投入到这个新点子中去。给他们完整的信息，再给他们时间和空间，他们才能把信息和自己的想法和感觉联合起来，处理这些信息。每个人或多或少都有一种“现状”思维方式，这会影响到他们的看法。一个乘飞机长途旅行的人，在时差恢复过来以后，对于同样的信息会有不同的反应。所以问题常常变成：现在是不是给出信息的最好时机呢？时机是很重要的。

了解你的员工很重要，可以避免犯一些常识性错误。比如，下午才给一个早上精力旺盛的人最大的青蛙。我们每个人都有自己的特性，发现这些特性并不是需要花费太多的精力和时间。这就是前面我们给优点列表意义之所在。现状思维以后是“记忆片段”。现状思维决定在此时此刻如何接收和处理信息。现状思维一旦形成，我们的大脑便会自动搜索信息，判断从前有没有碰到过类似的情况。如果有，记忆就会重放这些片段，勾起过去的种种愉快或者不快。

作为一个领导者，你不能仅仅满足于打开员工的记忆，而且要指引他们。当我让你想像尼亚加拉瀑布时，你看见了吗？我其实是让你打开记忆去“看”它，同时也让你的记忆更加确切。你的现状思维必须非常干净，任何信息都会引发一个人的记忆库，并有潜在的指导性。这对于保持组织的焦点很必要。

回　应

我们得运用想像来回答这个问题：“收到这些信息以后我该怎么办？”我们应该使用它，忽略它，还是别的什么？如果领导者提供的信息经过了妥善考虑，他的组织成员就可能创造性地使用这些信息，达到领导者预设的组织目标。

随着时间的推移，如果领导者越能有效地了解员工，或者是提供全面的信息以积极地影响后者的决定，他们的组织就会变得更有凝聚力和效率。提供高质量信息的能力会随经验的积累而提高。了解了这一点，你就会超出那些还在苦苦摸索的人一大截。

更多有关现状思维和记忆片段的东西

影响有正面也有反面。记得当年和我一起飞的固定拍档肯·巴特勒（Ken Butler）对我非常了解。他坐在战斗机后座上，对我的内心活动了如指掌。现在我得承认，当时我花了很多时间飞大峡谷。有一天，我照旧穿梭在迷宫般的峡谷里。

我擦着峡谷的边缘水平飞过，发现左前方的峡谷侧壁上有座铁塔。我一边盯着铁塔，一边问肯知不知道那是什么。他冷静地回答说不，但他知道峡谷的另一面也有一个这样的塔。

情急之下，我猛地把操纵杆拉向我的腹部，使飞机垂直拉高。由此产生的力量如此之大，使得机翼几乎都要撕裂开来了。这时我听见后座传来恶作剧般的大笑。我扫了一眼右边，发现右边并没有那样一座铁塔。

肯很知道如何打开我的记忆之门，并且引导它。我的记忆搜索误以为他的信息是高度可信的，而我的想像力则不仅构想出子虚乌有的第二座塔，还构想出子虚乌有的电缆，生怕会撞上它们。

而我接收到他的信息后又是怎么做的呢？完全的盲从，这正中他的下怀。他用简单但有效的信息给我造成了巨大的影响。这家伙并没有就此罢休，在新墨西哥的一个基地，在飞机降落时，他又捉弄了我一次。我讲这个故事是因为它很有趣，也是为了说明，我们是常常被各种错误信息所误导。

我以前从没飞过这个特殊的基地，对这一带也不熟悉，因此自然就更自以为是，而7.9万马力也让我有点头昏脑胀。在我准备着陆时，我注意到有一些人站在跑道边上。我和塔台联系，确认我是在正确的跑道上。那天的塔台操纵员和我一样自以为是。他说那些人是一些测量员，不过，如果我想要一条宽一点的跑道，他可以试着帮我找一找。

我不由得跃跃欲试了。我们每个人都有自己的短处和致命弱点，而这个塔台操纵员一下就找到了我的。对一个飞行员，你无论做什么，他们都会满不在乎，因为，一位训练有素的飞行员总能冷静地处理各种危机。但是你千万不要诬蔑一个飞行员的着陆能力，这就有点过了。塔台操纵员知道这一点。我现在已经没有退路了。

我觉得，除了做一次塔台操纵员和测量员见过的最完美的降落外，我别无选择。我孤注一掷，告诉雷达监控员我的意图，说我的降落将会如此完美，以至我们必须得让塔台告诉我们，我们的轮子是否着陆了。

我们来了，一切都一闪即逝，一切又都那么完美。我的胸口怦怦直跳，带着期待的心以每小时220英里的速度冲向跑道的尽头，比航天飞机的着陆速度还快10英里左右。我总是把我这架22吨多重飞行器称为超音波人孔覆盖物。但我还是得把这个庞然大物降下来。我们掠过跑道的一边，轻盈有力，我不禁微笑了。我们犀利地划破空气，离跑道越来越近，喜悦的泪水涌出我的眼角。

当我们离地面还有大约10英尺，几乎就要完成这个历史上最美妙的降落的时刻，我的雷达监控员又开始了。“丹尼，”他的声音很是惊恐，“你确定你放下起落架了吗?”我赶紧将视线从跑道上收回，重新投到机舱里的3个起落架灯上。这些指示灯仿佛在眨着眼睛奚落我：“是的，起落架安全放下了——但是你早该知道呀!”

我不是滑到了跑道的尽头，我是用冲的。一次完美的、一气呵成的降落变成了3次单独、不连贯的降落，而我的雷达监控员又一次差点笑弯了腰。

但这还不算完。在我们滑离跑道时，他问：“丹尼，你想要我记下这3次降落吗?”毫无疑问，他知道我没有被逗笑，因为他又安慰我说：“不说别的，你真的让那些测量员们印象深刻，他们现在知道了F-101巫毒的起落架有多厉害。”

输入-评估-反应

在这两个故事中，我收到信息，评估它，回应它；确切地说，这有点像膝跳反应。请注意，在两个故事中，我都使自己成了雷达监控员的反常信息的受害者。如果我能更明智地运用现状思维，我就能使自己处于更好的境地，作出更合适的反应。

你对别人越熟悉，你就会越了解他是如何运用现状思维的，他有什么样的记忆片段以及他可能会对你的信息输入作出怎样的反应。有效的领导者对员工的信息评估和反应都很敏感。他/她也认识到，压力和火气常常来源于不恰当的信息输入。作为领导者，注意我们给上/下级提供的信息质量，能为自己消除很多潜在的压力。

第四章
第二步：压力下如何设定目标

“要把劈柴作为你的目标。如果你把木头作为目标，你将一无所获。放过木头，盯准劈柴。”

——作家安妮·迪拉德（Annie Dillard）

目光锁定奖品

几年前，当我孙子雷克斯还在上幼儿园时，他曾得过很严重的春倦症。或许因为这之前他和妈妈一直都能自由随意安排自己的时间，所以他并不觉得说服妈妈同意自己不去幼儿园会有什么问题。南加州可是有许多好玩的事情可以让小孩子和妈妈去做的。

“妈妈，”他说，“外面天气这么好，去幼儿园太可惜了。我们去海滩玩吧？”

“不行的，宝贝。”妈妈回答说，“你得去幼儿园，我也得去上班。”

“那我们去迪斯尼乐园怎么样？”雷克斯觉得，提出一个更有诱惑力的去处也许能说服妈妈，“我们在那里会玩得很开心的。”这位“小推销员”继续游说道。

“不行，雷克斯，”妈妈叹了口气，“今天你必须去幼儿园。”

“为什么？”

“因为不然的话，他们会把将妈妈投进监狱的。”

努力工作的真正原因

我们是如何陷入消极怠工状态的？你有没有发现有些工作自己很不情愿去做，却不得不做？在我告别了超音速战斗机飞行员生涯，成为一名迫于生计走街串巷的推销员后，我有过这种感受。幸运地是，我遇到一个非常关照我的人，吉姆·拉科。办公室的每个人都警告我要小心他，说他脾气坏得像头熊。但他却得过大大小小各种奖杯和奖牌。我开始怀疑有些人是出于工作上的嫉妒，因为他的客户都非常喜爱他。

一天早上，他走到我的办公桌前说："丹尼，我们出去走访一些客户吧。"我没有告诉他我讨厌上门走访，而是像一般人那样撒了个谎，告诉他我有很多事情要留在办公室处理。"是些什么事？"他问。我没料到他会穷追不舍，只好支支吾吾地搪塞。他打断我说："难道还有什么事比去寻找那些需要我们帮助又乐意出好价钱的客户更重要的吗？"

我只好承认的确如此，至少短时间内我想不出其他答案。他于是说："那我们走吧。"我同意了，慢吞吞跟在他屁股后面，心里一百个不乐意。拉科开着他的金色爱多拉多型卡迪拉克豪华轿车，穿着订做的意大利丝质西服，精神抖擞，神采飞扬，从里到外透出成功人士的骄傲和自信。相比之下，我却萎靡不振，在乘客座上蜷缩成一团。

在路上我问他："你有没有过不愿做这件事的时候？对我说实话，因为我知道我干不来这个。"他回答说理解我的感受，但我并不相信他真的有过这种体验。于是他向我描述焦虑和担忧情绪造成的种种身体症候：满头满脸的汗水、胃部的恶心感、常常走得两腿发软、口干舌燥等。最令人震惊的是，他告诉我，就在20分钟之前，他还体验到这些感受。

于是我建议我们还是回到舒适的办公室里去，因为处在这样一种消极情绪下，我们无法去找客户，为提供他们服务。他回答："丹尼，那是20分钟之前的事了，我现在已经没有这种感受了。"我问他是怎样克服这种恐惧感的。

他避而不答，反而问我："如果我现在给你1000美元，你会用来做什么?"我回答说会用来付账单。

"错了!"他大声否定。我意识到自己的回答让他不满意，脑子里很快地打了几个转，试了一个完全相反的答案："会拿来找乐子。"这会总算对路了。

"怎么找?"他又问。

"我……我也不知道。"我结结巴巴地说。

"你要怎么去找?"他坚持问。

很清楚，我再一次跟不上他的思路。突然间，我意识到他希望我在这个问题上有个明明白白的回答。于是我说："我想9月份带特蒂去雷诺看全国飞行竞赛。"

他一边驾车一边鼓励我继续说下去。我越是详细生动地设想去雷诺度假的经历，我就感到越兴奋。我向他描述不同型号的飞机所发出的不同的轰鸣声；向他形容我最中意的旅馆，从阳台上可以看到夕阳坠入蜿蜒的内华达山脉，看到城市夜晚璀璨的灯火。

他催我说下去。于是我继续讲述我喜爱的旅馆和烤肉晚餐，喷香的烤面包。他赞叹道："哦，这将是一次多么令人难忘的旅行啊!"

然后，他让我算算如果这天拿到了一份订单，卖掉一套房子，能得到多少佣金。那时候，我从这份工作中能抽取的佣金正好是1000美元。而此刻，我与这名成功者之间的差异立竿见影。电光火石之间，我窥见了事实的真相。我这位精神导师清楚地知道他在为什么工作，而我却整天四处逡巡，只想寄希望于幸运之神的光顾。

展开话题

然后他问我，为什么宁愿回去呆在办公室里，而放弃挣1000美元去雷诺度假的机会。他让我想想，如果晚上回家后，我跟特蒂说我选择留在办公室里，而不是去赢得一次雷诺双人旅的机会，她将作何感想。我对他说："你能再开快一点吗？"

当我们终于停下车时，我斗志昂扬，因为我现在知道9月份特蒂和我要去哪儿了！一个半小时后我们回到拉科的汽车，我的脸上乐开了花。作为这次客户拜访的结果，我在接下来的两个月里接到了3笔大订单。当然，那是后话，我还是继续讲完这个故事吧。

我关上车门后，拉科顺溜地坐在这辆豪华汽车的驾驶座上。我希望在他脸上看到满意的微笑，可他却表情严肃地说："我还要告诉你一些不应该忘记的事情。"

我像一个听话的学生，对他说："不管你说什么，我都要把它记下来。"

他沉默了很久，然后说："别只是为了支付账单而拼死拼活的，应该要为享受人生而努力工作；否则，两者你都做不好，不管是付账单还是享受人生。"

这真是个改变命运的时刻。我不由感叹道："天哪，吉姆，我一直是在为支付账单拼死拼活的！"

"那你现在就该改变这种想法。"他一边启动车子一边说道。

几个月后，我和特蒂来到雷诺。观赏完惊心动魄的超低空飞行表演后，晚上我们在旅馆阳台上，用烤肉招待我们的朋友吉姆·拉科。我作了一个决定，今后绝不只是为了付账单而打拼。我做到了。这一工作理念值得我付出许多个不眠之夜。吉姆·拉科打开了我的眼界。作为一名领导者，懂得如何帮助人们打开眼界是非常重要的。如果员工看不到工作的前景（就像我以前看不到为享受人生而工作这一前景一样），那么，无论是公司还是他/她们自己的目标都无法达成。

被吉姆"启蒙"后，我开始告诉许许多多人，如果他们想有足够多的钱舒舒服服地付账单的话，他们应该树立为享受人生而努力工作的目标。这一观念可以让人们生活得更好，更有干劲为公司的远景而奋斗。人们一旦通过自己的眼睛看清了自己的目标，就不会轻易丧失这种意象。当人们习惯了为自己的目标工作时，也就自然而然在为公司的目标工作。

我们希望大家一道来分享的观念，是一种未来意识，因为它最合乎组织以及构成这一组织的人。帮助你的部下切身体验到这种意识，是培养有效领导才能的关键步骤。你知道你在为什么工作吗？你能从一大堆繁琐的事务中看到这个目标吗？如果你自己都不知道，你又怎能帮助你的部下理解他们的工作目的？

帮助你的部下真正理解自己为何工作，是你能给予他们的最大的、终身受益的礼物。

《疯狂》杂志的阿尔弗雷德·纽曼（Alfred E. Newman）曾说："很多人都不知道自己想要什么，但都很清楚没有什么。"率领一群没有清晰目标的人，就像航海时不会使用那些精密的导航工具。没有建立一套周密的实施方案，仅凭着一种对现状的不满足感，这是远远不够的。也就是说，首先要有明确的目标，其次要有周密的实施方案。有了周密的实施方案，你和你的组织至少知道努力的方向。你们正朝着理想的目标迈进，即使目标尚不清晰。

勇敢踏进未知领域

我常常会这样想："虽然我不知道要去哪儿，但我一直很努力。"当我意识到虽然我没有直奔目标，却很努力并不断认识未知事物，我对目标设定的认识于是更提高了。我们不断重复昨天的悲剧在于我们每天没有取得任何进展。我们可能抽断了鞭子，提高了速度，但我们的组织仍在原地踏步。

我们的确可以通过大换血来改变组织的僵化状态，但这样做的结果可能只是让新员工陷入老套路中。我们一会儿试试这个，一会儿试试那个，时不时停下来挠挠头，奇怪事情为什么没有进展。遗憾的是，如果我们不懂得自己作为希望传播者的责任，那即便挠破头，我们也想不出原因所在。每次我们向着明天进发，却总是停留在昨天。

每次我们过十字路口时，总会照着老习惯拐错弯。我前面说过，我们知道昨天比今天更安全，更少危险。所以，我们会下意识地选择避免犯错，而不是涉足未知领域。这就是为什么人们会有一种天性去重复那些没有效益也并不令人舒服的行为的原因。重复过去让我们有安全感，所以我们拒绝去开拓那些未知但充满希望的事物。熟悉的事物或许并不令人愉快，但我们知道如何去应付，因为我们在日复一日的工作中已经养成了习惯。当你看到有人大胆地闯入他们从未到过的地方时，你知道他们是多么勇气可嘉。

不要让你自己和/或团队的目标活在未来的某一天。在确定实现目标的具体方法和手段之前，首先要确保目标本身是可达成的。这是否意味着应该只选择那些简便易行的目标？绝非如此。这仅仅意味着除非把目标按人数和天数细分，否则，一个重大目标将无法实现。对于领导者建立起来的目标，全体组织成员必须都能看到其实现的可能性，尤其是在将其分解成每人每日的工作任务后。只谈目标不做事，这只会降低领导者的信誉，并削弱组织的积极性。

一份即时性问卷及解答

我有一位朋友，年轻时曾两度出入教管所。如今他已改过自新。他在两个不同的领域都获得成功，成为双料的百万富翁。他说他之所以想开拓第二个事业，是因为不想让人认为第一次仅仅是因为运气。我问他是怎样做的。他告诉我：（1）问自己一些问题，（2）仔细倾听自己内心的回答。我们每天也会不断问自己一些问题，但我们会仔细倾听自己的回答吗？倾听是问题的关键。他是这样问自己的：

1. 我真正想要的是什么？
2. 这将花费我多少时间、金钱和精力？
3. 我愿意付出这些代价吗？
4. 我应该从什么时候开始付出？

最后一个问题是关键所在，其他 3 个都很容易。如果你开始为目标付出代价的时间是在某一天，那前面 3 个问题就没什么意义了。“某一天”是永远不会来的，在“某一天”要付出的是永远不会付出的。将出发日设定在某一天，你将永远无法启程。出发日应该是你站在十字路口的这一刻，而出发的道路应该是朝向明天的，而不是朝向昨天。选择一条需要你全身心投入的道路。第四个问题的惟一答案就是“现在”。

让我们解决“为什么不”的问题

很多人会对我说：“丹尼，我当然想有更大的成就，但我碰到太多的问题。”这我承认。那么，就让我们来看看这些问题以及它们与目标设定之间的关系。从某种程度上说，目标不仅是未来要实现的新事物，也是去解决每天仍会遇到的现有问题的承诺。很多人都说他/她有目标，可就是无法弥合目标与现实之间的鸿沟。我觉得这是因为他们的一只脚被卡在地上，以至每天只能在原地转圈。听起来就像是在重复昨天，不是吗？当我问他们是什么把他们的脚卡住时，他们说是每天都遇到的那些问题。

挪开绊脚石

经验告诉我，我们设定的目标首先必须有助于解决那些拖住我们后腿的问题；否则，未来对你不过就是每天都在重复的过去。因此，是时候挪开使你的生活绕着它打转的绊脚石了。

仅仅为了不致失望而设定的目标未免过低。如果你的计划从未失败过，那你无疑是太保守了，应该把目标定高一点。我过去的一位飞行伙伴曾经撞坏过一架价值不菲的飞机，所幸他本人没事。当我们拿这事取笑他时，他的回答令我震惊：“如果你从来没撞坏过飞机，那你肯定飞得不够快。”

很多时候，当我被邀请为某公司作系列培训讲座时，第一次会议通常是在该公司的总部进行。常常是在豪华的董事会议室，而出席者都是公司的高层经理。如果非要我为这样的会议定一个主题的话，那通常就是："如何认清公司的绊脚石。"换句话说，是什么不能让公司打败竞争对手。

我问的第一个问题是，他们是否每周召开为解决公司问题的会议。而他们的回答总是："当然，每周一次，一般来说都得开一整天。"我问他们是否做会议记录，并给每位出席者一份复印件，他们的回答往往也是肯定的。是动真格的时候了。"既然我受邀与贵公司深入合作，"我说："能否提供给我上次的会议记录？"众人齐声说可以，并让人去取会议记录。在那人走出会议室之前，我进一步问："能否调阅此前半年、一年及一年半的会议记录，这样我们可以摊开来看贵公司的问题在过去一年或一年半之间有否得到解决。"

这一次，我的要求被礼貌地拒绝了："您不必看更早的会议记录，只看最末一次的就好了。"他们不愿意让我看以前更早的会议记录，是因为它们都是千篇一律的！

这便是事情的真相了：你受同一问题的困扰有多久了？而答案常常是："很久了。"于是我只能说："显然你们对这个感到很习惯很舒适了。"或许他们已经很安于这块绊脚石了。

改头换面的问题

我们必须不断问自己是否被同样的问题困扰得太久。因为这不是一个我们惯于提出或回答的问题，我们最好先来看看问题的真正涵义是什么。问题的字面涵义是指一种令人困惑的疑问或状态，尤其是当这一疑问或状态的解决方案尚未出现时。这一概念是广义上的，并适用于几乎所有问题。那么，让我们更进一步，向自己提出一些问题帮助我们从个人角度来理解问题的这一概念。

1. 什么是我自己最大的尚未解决的问题？工作上的是什么？个人生活上的呢？
2. 我正在做出何种努力来解决它？

3. 如果我还没有着手解决这一问题，原因是什么？

谁在着手解决一号问题？

很多时候，我给一些公司做的咨询项目无法回答上面第三个问题。如果我问什么是该公司最大的尚未解决的问题，答案通常是销售队伍中严重的人员流失情况。我马上问有谁在着手解决这一问题，回答是没有人。这家公司知道什么是它的头号问题，却没有采取任何行动来解决它。

这一情景其实很常见。有时候公司会把一个人推到问题前面，直到这个人辞职或者失败。但通常的情况是，人们并没有解决问题，虽然了解到问题之所在。经过进一步观察，我发现公司的努力通常被用于第13号或其他问题上。看起来前面12个问题都太棘手了。大多数情况下，公司花的时间最长的问题通常是最没有威胁性的问题。

我敢打赌有些人是靠发愁和磨时间拿到他们的博士学位的。他们太善于这个了。当我说“如果我轻而易举解决了这个问题，你该怎么办”时，这些忧虑者们的脸上显出惊惶的神色。没有需要解决的问题，他们又该做些什么？如果没有问题需要发愁和磨时间，公司就不需要他们了。很多人相信是尚未解决问题给他们提供了工作机会。

当我还在空军服役时，我的一位朋友向我提出以上问题。他坐在我的家里，吃着我做的晚饭，开诚布公地问我，什么是我们中队最大的尚未解决的问题。第一个问题通常都不太有威胁性，因此我回答说，音爆问题以及由此在社区里造成的怨愤应该列在第一位。人们对音爆问题的投诉似乎不受他们自身音量的限制。

然后我的这位朋友刺了我一下。“你有没有为此做些什么？”他问。

我无法给出一个很好的回答，因为那时候，美国空军还没有给出令人满意的解决方案。我只是像今天很多经理人惯于说的那样回答到：“我们正在努力找出适应这个问题的办法。”再一次，在电光火石之间窥见事实的真相后，我选择成为第一章里谈到的音爆销售员。我自己设立并担任了这一职位。并没有很多人排队申请一份推销音爆这样一个高拒绝率概念的职位的。我是惟一的应征者。

我决定用人们的爱国主义和国防意识做文章。我把自己 30 分钟的演说命题为“被吵胜过被扔炸弹”。我在扶轮社、狮子会、教会、学校以及任何欢迎我的地方演说。演说的前半部分通常反应良好。然后我觉察到听众开始坐立不安了，因为他们发现我不仅是音爆推销员，而且还是个大游说家。他们脸上的表情明白无误在说：“就是这个可恶的家伙了。”在他们给我涂上柏油、粘上羽毛以示惩罚以前，我拼尽每一分力气挥舞星条旗并高唱合众国军歌。嗯，几乎是每一分力气。

信不信由你，参与解决一个问题令我感到巨大的喜悦和满足。我们中大多数人都知道，无法解决某个问题是非常令人沮丧的事情。然而，只有那些亲自咽下最大、最丑陋青蛙的人才会知道，成为解决方案的一部分何等让人有成就感。

学会质疑轻而易举的解决方案

这种解决方案是不存在的。解决问题是需要付出努力和代价的。我觉得努力简单地说就是咬紧牙关，埋头去做。努力做自己喜欢的事情并不是说不必动脑子。我不是在建议像一头踏进瓷器店的蛮牛那样去解决问题。在对付棘手的问题时，你应该最好地运用你的经验和能力。不过，解决问题最重要的是知道什么时候采取行动。答案就是现在。另一个需要向自己提出的问题清单可以帮助把我们带到现在：

1. 我这一年有没有计划过？我有没有设定好自己的事业和生活目标？我有没有计划好假期？
2. 如果还没有，为什么？
3. 我什么时候开始行动？

我不知道你怎样，但如果不问自己这些重大问题并试图找出诚实的答案，我知道我的生命将轻易地流逝。这就是等到某一天才来回答第三个问题的结果。今天就是我们需要做出努力，以把自己带到我们想去的地方的时候。现在并不是一个太快以至无法开始的时刻。要学会问自己："明天早晨我该怎么办?"

作为面临压力的领导者，只需稍稍往回想就会知道，我们陷入困境是因为我们忽略了一些问题以及没能解决另一些问题。我们的日程安排显示出我们把多少时间用来设定目标并努力去达成它们。在我们坐等问题自行解决或奇迹般地消失的时候，机会已经从我们指尖滑过去了。不要等到什么特殊日子来燃放焰火，敲锣打鼓地庆祝现在终于可以安全地开始我们的人生奋斗历程了。相信我，这一天永远不会来到。你要么现在就开始为人生奋斗，要么就站在人生旅程的边线上等着年华老去。努力就从这一刻开始。

目标：无法忽略的事

不设立一个具体的目标本身就是一个具体的目标。在茫茫的宇宙间，你碰到实现自己梦想的机会，这一机会本身就微乎其微。正如萧伯纳（George Bernard Shaw）所说的："人们总是埋怨自己所处的环境。我才不相信什么环境。那些成功的人们都是些主动去寻找理想环境，如果没有的话，自己去创造的人。"

从来就没有什么不劳而获、心想事成的神奇早晨，或者挥舞魔杖、点石成金的美丽仙女。不为自己设定目标就好比相信这些童话传说；听起来可能有点别扭，但却有实用意义。如果你不愿意被人责备为天真地相信童话传说，那请你给我一个你的目标被忽略了的理由。

关注高效的目标设定

诺贝尔奖得主爱力克斯·卡罗博士（Dr. Alexis Carrel）曾说："生活会像地热般喷薄而出，为那些在惰性岩石上钻洞的人。"目标就是那些穿透惰性岩石的钻头。目标越吸引人，钻洞的速度就越高。而如果目标是钻头的话，自我约束就是钻柄。卡罗博士接着说道："自我约束常常能回报给我们极大的无以言传的快乐。所以，目标设定会以成就愿望的形式来激励我们。"你的目标应该大到足以让你为之激动起来。

如果回头看自己的日程安排，没有显示太多的朝着目标迈进的努力，那么试试向前看呢？未来的工作表里有没有安排更多一些设定和实施有效计划的行动？那些回答"没有"的人正在实践我称之为"甩绳式"的管理风格。经理的日常工作就是到办公室转转，看看会发生些什么。

这些经理们通常的做法是让大大小小各种火都点起来，然后使出浑身解数去扑灭它们。因为他们被持续性的危机搞得头昏脑胀，所以他们通常会告诉你他们根本没有时间去计划和设定目标。他们不是在正轨上，而是在绳子上；他们不是脚尖着地，而是脚跟着地；他们不是处在平衡的状态，而是处在失衡的状态。

记住是你在经营与组织其他成员的关系。如果领导者本人处在失衡状态、脚跟着地，并且是在绳子上，他/她怎能期望组织的其他成员有不一样的表现呢？目标：用自己的行动去影响整个组织。我前面说过，你的组织将全盘照搬你的东西，不管是好的还是坏的；目标设定也是这样。

承担风险，勇敢面对

不可否认，设定目标就意味着风险。不过，如果你不设定目标，你将面临更大的风险。如果不设定目标，这意味你把自己的生活和事业完全托付给不可知的机会。每天去办公室"看看会发生些什么"的风险远远大过试图实施一份周密计划的风险，不管这一计划是否宏伟。

如果组织里没有人去突破界限，他们就很难成长，发掘新的潜力。突破界限就是承担风险。每一重大突破后面都有许多完美失败。对任何正在制定计划的人来说，时常问自己这个问题有益无害："我们是否正在突破界限？"如果能问"我自己是否正在突破界限？"那就更好了。我建议你最好能把这句话贴在墙上。如果你对这两个问题从来都不能回答“是”的话，那就别奇怪你的组织为什么一直停滞不前了。

塑造新事实的3个步骤

新事实是指一个实现了的目标。不管喜欢与否，我们正以秒针绕转时钟的速度奔向未来。我们不能使时间停止。所以，既然未来总是要来临的，我们将如何努力去塑造它呢？我们现在所做的什么事情将会在我们的未来留下印记？下面我要给出塑造新事实的3个步骤：

第一步：生动地描绘你的目标

你必须很清楚自己要做什么。笼统地概括你的目标对你是没有什么帮助的。你头脑中的意象越清晰，你为之付出的努力就会越坚定、越有效。相反，你的意象越模糊，你的努力就会越缺乏效率。我从没听说过有人愿意浪费力气的。

第二步：把目标分解成日常任务

当眼前的目标过于庞大，你自然会有一种压迫感，甚至不愿去接近它。应该对一个人一天之内能做多少事有个清醒的认识，不要期望自己或他人能比这做得更多。一步步慢慢地实现目标，你最终也会到达目的地的。

第三步：每一天都为目标奋斗

我并不是建议你每周工作7天，但决不要让任何一个工作日白白流过，丝毫没有使你接近目标。进展就是进展，无论有多小；而许多小进展带来的成就感决不逊于一次大的进展。然而，任务细分后的更小的失望感决不会减少未能实现更大目标的失落感的。如果你不懂得每一天具体做什么去实现你的目标，那么它就不是一个目标，只是个白日梦。

设定目标的指导原则

目标应该是：

1. 可测量的
2. 现实的
3. 有挑战性的

设定目标时的时间分配应该如下：

1. 短期目标的期限是从眼下到 1 年
2. 中期目标的期限是从 1 年到 5 年
3. 长期目标的期限是 5 年以上

设定目标的过程应该如下所述：

1. 把你的所有目标一一写下来，然后把它们按照短、中、长期相应归类
2. 为每个目标建立一个时间表。如果某个步骤看起来仍然过于巨大，可以把它进一步细分。不要听信迷信的说法，认为一个没有在确定期限内实现的目标就不再值得去实现了
3. 关注目标将带来的结果
4. 开始为目标努力，不要停息
5. 庆祝每一个目标的达成，同时代之以新的目标。假如你不选择新目标的话，你和你的下属的工作热情就会松弛下来。如果想把春天留住，我们必须始终有所期待

6. 评价你的进展。什么时候呢？对于个人的目标，可以在每年生日时进行评价。给自己写封信，列出来年的目标，封好，留到明年再读，这是需要勇气的

办公室会议

办公室会议是一个特殊的年会。你向大家汇报组织在过去一年里的成长情况，然后提出在新的一年里面临的挑战。这个会议需要给人留下一个正面的印象，就像我在第三章中所谈到的“荣誉簿”那样。你可以像每周例会那样供应一些茶点，也可以在休息的时候放些音乐。会议可以安排在一个比平时例会更特别的地点举行。

分解目标

如果你设定的来年目标对你的团队成员来说是一个令人望而却步的数字，他们可能会不知所措。所以要随时准备把目标分解成更小的、看上去不那么吓人的任务。每天只完成总体目标的一小部分总是给人感觉更可行些。可以把目标一直细分到每个团队成员可以在每一天、每一周、每一个月内都能取得进展的程度。

结束会议前，要向团队成员表明你的可信性。让他们知道，作为他们的领导者，你完全明白你在让他们做些什么，然后向他们保证，他们一定会从你的身上看到同样的或是更多的进步。安排好你认为对团队目标帮助最大的任务，然后承诺你会就你所保证的任务完成状况做出月度报告。这同时也为你询问任何一名团队成员的进展情况留下方便之门。

卖给员工他们自己的椅子

提倡销售员们都有明确的、可以测量的目标。即使你的团队成员在执行不易测量的任务时，你也需要设定尽可能清楚的目标，以便指导他们的进展情况。比如，销售员每年想赚 8 万美元，在目标实现会议上我就会问

他们中每一个人，2 万美元在目前的市场上能买到什么东西。除了要求他们的答案是现实的以外，我还要求这样东西必须是好玩的，例如一辆车或是一艘船。我把所有的答案写在挂板上。

然后我问："如果我说你们中有些人可能正在支付他们所坐的椅子，那会怎样呢?"我拉出一把办公椅，上面贴着标签："主人出售椅子，每把 2.088 万美元"。我解释道，8 万美元的年薪折成月薪是6660 美元，日薪是 290 美元，每小时就是 29 美元。每天浪费 3 小时的时间就丢掉了 87 美元，也就是这把椅子每天的价格。它一周的价格是 435 美元，一个月是 1740 美元，一年就是 2.088 万美元。

接下来，我谈到浪费 3 个小时是多么容易。上班迟到使你这一天开始得很糟糕，和喜欢聊天的人煲电话粥会消耗更多的时间，在互联网上消磨时间也是很容易的，吃两个小时的午饭，再加上没有好好规划，也都会增加时间的流逝。总之，每天浪费 3 个小时并不困难。当我讲完后，他们的注意力都集中起来了。

我把椅子出售的标签翻过来，让他们看另一面（见图 4 –1）。这个图表生动地说明时间是宝贵的，浪费时间会给个人乃至整个团队造成严重后果。我的销售员们拿它来开玩笑。如果有人走进来问："鲍勃在哪儿?"马上会有人说："他正坐在那支付他椅子的账单上呢。"

图 4 –1　售椅标签的反面

目标实现过程中的一些常见障碍

下面一些障碍可能正在影响你工作，而你可能对此还没有完全意识到。一个优秀的领导者是警醒的，时刻关注员工受挫和兴趣丧失的信号。当侦察到障碍物的时候，有几种解决方案可以加以应用。

目标不被理解或看上去不可行。如果是这种情况的话，检查你向团队成员所作出的关于目标的陈述。你有花时间从他们的立场想过他们对这些新目标可能会有的反应吗？你有把目标分解成每个人可以完成的任务吗？你所做的关于目标本身的陈述有多清楚呢？

付出的努力看上去不能获得足够的回报。当回报看上去似乎不是立竿见影或是与所付出的努力不相称的时候，领导者就应该要推销他的目标了。实际上，推销的时候就是目标被设立的时候。如果团队成员觉得所得到的奖励和所付出的努力不平衡的话，领导必须重新进行评估；然后，或者调整这种不平衡，或者如果奖励和努力是平衡的话，重组目标，使奖励办法更清晰，从而提高员工的积极性。

目标实现的程序过于死板。灵活性是一个自信和富有创造性的领导者的标志。太多的领导者在团队中采用僵化死板的组织结构，因为他们对自己和团队的能力缺乏基本的信心。把目光放在结果而不是方法上将会为你的员工打开一扇贡献更多的创造力的大门。要有勇气让员工独自经营项目，顶多给他们一些温和的引导。好的员工会发现好的方法。

害怕成功。很多人对平庸比对成功更熟悉，因而缺乏动力去追求目标。如果你的成功经验很少，那么害怕成功是很自然的事。还记得我那位害怕比他父亲挣得更多的销售员吗？为了消除这种只是按照公司安排做事的恐惧感，你可以把整个团队的成就容纳进来，以扩大员工个人的成就感，这样也能减少那些不习惯别人注意的员工的压力。

实现个人发展永远没错

你可以通过促进个人发展不断激励你的员工。帮助员工超越他们自身的极限，不仅能使他们做好获得成功的准备，而且也会使他们期待更多的成功。良好的指导能使团队准备好去享受胜利的喜悦。当团队中的一些成员取得了进步，拓宽了视野，其他成员就会注意到同伴的这一积极变化，并希望能实现在自己身上。一个充满对成功的期待和享受的团队将产生整合效应。

我知道这样一家公司，它采纳并实施了这些目标设定的原则，结果带来工作效率上前所未有的提高。更重要的是，这种提高不是短暂的，而是长久的；并且这种应用已经超出了经济领域的范畴；家庭中对子女的教养和学校里对学生的教育是我能想起的两个最典型的例子。

像我们前面讨论过的那样，这家公司的领导者认真对待员工的个人发展。他们参与员工的个人发展和持续性咨询计划。没有持续性或个人的兴趣，这种咨询计划就没有意义。许多经理、父母、老师一想到个人咨询就感觉不舒服。他们宁愿与员工维持一定的距离，去关注更大的目标和成就，或其他使他们的注意力远离员工个人发展的问题和事情。

令这些人——可能你也是他们其中一员——感觉不舒服的原因是因为参与其他人的个人发展需要先对自己的个人发展进行投资。要记住，除非你自己先有进步，否则别人是不会有进步的。面对自己的成长障碍是件很让人恐惧的事。我深知这一点。我过去曾不惜代价——自己的和别人的——去回避个人发展的问题。但是，如果你不对员工的福利进行投资的话，你就不可能成为一个优秀的领导者。这就是为什么在第二章中会把勇气列为领导者素质之一。

你现在应该清楚了，一个领导者首先应该确保自己所有进步，然后才能帮助别人进步。我不是说你应该忽略领导者与被领导者之间的界线。你们之间的角色分工各有不同；不过，指导你们行为的原则是相同的。高效的领导艺术绝不允许双重标准。同样，与员工发展起一种不适宜的私人关系，无论对你、对该员工以及对其他团队成员来说都是不公平的。

我们一开始就否定了这样一种想法，人们工作主要是为了挣钱。具备这种意识很重要，也很有帮助。如果领导者不关心员工的个人发展，那么指望员工真正为团队的最大利益去考虑是很不现实的。你也许会感到惊讶，有那么多我遇到的经理认为人们工作只是为了看到银行存款增加。抱有这种想法的人不可能帮助他人获得进步，也无法发掘出员工那些从未实现过的潜力。

我前面所举的那家公司的例子，他们的目标很简单：这个月的工作效率要更高过上个月。他们是以个人为基础去达成这个目标的。每位员工的目标都是可以测量的、真实的并且具有挑战性的。下面是一些他们用来激励和培养员工的技巧：

- 经理同每位团队成员每月进行一次个人咨询。
- 拿员工该月的业绩与上个月进行纵向比较，不在员工之间进行横向比较。
- 如果员工某个月取得了当年的最佳业绩，他们会收到公司副总裁的祝贺信。如果他/她每个月的业绩都比上个月要好的话，他/她会收到一大堆这样的信。
- 如果某位员工当月创造了公司的最佳业绩，他/她会收到总裁的祝贺信。

我曾听一些经理人说："我有比因为员工这个月比上个月为公司赚了更多钱而写信祝贺他们更重要的事要做。"对于这些经理人，我要说的是，没什么比帮助你的员工取得进步和发展更重要、更高效的事了。再没有比这更有效的、确保公司发展和繁荣的方法了。这也正是领导艺术之所在。

一位拒绝帮助员工进步和发展领导让我怀疑他/她是否关心他/她自已的个人发展。只有领导者进步了，公司才会有所发展。人们总是喜欢打破自己的纪录，这同样适合于领导者。当许多员工开始打破他们各自的纪录时，你会感受到整个团队的干劲在增长。

花点时间去发现一个真实的自我

如果你想做一次自我检测以确定自己在个人发展和目标实现上有多坚定，你需要尽可能诚实地回答下面的问题：

1. 过去一年里我的个人和事业上的主要目标是什么？
2. 过去一年里我所取得的个人和事业上的主要成就是什么？
3. 这些成就和我的短期目标相称吗？使我更加接近我的中/长期目标吗？
4. 在这些目标上有哪些方面我需要提高？
5. 我需要做些什么使自己得到提高？
6. 我希望看到自己在个人生活和事业上发生怎样的改变？
7. 我需要做些什么来使这些改变发生？
8. 我有哪些个人或专业上的特长还没用上？
9. 作为一名领导者，我的短期、中期和长期计划是什么？
10. 我的下一个目标是什么？我要选谁来接替我？
11. 我的同僚对我实现自己的目标是怎么看的？他们的看法正确吗？
12. 要实现这些梦想，从明天起我要做些什么？

如果你能诚实地回答这些问题——并认真倾听自己的答案——你自然而然会被驱使去改善自己的目标设定，并提高实现目标的效率。有了这些个人生活和事业方面的真实资料以后，就需要你有意识地付出努力去忽略那些显而易见的事情，坚守自己繁忙的工作。你越是清楚自己的需求和愿望，你就能更有效地设定有意义的目标并达成它。

目标和前景

从定义上来说，目标即是目的。橄榄球运动员的目的是把这个形状怪异的球带进球达阵；篮球运动员的目的是将这个圆形的球投入篮筐；而曲棍球或足球运动员的目的是把球送进网里。换言之，这就是他们的目标。销售人员的目的则是完成一笔销售。目标可以是很简单、具体的。有些目标比其他目标更难实现，但它们仍然是很容易理解的。

前景指的是看待未来事务的方式。如果一名运动员想要在赛季末赢得大奖杯，他/她必须先要达成前面的很多目标。很多人都能达到目标，但只有达成足够多目标的那个人才能赢得最高的奖赏。如果你想要你的部门或公司成为第一的话，你必须给大家一个前景。前景就是作为第一名所看到和感觉到的样子。使前景变为现实需要你成功地实现很多目标。

如图 4－2 所示，你和你的团队立足的位置称为现在，而前景则位于未来的某个地方。如果你为自己和团队设立的目标与前景不符，那它们就会像车轮上的辐条一样向四周发散。你设定的目标应该是能帮助你一步步向前景靠近的。

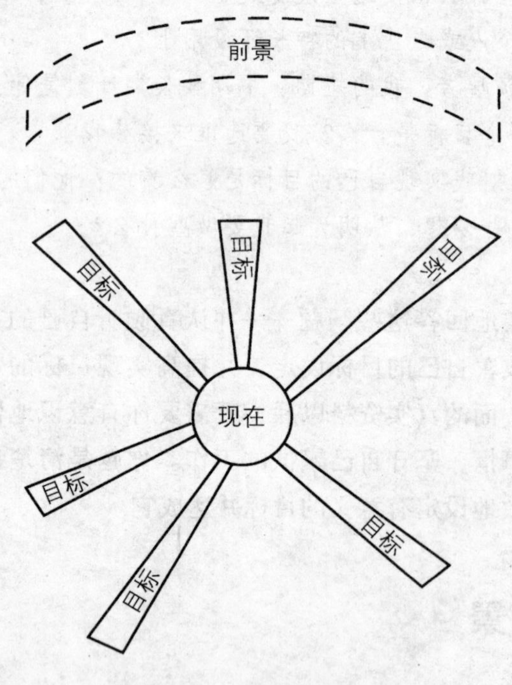

图 4－2　与前景不符的目标

为了使前景切实可行，你需要给它加上时间表。很少有成功的领导者会说："某一天我们会成为第一名的。我不知道会是什么时候，但总有一天会的。"这个某一天可能永远也不会来到。作为领导者，你有责任使团队成员的时间和精力集中到你们的终极前景上。而第一步就是把这一终极前景分解成现实可行的行动方案。

为了描述你自己的如图 4－3 所示的蓝图，你需要决定：

1. 哪些目标能使你更向前景靠近？
2. 谁将负责完成这些目标？
3. 具体完成目标和实现前景的时间表是什么？
4. 你的团队成员需要哪些资源？

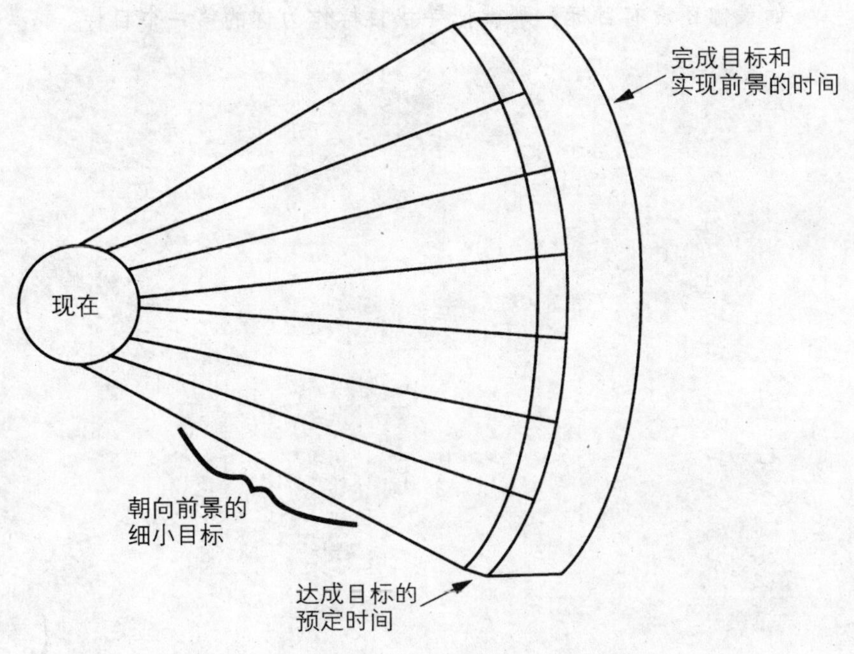

图 4－3　与前景相符的目标

积极参与和保持热情

很多时候，你越是让你的团队成员参与到前景的绘制过程中，他们就会越积极地看待它。自豪感越强，工作热情就越高。为了跟踪目标实现的过程，你应该在设定目标的同时制定出完成目标的措施。当团队成员参与到重大事情的决定时，他们就不会觉得这些完成措施是强加给他们的。当前景实现时，不要忘记及时进行庆祝。人们工作时总喜欢有所期待。

对目标设定，我的最后一个提醒是：

如果你还没有目标，那就把寻找目标作为你的第一个目标。

第五章

第三步：有效安排时间以提高工作效率

“假以时日，你可以把重要的事情等成紧急的事情。”

——丹尼·考克斯

对时间的考虑：来自幽默大师、小说家和哲学家的话

罗伯特·本切利（Robert Benchley）不只是位出色的幽默大师。当他说“任何人都可以做任何多事情……只要那不是他当时想做的事”时，他对人的决心是很有信心的。对我们每个人——从追求自身发展和事业成功的人到经理——来说，他的话自有道理在。

想听更多的至理名言吗？亨利·大卫·梭罗（Henry David Thoreau）曾说：“只有勤奋是远远不够的。蚂蚁也很勤奋。问题在于你勤奋是为了什么？”

我觉得还是安迪·卡普（Andy Capp），英国著名的“沙发”哲学家和卡通人物说得最好：“时间对于我们来说最犯难的一点是，当我们正在考虑如何利用它时，它就已经消失了。”

一些箴言隽语挂在墙上，以提醒你自己更有效地工作和生活吗？图5－1是我自己最喜欢的一些话。

珍惜今天

珍惜今天。我要开始脸上常带笑意，善待他人。不再吹毛求疵，不再浪费我宝贵的时间。

我的时间和别人的时间是一样的。每个人都是按秒、分和小时来计算工资。

从今天起我不会再浪费时间，因为昨天浪费的每一分钟都像丢失的记忆一样不会再回来。

从今天我不会再花时间为未来担忧了，因为我的时间将是用来使未来成为现实的。

从今天起我要努力提高自己；这样，当明天机会来临时，我会有能力抓住它。

从今天起我要努力做事，不再虚掷光阴。一周后的我会比现在的我更有进步。

从今天起我不会再空想如果事情变化时我该如何应对。事情本来就是它们应有的样子，而我也是靠自己的所得成功的。

从今天起我不会再说："如果我有时间就好了。"时间并没有藏起来，我必须利用可以利用的。

从今天起，我对待别人的态度要好像今天是我在人世的最后一天。我不会再空等、空想明天的来临，因为明天永不再来。

无名氏

图 5－1

还有另外一位佚名作者的观点也让我以积极的态度对待时间：设想有一家银行，每天早晨给你 8.64 万美元存款，允许你当天用完全部；如有剩余，则在晚上全部注销，也不会将头一天的余额结转过来。你会怎样做?

你的确有一家这样的银行。它的名字叫时间。每天早晨，每个人的户头里都被放进了 8.64 万秒。每天晚上，每一秒没有被有效利用的时间都被注销了。时间既不会向后结转，也不允许我们向未来透支。我们必须按自己今天所拥有的时间生活，并将其投资在我们最重要的健康、幸福和成功等事情上。

有多少支球队在终场哨声吹响时还在懊悔，要是能再有一小节比赛时间就好了？“如果愿望是匹马，乞丐都能骑上它跑了。”幸运的是，我们每个人都可以从一开始就积极有效地工作来获得这额外的一小节时间。时间管理更多的是关于良好的开始，而不是神奇的结束。图 5－2 列出了我对美好未来的发轫之处的一些想法。

美好未来的发轫之处

当我正聚精会神地思考这个问题时，现在就已滑向了过去。我的过去不过是我如何对待每一个不可挽回的现在的历史。所以，如果昨天是历史，明天是预测，那只有今天才是确实存在的。

未来不过是一系列正在走来的现在。在每一个这样的现在里，我的决定将影响到未来的现在是否会有所不同。美好的未来是来自美好的现在的。这样，只有当我更好地利用了每一个当下的现在时，我的未来才会变得更好。

只有剩余的时间才会被计算。我承担责任以善用时间的意愿将决定我今后生活的质量。

现在流转成过去的速度真是惊人。不过，如果我能凭借上帝赐给我的智慧，充分利用每一个接踵而来的现在的话，我就可以微笑着面对自己美好的未来；因为我知道，当越来越多的人生目标被实现的时候，时光会以它从现在变成过去的速度同样把我从此刻带到令人振奋的未来。

新的一年像个出生的婴孩，完美纯洁、令人期待。这样一个全新的、充满希望的、令人憧憬的一年即将为我所有。我所要做的是按它本来的样式接受它，或是让它在旧习惯的作用下变成流逝岁月中的又一页。

这一挑战再清楚不过了，而选择权完全在我自己。

丹尼·考克斯

图 5－2

下面这段话摘自董事局报告：

对于时间，你所能做的是要么使用它，要么浪费它。为每一项任务找出使用时间的最佳方式和最佳需要量。把精力放在使用时间的最佳办法上，而不是发愁该如何保存时间。

我所说的善用时间的人能在规定时间内完成95%的工作。他/她能做很多事，并且很清楚自己做的是什么。他/她的工作节奏紧凑而稳定。和那些忙忙碌碌、不停工作的人相比，这些人在完成了更多更好的工作以后，还可以把剩余时间分配给家人、朋友和自己。

时间和效率是不可分割的两件事。我们都应该记得这句话："你不可能有足够的时间第一次就把事情做对，但你总是有时间把事情重做一遍。"这其中的道理真是再明白不过了。你觉得呢？超速可能并不是每次都会致人于死地（就像人们通常说的那样），但长期来看，它会让你付出巨大代价。

要想第一次就把事情做对，你得先把时间安排好，要不然就得有好运气。如果你像我一样，那么好运就是非常难得的东西——至少没法每次都靠它来做事。还有一种说法是，只要你有条不紊地把该做的都做好，做到万事俱备，只欠东风，你就是在给自己制造机会。

为什么人们不计划好自己的时间

接下来我要说明为什么人们通常不把时间计划好，这样我们大家都能好受一些。更重要的是，这些理由背后的实际含义可以帮助我们了解，事情是怎样被我们自己搞糟的。

- "这件事需要的时间太长了"。这其实是说："我更愿意集中精力做一些日常事务或短期工作，然后看接下来会发生什么。"
- "我没有得到足够的信息来做这件事。"这其实是说："我对目前获得的资料信心不足，所以我还是等一等再做。”

- “未来是不可预测的。”这其实是说：“我不能再凭感情做事，应该理智地生活。”

4种你可能会遇到的最会浪费时间的人

在近期一项对业务经理的调查中，人们认为他们自己缺乏时间管理的原因有92%来自下属。人们不禁要问：“为什么经理们会浪费这么多时间?”下面是一些主要原因。

- 最常见的浪费经理时间的人是他/她的下属。这种情形比我们想像中更经常发生，而且能轻易消耗经理们1/3或更多的工作效率。
- 工作效率低下的另一原因是经理亲自处理一些本来可以由所负责任不大的人来处理的事情。正如一位出色的企业家曾说过的：“我或许可以把事情做得更好，但我不可能做完所有的事。”
- 我们经常可以看到一位经理把时间过多地花在自己喜欢的事情上，而忽略了对公司整体来说更重要的其他事情。应该要能区分开并记住喜欢的事和重要的事之间的差别。
- 重复指令是另一项时间杀手。员工们从这一误导性指示中学到的经验是，他们可以等到老板第三次发话才采取行动。不幸的是，老员工通常会把这一心得传授给每一个新来的职员。

当机会来临时，我们一定不要忘记把柠檬变成柠檬水。例如，可以在一天或一项工作结束时做自己最喜爱的事来鼓励自己。这其中最需注意的问题是：

许多人日复一日地浪费时间。

微小的改变带来巨大的进步

微小的改变可以带来巨大的进步。例如，如果一个经理每个工作日能节约 10 分钟，一年下来他/她就会多有 42 小时。就好像他/她的一年有 53 个星期，而工作产出也会大幅度提高——这不过是一天节省 10 分钟的结果！而一个经理最应该把时间放在什么事上呢？首先是培训新职员；其次如果没有更重要的事，应关心资深职员的培养和发展。我们一定不能忘记身为领导者，我们对组织和组织中的成员所承担的责任，要为队伍的发展不断添砖加瓦。

接下来要做的就是规划好自己的未来了。不管是下个星期、下个月、3 年，还是更长时间，一艘没有目的地的船，它的帆再鼓、燃料再充足，也是没有用的。寻找新机会、新挑战和新市场，这些都是很有效的管理时间的方法。还可以试着设立个人和业务上的新目标，并尝试管理家庭和事业的新方法。创造性的新思维是时间对美好明天的投资。

被释放的时间

彼得·德鲁克、著名的管理专家，对如何从被释放的时间中受益有很多很好的建议。下面是最重要的 3 点。

记录你的时间　不要凭记忆来检测你在时间支配上的精确性。你是更相信你的记忆力，还是你的记录本？我敢保证，只要试着记录 3 天你是如何支配时间的，你就会知道自己是多么需要好好计划自己的时间。

管理你的时间　彼得·德鲁克对时间管理的重要性深信不疑。他说："不能管理好时间，我们就不能管理任何其他事。"时间管理意味着积极地支配和利用时间，而不是让时间"从我们身边溜走"。计划好你的时间，同时也把时间合理地分配给你的计划。给自己一些时间上的压力来推动自己。

整合你的时间　为了提高效率，组织成员应该一起合作。

不再做无用功

停止做没用的和低效的事情，是迈向更高成就的第一步。然而，即使明知自己做的事情不会有什么结果，很多人还是会继续重复这种浪费时间的行为。实际上，搅事经理法则特别指出："如果你不确定自己在做什么，那就再做一遍。"你有多少次看到这句话应验了？

有一次，在和一个很风趣幽默的职员谈话时，我让他给我一个如何不让我们的生意赚钱的例子。他笑着问我："你是说怎样不让公司赚钱是吗？"我点点头。他于是说道："我每天都是这样做的呀。"

然后我问他："如果这样的话，你又是如何安排第二天的工作的呢？"

然后他不笑了，因为他突然意识道，不管自己喜不喜欢，他实际上为自己安排好了效率低下的第二天。

问自己一些简单的问题，然后倾听自己的回答

为了帮助自己从有限的时间中更多地受益，你可以试着回答下面一些简单然而重要的问题：

- 什么是我故意不去了解的？
- 什么是组织应当做而没有做的？
- 什么是不该做却做了的事？
- 什么是做了而应该更经常做的事？

这是一些我们应该经常提出以改进组织运作效率的问题。我们可以问自己："如果必须用一种全新的方式来做这件事，怎样才能把它做好呢？"

查看你的每日计划书、电脑里的日程表，或是电子记事簿，确保仔细思考以下几点：

- 如果你没做这件事，后果将会怎样？
- 如果别人来做这件事，效果也一样好或是更好吗？
- 有多少事是明知效率低下而你仍然照做不误的？

问问你的同事：“我做的哪些事浪费了你的时间，或降低了你的效率？”

对厨师——厨房里的关键人物——来说，最后这个问题非常重要；而且，请相信我，他们一定会乐意回答你的问题。让自己相应做好这方面的准备。

时间的价值

我听过这种说法：人不可能一辈子都很成功，顶多不过是让每天过得满有收获罢了。我个人认为甚至这点都不容易做到。实际上，很多人的成功或不成功是以每刻钟来计算的。这是对的，我们每个人都能从时间观念的调整中受益。

你有没有想过，对一个年薪10万美元的人来说，一分钟的价值是多少？你自己就可以算出来，一个年薪15万美元的人每分钟赚1.5美元；年薪20万美元的人每分钟赚2美元。

这引出一个我们每天都应该问自己的问题：“刚刚过去的15分钟对我和我的家庭意味着什么？”这样一个意义重大的问题应该写在你的食指和大拇指上，写在桌上的名牌上，刻在手表上，贴在电话机上，或写成大字放在电脑上。一天下来，如果你想计算一下这天的价值是多少，它应该等同于你想把自己的收入翻番的那天的价值。

认真对待时间管理

我经常问别人会不会事先安排好自己的时间。这时，他们通常只是瞟一眼日历，上面的每个日子填满了邮票大小的方框。可能某个方框内写着“今天要取干洗的衣服”，这天看上去似乎就很忙了。而一个更善于利用时间的人会告诉你，你当天的计划中有很多空隙可以利用起来做一些高效率的事。

如果条件允许，你可以充分利用电脑里的“电子日历”。在“记事簿”一栏里你尽可以把要做的事写得很详细。更重要的是，在这个手提电话和电子日历无处不在的年代，你可以把自己的日程安排用电子邮件发给你自己，并设定自动提醒服务。这样，每次收到电邮的时候，系统会自动提醒你当天要做的事情。

管理好你的空间

威廉·莫里斯（William Morris），19 世纪伟大的诗人、艺术家和手工艺人，对我们这些 21 世纪的后人有一些很棒的建议。他说：“不美和没用的东西千万别留着。”建议你用一个早晨、下午或周末来整理你的工作区、办公室、文件柜和汽车（如果你开车上班的话）。对没用的东西不要手下留情；把最常用的东西放在最顺手的地方；用你最习惯的方式整理文件；把要做的事情进行细分，为每一细分的部分设定需要的时间。如果你使用电子记事簿，那么，如果你忘记做某事，你只要把它从记事簿里找出来，重新设定完成时间，到时候它自然会再次提醒你了。

开列待做之事的正确方法

列出适合组织的分步计划书（或日程表），为每个部分设定最后的完成期限，并着手实施。日程表应该包括要做的、着急的和不着急的事。计划书应该是能写下来、可以用结果（而不是过程）来衡量、切实可行，并且是有完成期限的。一份精彩计划书的价值体现在木匠行业的所谓“测两次切一次”的做法上。待做之事可以从以下3个方面加以分类：

- 今日之事今日做，不找借口；
- 今日之事今日做，如果可能的话；
- 今日之事今日做，如果第一和第二项完成后还有时间的话。

人们倾向于做待做之事名单上优先级别高的事，而容易忽略级别较低的事，这是不对的。小事情对我们的情绪健康有很大影响，完成它们是一种正确对待生活的做法。还记得前面提到的青蛙的故事吗？先吞大青蛙是正确的开始，但只有把小青蛙也吞掉，你才算完成了这件事。

几乎没有什么比从待做之事名单上把一件事划掉所带来的成就感更能激励我们的了，而且这简单易行。当然，名单同时也清楚地显示了剩下的待做之事。仔细查看名单，你会知道是名单比时间长，还是反之，从而让你建立起正确的时间观念。

使设置事情的优先级别成为优先要做的事

事情的先后次序是怎样建立起来的？首先，我们需要回答下面这个问题：“我是不是只会做不重要的事？”人是经常可能把无关紧要的事情反倒处理得又快又好的，有些人称之为工作保障。不要让你在安排时间时的激情过多排除掉优先级别低的事情。这种激情应该是和事情的优先性相对应的。

应该记住德威特·艾森豪威尔（Dwight Eisenhower）的话：“紧急的事很少是重要的，而重要的事很少是紧急的。”（这个秘密是你头天晚上的电邮服务不会让你知道的）紧急的事情需要立即处理，但它们通常对长期目标没有或只有很少影响，而重要的事情才对长期目标的达成具有重要意义。

彼得·德鲁克的话对我们也很宝贵。他说："做正确的事情比正确地做事情更重要。"换句话说，按部就班、循规蹈矩地办事，永远没有比做在当时条件下对大多数人都有利的事情来得重要。在商场中，做正确的事情可能暂时不能让你获利，但它终将带给你更大的利润。

由此，我们首先应该关注所做之事的正确性，然后才是做事的效率。这并不是允许你从目标的背后开枪，而不必承担事情的后果。这是让你不要养成那种小事精明、大事糊涂的坏习惯。

明日自今日始

我觉得，成功者和普通人的差别可以从每天妥善安排好的两个小时上看出来。我建议你每天晚上至少花 10 分钟时间来计划第二天的事情。那些已经养成这种习惯的人会有体会：每天早晨醒来后，清楚地知道自己这一天要做什么的感觉真是令人鼓舞。

计划要有灵活性

在给每件事安排时间时，最好比实际所需多留出 10 分钟，这是一个诀窍。如果你刚开始学习如何计划时间，那最好不要试图去安排 75% 以上的时间。有经验的人也只能安排一天中 90% 的时间，因为总需要一些富余时间或是有不可预料的事情需要处理。

根据菲利普·马士格拉夫（Phillip Musgrove），华盛顿特区布鲁金斯学院（Brookings Institute）的观点，任何事情的完成最后都比人们预计的时间更长——确切地说，长 2. 71828 倍。别问我这个数字是如何计算出来的，但我自己知道，我和客户会面的预约总是安排得太挤了。

善用第一个小时：先做最糟糕的事

先从最大的青蛙吞起，从而努力使一天中的第一个小时是最让自己满意的一小时。另一种办法是把青蛙当成自己每天的早餐，但是希望你不会在晚饭的餐桌再看到它。先做你最不愿做的3件事。如果你把讨厌的事留到最后，它们将会变质，并败坏你当天所做的所有事情。要尽量避免这种推诿的事情发生。

盘点你的办事效率

我同意那些成功人士的说法，一天当中最开始的几个小时是最高产最有效率的一段时间。所以，在计划自己的时间时，尽量把难度最大、要求最严的事情放在你个人状态最好的时间段来做。对某些人来说，他们的最佳状态可能是在深夜。我们每个人的生物钟各不相同。你可以给自己做一次盘点，观察自己一天当中什么时候的做事效率是最高的。

这种自我盘点其实很简单。写一个月的工作日志和家庭日志，记下一天中什么时候自己做事效率最高？什么时候觉得自己的成就最大？什么时候觉得累？什么时候最警醒？什么时候和他人相处得最好？什么时候别人给出的反馈最积极？

对大多数人来说，一天中最开始的2~4个小时是最高效的，然后从中午开始滑向低谷，接着在晚上的时候又有所回升。你的个人纪录会告诉你，你是在一天中较早还是较晚的时候精力更充沛。你也许会发现，吃完午饭后打个盹能让你整个下午都精神抖擞，而此前你可能好几个小时都无精打采。

预料那些预料不到的

如果有时候临时出现状况，让你不能最好地发挥自己，不要试图强行解决问题。有时候，解决问题反倒需要离问题远一些，而不是更近一些。退后一步，从更多的角度看待问题；或者弯下腰，从两腿间向后或向上看事情。有了一个更开放的视角以后，把问题分解成几个部分，按其重要性排序，然后重新介入，从最重要的部分开始着手解决问题。

学会说“不”

在你对未来的一项责任说“是”以前，先问问自己：“我现在是否有时间做这件事?”如果你现在没时间，你可能以后也不会有时间。20%的人一天下来通常只完成了计划的80%的原因之一是，他们或者高估了自己的能力，或者更可能的是，他们不懂得如何说“不”（而其余80%的人不会让你知道他们做事高效的窍门，其实工作量是自动在团队成员之间平均分配的）。

佛罗里达州 Boca Raton 公司经理效率研究小组的研究结果显示，说“不”是避免浪费时间的5个基本步骤之一。这5个步骤分别是：

- 做超出你能力范围的事是浪费时间。平均来看，经理们有53%的时间花在秘书或文案工作上。如果别人能做这些事，那就分配给其他人去做。
- 允许太多其他事情插入是浪费时间。安排好你可以见人和不可以见人的时间。每天安排出1小时不会客，也不接听电话。如果在这1小时内你做了3小时的工作，不要对此感到惊讶。然后安排另一段时间会客和接听电话。

- 把大事放在一边而处理琐碎小事是浪费时间。趁你精神状态好的时候，早一些把最重要的事情做完。这样，在上午 11 点的时候，你会觉得好像把一天的工作都做完了（就是说，你的办公桌上应该已经没有什么青蛙了）。
- 做事没计划是浪费时间。一天刚开始时，花上几分钟整理以及/或者回顾自己的目标和事情的先后次序。通过理清当天的日程，这几分钟能为你节省好几小时。
- 说太多“是”是浪费时间。让“不”成为别人向你要求时间时的自动答复，而“是”则是例外。

当一天快要结束，而清单上还有未完成之事的时候，不要气馁。很多人在没有完成所有工作的时候都会责备自己。这说明他们对自己的期望不够现实、不够理智。为什么要不现实、不理智，而把自己弄得很惨呢？安心接受这一事实，通过妥善的时间安排，你已经最大限度地利用好了自己的时间。使明天变得更有成效，这可以成为一个你值得期盼的挑战。

做一个关于个人日常工作效率的简单调查

在一天结束时，用不超过 5 分钟的时间来评估你当天的工作效率。尽可能安排时间进行这一评估。明白自己在做什么很重要，它会让你知道自己哪些地方需要改进，并了解自己的效率高下；反之，你会输得很惨。

一个亿万富翁的日常自我评估

我有一个朋友，26 岁时还只字不识，而 49 岁时已经很富有了。他现在一星期读 5 ~ 6 本书。他让我感到很好奇。我问他：“你是怎样利用时间的呢？”

他说他每天都做评估，并且给我看他打印出来的某一天的计划。每一页代表一天，每一页下面有 4 个方框。每天他会在每个方框里写上一个分值，每个方框的最高分值是 25 分，这样每天的满分是 100。这 4 个方框代表的意义是：

简单（1 ~ 25）

在简单这一栏中，我的富翁朋友向自己提出以下问题：“我有没有让今天成为简单的一天？”或者“今天是日程左右着我还是我在掌握着日程？”然后相应打分。观察资深职业人士如何工作的迷人之处在于，你会发现他们是如何巧妙地处理外部干扰，不让这些事情把自己带离正常轨道。

急迫（1 ~ 25）

当他把急迫作为第二项指标时，我问他原因。“你是否明白，这一天我再也不回来了。”他说，“这个问题很重要。如果这一天我放假，我也应该陪家人去海边度假。”他告诉我应该好好度过每一天，因为这 24 小时不可能重新来过。

计划（1 ~ 25）

一项计划能做到多好？很多人都知道按计划做事与不按计划做事之间的区别。我们每个人都曾有“到时候再看”的经历。这我在驾驶超音速战斗机时也有过；所以，我现在可以明白地告诉你，在 6 万英尺上空“到时候再看”并不比坐在桌旁和接听订货电话来得更高明。

行动（1 ~ 25）

行动的真正涵义是创造利润。我们工作时，获利性成为我们头脑中最深层的目标，这不是件很有趣的事吗？当计划被执行时，利润就随之而来了。所以行动或许是最重要最关键的一项。我觉得，有勤奋没天分是种遗憾，而有天分没勤奋则是个悲剧。

培养对利润率的感觉

几乎所有我知道的成功人士都对利润率有强烈的感觉。我们前面谈到过15分钟的间隔，从现实的角度来说，他们为自己的每个15分钟都赋予了价值。这不是说我们要惟利是图，而是说我们应该意识到，我们的努力是如何被转换成价值的。

果断处理干扰

我想不起有谁不对外界的干扰和由此浪费的时间感到沮丧和愤怒的。我前面谈到过，我们每个人总会不断犯同样的错误，使我们自己处于困境当中。而一个人最常见的错误就是关注放在我们桌上的任何东西、打进来的任何电话以及走过来的任何人。我们太过经常从我们的正常程序中停下来，把宝贵的时间花在不重要的事情上。当我们允许别人打扰我们，并因此被迫调整做事的先后次序时，我们就是在让别人计划我们这一天了。下面是一些减少工作干扰的办法。

1. 重新布置办公室，不要让桌子面对门口，隔断你和门外路过者的视线，以免受到影响。
2. 减少办公室中椅子的数量，并尽量把椅子放得离你的办公桌远一点。
3. 把一个钟放在办公室里容易让你和来访者看到的地方。
4. 当有人进来时，不要马上抬起头来。这听起来有些无礼，但如果你看上去正全神贯注于手头的工作时，人们就不会拿小事情来烦你。

5. 写一周的干扰日志，包括是谁，什么时候来/走的，总共多长时间等。最后，简单写下你认为能更高效地管理时间的办法（见图5－3）。

干扰日志				
次　　数	情　　形	时间（开始/结束）	持续时间	预防措施
1				
2				
3				
4				
5				
6				

图5－3　干扰日志

6. 当有人问“你有时间吗?”时，要学会说“没有”。这听起来似乎也很没礼貌，但你可能会惊讶，人们其实很明白“条件有限”是怎么回事。时常说“不”并不意味着不与人交流；相反，这是一种划清责任，帮助大家更有效率地工作的好办法。
7. 如果某些人习惯于向你寻求帮助和建议，学会问他们自己是怎么想的。你以前一直在替他们想问题，所以，别再这样做了！如果你不再替别人想问题，他们最终也就不会再问了。这不是说在他们有了好的想法的时候，你不可以给他们一些鼓励的话。这些鼓励的话语能帮助他们建立对自己能力的信心，同时也使你保持适当的界线，使你尽快回到自己的工作上。
8. 在工作场合，如果你不知该如何中止谈话，可以把对方送回座位，然后解释你要回去工作。这其中蕴涵的信息虽然微妙却很清楚。
9. 不要成为问题的一部分。被干扰的人自己可能会成为一个干扰者。我就发现自己有时会从工作状态滑向社交状态。再强调一遍，你应该向对方说抱歉，然后回去工作。
10. 记住每天结束时作自我评估：简单、急迫、计划和行动，每一项都尽量打到25分。

谢谢你，亚历山大·格拉汉姆·贝尔

亚历山大·格拉汉姆·贝尔（Alexander Graham Bell），谢谢你伟大的发明：电话。或许信息时代最伟大的进步不是技术本身，而是我们控制技术、不让我们被电话和电邮控制的能力。下面是史蒂芬尼·温斯顿（Stephanie Winston）在她的《井井有条的经理人》（*The Organized Executive*）一书中谈到的一些技巧。

1. 接听电话时设立时间限制。当别人问你有没有时间而你觉得自己有时间的话，试着这样回答："我有3分钟。"尽量不要使用常规的时间划分方式，比如5或10分钟等。使用短的或不常用的时间划分方式更容易引起打电话者的注意，使他们讲话言简意赅。
2. 试着说一些其他事情来结束这个电话谈话，比如，"杰瑞，结束前……"我其实是在委婉地告诉杰瑞："这次谈话应该结束了。"
3. 直截了当地告诉一个讲电话没完没了的人，你正在做一件很紧要的事，晚一点会给他/她回电话。然后，在下班前给他/她回个电话。人们经常用打电话来打发时间，好让5点钟快点到来；不要让别人把你安插到他们的计划中。下班前回电话可以减少谈话时间。
4. 预先问打来电话的人，他/她需要多长时间和你谈话。然后建议时间可以更短一些。
5. 把电话内容引到对你更重要的事情上，而不是被动地跟从对方。提出一个他/她回答不出来的问题，这会让对方明白你正在做一些比他/她所谈之事更重要的事情。然后，希望他/她会让你回到你的工作上。
6. 当然，还有一个老套的把戏。如果打电话的人太顽固，不能领会你的暗示的话，可以让助理从另一个分机给你打电话，把你解救出来。
7. 使用电话计划表可以给自己节省很多时间。在一张纸上画一些方格，大小各异，因为谈话的内容难易和时间长短各不相同。在方格的最上面写谈话对象，然后写上谈话要点（见图5－4）。这可以帮助你打电话时清楚自己可以要讲什么。另外，如果对方当时不在，而几小时或几天后才复电时，也可以帮助你迅速回忆起自己找他/她的原因。如果这张表是做在一张颜色和桌上其他文件不同的纸上，那就更好了。这样，当对方终于回电话时，你可以迅速找出这张计划表。

8. 尽可能接听长途电话，因为对方付费。

会议安排

日期＿＿＿＿＿

姓名	姓名	姓名
姓名	姓名	姓名
姓名	姓名	姓名
		姓名
姓名	姓名	姓名
		姓名

图5－4

做一个找对者

每个人都有过时间紧迫的经历，并从中学到东西。比如，你接到一个任务，任务的完成期限比你设想的要短得多。也许最后期限还提前了，给你很大压力，但你仍然很好地完成了这一任务。所以，问题的关键是："我是怎样在比规定期限还短的时间内做到这一切的？"

冲　刺

很多人都有"冲刺"的习惯。意思是说，每件事的完成时间是一定的，所以他们通常会在时间过半时才开始来做这件事。本来需要一天或一小时来做的事实际只用了半天或半小时，诸如此类。一天甚至一小时之内"冲刺"般把事情做完，这说明在紧急情况下，许多事情是可以在更短时间内完成的。

一种不太慌乱的"冲刺"方法是，高速运转一天后尽快恢复到正常频率。有必要提醒一下的是，一旦知道自己可以更快把事情做完以后，你可能不太习惯回到以前的慢节奏上。

试试这个"如果……那么……"的游戏

如果身体上的紧急状况使你只能工作半天的话，你该怎样调整工作节奏呢？哪件事你要完全放弃？哪件事你会让别人来做？家庭成员、兼职帮手以及其他同事的角色会怎样改变？你现在的时间要给谁才不会有时间上的压力？

快速阅读是有用的：去做吧

许多机构非常乐意教你快速阅读法，目的是要赚你的钱。在社区图书馆里可以找到这样的机构以及收费标准等信息。不过，如果你没时间或不想参加这种快速阅读培训课程的话，那么你可以在阅读时（包括读电子邮件），快速移动你的食指或铅笔，只要你的眼睛能跟得上，这样做可以使你的阅读速度至少提高一倍。

试一试把食指或铅笔跳到当前页的下边。无需逐字逐句阅读，你就能很快串起整个句子及其主要内容。通过学习“过页”，你每天可以减少花在阅读上的时间，或者在同样长的时间内阅读和领会更多的内容。

1. 选择阅读。当我明白我不必逐页阅读放在我桌上的文件时，我感到非常轻松。你也是。你可以扔掉一眼看过去觉得不重要的东西。看看你这一行为是否严重到出现在当晚6点钟的新闻里。看看地球是否因此真的停止了转动。
2. 同一张纸不要拿两次。除非你想好了怎么做，否则不要去拿文件。打勾也好，打叉也好，至少在文件上留下些什么。不要把它放回去以后弄乱你的生活。有一位时间管理专家曾说过，一张乱七八糟的桌子象征着一大堆未完成的工作。
3. 通过阅读每一段的第一句和最后一句来抓住文件的关键字和关键词组。如果你感兴趣了，再回过头去细看；否则，就继续往下读。
4. 在你整理不重要的来信之前，迅速将重要来信分类并回复。
5. “电邮性质”这一功能开始使信件回复变得快速和无纸化。当你收到一封写在纸上的信件或是备忘录时，将你的答复写在原稿上并寄出去。如果你觉得这样做不太正式，可以盖上“手书以便速回复，速度优于礼节”的图章。这样会给对方留下深刻印象并得到理解（尤其是对你的橡皮图章），并节省你和助手很多时间。别忘了将你的回复和来信一同复印，这样可以将存档的数量减半。如果可能的话，尽量用电子邮件回复来信。

处理文件

时间管理专家艾伦·赖肯（Alan Lakein）对如何处理文件曾有一些很好的建议。我把它加以总结和更新如下，以适应当今这个电邮时代的特色。

发送、过滤和处理

1. 过滤出可以直接送进“垃圾箱”的邮件并把它们丢在那儿。
2. 要求对方立即回复。如果是一份书面的备忘录，注意给对方留出回复的空间。
3. 直接提出你的请求，让对方可以用“是”或“不”来回答。
4. 把新邮件和以往的相关资料和信件一起归档。
5. 如果想看广告邮件，收集好一周的广告邮件以后再看。
6. 划出邮件的重要内容，这样，当你以后需要再查阅或转寄给别人时，你不需要重新阅读整封邮件。
7. 回信的时候尽量简洁。最多两段，两句更好。
8. 尽量让你的助手回复尽可能多的信件。
9. 让助手和你一起处理案头工作和邮件。尽可能即时处理好每件事，这样你不必回过头来重新再做。
10. 如果某件事处理了 3 次还不能有相应的行动，可以把它归入“死档”。

改　进

1. 改进工作方式，以便助手可以帮你减轻工作负担。

2. 整理邮件清单。拒绝不想要的邮件。
3. 清理不必要的“仅供参考”的备份和报告。
4. 训练员工在报告问题时给出他们的建议。
5. 对超过3页纸的报告，要求用一段话加以简单介绍。

尊重他人的时间

根据你的实际情况和个人风格的不同，下面这些方法和技巧不仅可以提高你的工作效率，而且还能会令你更尊重他人的时间。将你所倡导的理念付诸实践吧，为他人树立一个好榜样。

- 不要开一个耗资5000美元的会来解决一个价值500美元的问题。
- 准时赴约，不要让别人空等。做事准时有利于保持好的工作状态，包括你自己的。
- 把你的信息精简到最关键最重要的部分。
- 讲话要提纲挈领。如果对方想了解更多情况，他们会主动问的。
- 在开始时作出总结，而不是最后。在最后时开始。

做个善于安排时间的领导者

让你自己享受善于安排时间所带来的好处吧。妥善处理所有这些关于时间和效率的信息是很重要的。不过，我担心你会以为我在建议你做更多事，承担更多责任，直至最终把你累垮。事实是，如果运用得当，这些时间管理技巧会减少你的压力，并提高你的职业生活和个人生活的质量。

或许更重要的是，你会因此变得对别人更有意义，而不是让那些低效的做事方式毁了自己。问问自己：“我是更像那些有信心将事情置于自己掌控之中的人，还是那些一直处在压力之中，就要失控的人？”特别注意有信心这个词。正确运用这些技巧能帮助你在个人生活和工作中处变不惊。

努力让自己向你尊敬或为之吸引的人学习，不管这个人真的存在或是只活在你的想像中。如此，他人也会给你友善的反馈。还有什么比一个坚持他/她个人的理念和价值观，坚持在有意义的生活中寻找新意的人更符合优秀领导者的标准的呢？

有的人受一种内在需要的驱使，定要达成某一目标，为的是弥补自己信心的不足；了解这一点很重要。另外的人则真是试图要过他们认为神所应许的生活。这两种驱动力的区别很容易从这两个人是怎样对待他人的态度中看出来。前者说话和做事都手忙脚乱，而后者则张开双臂欢迎他人进入自己的世界。达到目标与否有好的和不好的原因。从你为自己的成功感到的喜悦，以及你能够把失败当作宝贵经验中，你可以知道自己的驱动力到底有多强。

我们每个人都应该反观自己，做一番自我检测以回答上述问题。只是要记住，很少有人能将这一观念应用到他们喜欢做的事情中去。这一观念的由来是因为我们总是决定自己在做违背自己意愿的事。如今我遇到越来越多了解前述区别的人，这一理解有助于我们改善自己的生活。

你自己的时间

很多原因使得业余时间对我非常重要，而有效的时间管理不仅增加了业余时间的数量，也提高了其质量。业余时间最重要的一个特点在于它是一个让你充电的机会。对一个工作过度的人来说，存在一个效率下降的点；而身心衰竭会使该人对自己和他人都不能有所作为。为了满足自己成功的渴求而拼死拼活地干，这无论对谁都没好处。

为了避免士气衰退和效率下降，我学会为我的员工和我自己安排好业余时间。树立一个该休息时就休息的榜样正如带头养成正确的工作习惯一样重要。精神上和身体上的休整是正确的工作理念的重要组成部分。以下两步是我的做法。

1. 每天安排一些安静的独处时间。即使是最强硬、最固执的工作狂，如果每天能有一些自己的时间的话，他们也能取得更好的成就。如果你不该知道在什么时候休息或者根本就会忘记休息，你可以设置一个提醒服务，确保你在开始工作两小时后、中午（可以是吃午饭，也可是在公园或购物中心散步的方式）以及下班前两小时各休息一次。
2. 把艰巨的大任务分解成许多相对容易完成的小任务。这样会让你立即产生成就感，并减轻前面的负担。不要被任务的数量吓倒，这也很重要。一件事完成以后进行休息有助于对事情的可完成性保持一个清醒的认识。当一件艰巨的任务完成后，不要忘了适当地犒劳自己。所谓的“腊肠理论”认为，分解任务或许不会加速任务的完成，但会使任务更容易完成。而腊肠最后还是腊肠。

还记得“论打更便宜”这个精彩故事吗？故事里的父亲这样说：“如果你一天 16 个小时是醒着的，那就是 960 分钟了。拿出 9.6 分钟，也即 1%，来让别人快乐会让你一天都过得快乐。”这是与人为善的数学途径，却是一个很好的建议。这也是建立你自己和别人士气的一个好办法。

圆满地结束一天

结束一天可以有正确的方式，也可以有错误的方式。正确的方式是让一天结束在亮点上或成就感中。这样做会产生满意感、提高休闲时间的质量，并帮助你第二天以更饱满和昂扬的情绪投入工作中去。

如果一天结束时你还有问题没解决，你可以就这个问题写一个清楚的摘要留在桌上。在离开前，把办公桌和工作区收拾整齐，这样，第二天一上班时你就能看见桌上这个摘要。在远离工作的时间里，你有良好的状态来思考自己的处境。所以，或许在你最不经意的时候，问题的答案就冒出来了。

这些做法也有助于中午休息前的工作，这样午休后你就能更快更轻松地继续工作。休息前的先见之明所节省的精力可以帮助你在休息后轻松愉快地投入工作。

运用这些时间管理的技巧可以使你不必在周末、节假日和休假的时候工作。考虑到你的个人目标和工作责任，我不是要你做比实际更多的工作。我只是试图帮助你在更少的时间内达成更多的目标，使你可以过一种个人和事业均衡的生活。

有效的时间管理 = 假期

因为工作负担太重而使我们与朋友和家人的关系受到伤害，这种事情太经常发生了。如果你问我，我会说这种事业成功的代价太高了。究竟这样做有何意义呢？如前所述，如果工作只是为了逃避个人责任的话，那你应该能更好地处理那些使你染上胁迫性工作习惯的个人事务。

工作时高效率地工作，然后适时地休假，并休完所有的假。我曾经很为自己不舍得休假而自豪，直到有一天一个前辈告诉我，这样做只是证明我没有能力及时完成工作。从不休假并不是一枚荣誉勋章，而是一种缺乏时间管理的标志。

放松时就彻底放松

找个时间放松自己。我前面说过，当你得到彻底的放松，重新充过电以后，你就可以更好地工作，也更好地帮助别人。放松的意思是给自己一些时间，做一些让自己的精力和情绪得以恢复和提升的事。

另一方面，也不要让自己的休闲时间过得像个小型军事拉练一样。为自己和家人安排一个紧张的假期并不是很好的放松方式；满当当的日程乍一看似乎很不错，却不能让你得到充分的休息和放松。不同的人有不同的放松方式；不过，理想的放松肯定要能让你完全忘记工作，得到彻底的休整。

有一个方法可以让你更好地利用你的睡眠时间，它可以让你在上床睡觉前就得到放松。这种方法虽然称为“协调浴”，但你不需要浴缸也可以做到。关掉晚上10点或11点的电视新闻，把一天中的这最后一到一个半小时用来听音乐或读书。这些音乐或书籍应该是轻松惬意的，比如诗歌、散文、古典乐曲等。你会发现自己很快就能入睡，并且睡眠质量很高。

最后的提醒

下面这段话说出了时间管理的神秘性和复杂性：

> 我们训练得很辛苦。但似乎每次我们刚刚开始要组成一个团队的时候，我们总需要重新组合。后来的生活经验告诉我，我们总是要靠着重新组合以面对不同的情形。一方面有所进步，一方面却在制造困惑、低效和涣散的军心，这是多么奇妙的事情啊。

这是古罗马政治家及小说家佩特罗尼乌斯·阿尔勃特（Petronius Arbiter）写于公元66年左右的一段话。遗憾的是，到现在许多组织的情形还是这样……我们有太多东西需要向历史学习了。就领导才能而言，人类的天性并没有太大改变。著名剧作家塞姆赛特·毛姆（Somerset Maugham）告诫我们：“要过生活，而不是描绘生活！”对我来说，这意味着充分利用时间，积极对待人生。自我奋斗的总裁与自我沉沦的贫者之间的差别可能就在于他/她利用时间的方式。

第六章

第四步：压力之下如何保持高昂的士气

“别让鸡筑窝水井之上。”

——无名氏

士气与业绩：鸡与蛋的关系

世界上没有士气低落而业绩骄人的公司，也没有业绩不佳却士气高涨的公司。如果你觉得你的公司偏偏是这两者之一，那只能说明你的公司没有充分达到其应有的工作效率。所以，你得赶紧思考一下，公司的员工士气能达到什么水平？你如何能确定这一点？这就像那个古老的关于鸡与蛋的争论，说来说去都是围绕着一个问题：究竟是员工情绪低落引起公司内部矛盾还是公司内部矛盾导致员工情绪低落。无论是哪种情况，最终的结果都会给领导者带来巨大的压力。

士气是指人的一种精神状态，涉及一个人的自信、勇气、希望以及热情等。一个能干的职员通常不愿意离开一个士气高昂的公司，就算其他公司为他/她提供更好的待遇。他/她担心的是，如果新公司的员工士气普遍不高的话，他/她的工作效率可能会因此受到影响。工作情绪低落是很负面的事情，所以人们通常都希望远离这样的环境。人员流动频繁是公司士气低落的信号。

有些人认为人员流动对企业有好处。他们的理由是新鲜血液的输入能保持公司的活力和创造力，因为人在一个地方呆得太久就会停滞不前。有些经理甚至认为，看到周围同事被解雇会让自己小心工作。另外有些人则认为，长期保持同样职员的工作圈子会使公司的思维方式僵化。无论原因怎样，我无法从根本上认同这些想法。

当我们的孩子出现问题时，我们不是把他们打发到别处，然后另找一些来代替。事实是，我们会尽我们的最大努力去帮助我们的亲人，而不是简单地放弃他们。正如我前面所提到的，确实发生过个人和组织出于各自的最大利益而分道扬镳的事情。但是，当我听到有公司为了所谓获得新点子而聘用新职员时，我感到很困惑。这种新点子不能从组织内部产生的逻辑意味着公司士气这一概念被误解了。另外，难道一个真正有创意的人会愿意加盟一个缺乏创造性的公司吗?

领导者应该立足于并致力于提高并保持公司员工的士气。努力提高士气是你对员工的一种承诺。员工的精神面貌直接与他们作为公司一员的自我感觉相关。实际上，士气是员工对你的领导才能反馈的一个晴雨表。要记住，公司里没有人会比作为领导者的你干劲更高。给我看看员工的干劲，我再给你看看领导者的干劲。

士气低落的10个信号

士气低落通常不会轻易被发现，即对经理也是如此。因此，优秀领导者的职责之一就是每天检查公司员工的情绪脉搏。下面是工作情绪出现问题时的一些表现：

1. 不合作
2. 缺乏热情
3. 工作不认真
4. 挑刺
5. 抱怨不停

6. 迟到和缺席增加
7. 工作环境脏乱
8. 不遵守纪律
9. 苦瓜脸
10. 消极情绪互相影响

不合作。通常，一个员工的不合作态度在你接近他/她时就可以觉察出来。尽管你不能马上说出那是怎么回事，但你能马上感觉出有问题。不合作态度最明显的表现是抵触情绪，甚至表现出被迫做事的态度。不做事或少做事是否比与你交往还要重要？一旦与一个很合作、很友好的员工接触，你马上能感觉出两者态度上的差别。这是不会错的。我认为人们天生具有合作精神，只是在外部环境恶化时他们才会变得不友好。

缺乏热情。缺乏热情有时表现为厌烦情绪的蔓延。人们都不喜欢无所事事，所以，一个人不去做更有趣的事情肯定是有原因的，要不然就是受到条件的限制。事实上，某人感兴趣的事情可能会让另一个人感到无聊。不过，可以肯定的是，在一个士气高昂的公司里，其领导者必定是根据员工各自的优点和特点来合理地搭配他们的任务和责任的。

工作不认真。当公司员工普遍缺乏认真态度或对公司未来走向抱悲观态度时，极有可能是因为领导者也抱着同样的态度。如果领导者自己也不在乎的话，就可能产生很多问题，沟通不畅、分工不当等。正如你所了解的，如果领导者自己对工作都抱无所谓的态度的话，是不可能指望公司员工具有和保持积极认真的工作态度的。

挑刺。一个人若是不开心的话，就容易对什么人和什么事都挑刺。当大家干劲十足时，就算某个人有错误也不会对整体造成不好的影响。而当士气不振时，即便是巨大的成就也会被挑剔一番。一个有意去发现别人优点的人是不会陷入挑刺找错的恶性循环怪圈里的。在我们所处的这个不完美的世界里，即使是很好的人也会有缺点的。所以，如果有人专门要挑刺的话，他/她这辈子都不会开心的。

抱怨不停。当抱怨已经成为家常便饭时，你知道你的员工肯定是不开心了。我保证你找不到一个开心的抱怨者。如果一个公司以前没有太多抱怨，而现在却在增加时，这说明公司的士气在滑落。抱怨通常都是背着领导者悄悄进行的。等到领导者知晓时，事态通常已经变得很严重了。

迟到和缺席增加。迟到和缺席现象严重的话通常会导致解雇，或至少表明有整顿纪律的必要。另一方面，如果领导者注意到迟到和缺席现象有所增加时，这意味着员工的士气正在滑落。一个热爱本职工作的人总会觉得时间不够用，更不用说会溜号了。所以，一个热爱本职工作的人和一个不满自己工作的人之间的区别就很明显地表现在准时和出勤率上。

工作环境脏乱。某些具有创造性和创新力的人不太会保持办公室的整洁。作为领导者，你怎样才知道工作环境的变化是否预示着员工士气的恶化与否呢？这取决于你对所属员工的了解程度。这里的关键是公司工作环境的变化。如果一个一贯干净整洁的人突然变得懒散而脏乱，这就是一个很清楚的对工作不满的信号了。这不仅指他/她的办公场所，也包括他/她的外表。相反，如果一个平时一直不够整洁和不重衣饰的人突然花很多时间在外表装扮上，这说明他/她可能觉得无聊或对某事感到不舒服。甚至他/她可能正在外面面试，准备跳槽呢。

不遵守纪律。当纪律被破坏时，关键还是看这其中“变化”的情况。任何事情都有一个正常的变化幅度。一个出色的领导者很清楚自己公司在高峰期和低谷期的运作情况。公司的规章制度因各公司而异，取决于公司的业务种类、地理位置以及其他很多考虑因素。不过，如果公司的规章制度在超过合理的延长时间后仍然不被遵守，就有必要进一步调查可能的原因了。

苦瓜脸。苦瓜脸说明很多问题。一个人暂时的精力衰退和坏脾气可能是因为疾病造成的生理不适、家庭矛盾造成的情绪低落或其他人际关系方面的原因。领导者首先要考虑的是员工的工作态度如何影响其本人及他人的工作表现。对每个员工的了解可以帮助领导者及时捕捉员工工作态度的变化及其幅度。私人问题如果带到工作中，就不仅仅是与当事人有关的私人问题了。领导者必须还是一个出色的咨询顾问，一方面真诚地关心每个员工的个人状况，另一方面努力保护内外部客户的最大利益。领导才能的一个微妙之处在于他/她能够读懂员工的脸色、声音、姿势及其他不开心的信号。如果办公室里每个人整天都苦着张脸，那就有问题了。

消极情绪互相影响。如果整个公司的成员都开始觉得工作没意思，并且这种情绪成为一种普遍共识时，这说明公司和公司管理层确实存在问题。这种不满情绪会因有关人员的不同性格特点而以不同的程度和频率影响公司的不同成员。随着抱怨情绪的增加，任何形式的集体抱怨和公开议论都表明不满情绪向深层次发展，都应该引起领导者的注意。当员工毫不掩饰他们的消极情绪时，不仅意味着公司的运作存在严重问题，而且无论这种消极情绪的根源何在，都会长期地对公司的士气和运作形成威胁。任何一个称职的经理都不会放过员工出现不满情绪这一迹象。

现象分析

作为一名领导者，你不可能从未碰到或只碰到一种员工士气低落的现象。当公司气氛紧张或士气低落时，肯定事先会有一些综合征兆。甚至当整体士气高涨时，也肯定会有一两个人情绪低落，不过后者不会立即对公司的整体利益造成影响。一个优秀的领导者是很善于及早发现并正确分析影响士气的各种迹象的。这种自信很大程度上来自经验的积累。不过，了解你需要了解的会带给你一个良好的开始。

我曾听到一群销售人员把管理层戏称为专门从“销售防止部门”接收指令的“士气打压队”。这的确是很令人遗憾的事。不过，仔细想想，确实有些公司自己在打击自己员工的工作情绪。他们觉得员工情绪昂扬是种浮躁行为，是不好好做事的表现。我不认为压制健康的工作态度是明智之举，但无论何时何地，总有些领导者就是要把员工的工作热情扼杀在萌芽状态。

案例分析：某航空公司的客户服务样板

因职业需要，我常年在各地讲演，这样我一年到头有很多时间花在路上。可想而知，其中很多时候是在飞机上。有一天，我正坐在头等舱的座椅上，等待飞机起飞。这时，一位女士走过来，在我旁边的位子坐下。我们都没说话，只是静静等待起飞时间的到来。10 分钟过去了，没有什么动静，我和那位女士也只是互相对看了一眼。又过了 10 分钟，还是没有任何关于起飞的通知，我们也仍是一动不动地坐着。几名乘务人员聚集在飞机前部的厨房里，离我和那位女士的座位只有几英尺远。

虽然门帘拉着，我们还是可以听见她们的交谈。事实上，离这么近，我们想不听到也很难。这些乘务人员在竭力放弃她们对公司的忠诚，彼此抱怨在这样一家糟糕的公司工作是多么不起劲。飞机的起飞被延误了，而我坐在那里听着这些乘务人员抱怨她们所服务的公司，这让我不由在想："这太让人害怕坐飞机了。"而作为一名前试飞员，这是很没道理的事。听着这些乘务人员的谈话，你会觉得这就好像是那种"踢脚轮胎就点火"的临飞检查。

听了这样一大堆消极的谈话后，我身旁这位女士悄悄对我说："她们真不应该这样说话。"我告诉她我也这样想，这样的谈话是不应该让乘客听到的，但另一方面我也同意这些乘务人员对这家航空公司的评论。于是我告诉她我在这家航空公司曾经经历过的一些非常糟糕的事情，比如行李丢失、误点及其他一些乘客的投诉等。我惊奇地发现她非常认真听我的抱怨。"听起来你很关注客户服务这一行。"她评论道。

"我是专门举办有关领导才能、个人表现以及客户服务等方面研讨会的。"我回答说。然后我问她是干什么的。

让我惊讶的是，她说她也是负责客户服务的。然而让我尴尬的是，她曾经就在这家航空公司工作。

我为对这家航空公司批评过重向她道歉。她说她很高兴能听到人们对公司服务的想法。她接着说她的工作主要是回复乘客写来的投诉信。事实上她会亲自回复每位来信者。从该公司的运作方式来看，给我再高的工资我都不会想干她这份苦差。然而，接下来更让我震惊的是，当我问她如何处理那些已经回复的信件时，她说放在自己的办公室里存档。

"你不复印给别的同事看吗？"我问。

“不，”她说，“我得到指示说上面不想看到这些信件。”我简直不敢相信自己的耳朵。一切都很清楚了。这是一家有意把头埋进沙子而听任员工自己去应付问题的鸵鸟公司。

一家迫切需要协同合作、上下沟通的公司，却在不遗余力地疏远自己的员工和顾客。我不得不认为这个公司的高层管理人员丝毫不懂如何鼓舞员工士气，提高工作效率以避免这一遗憾发生。需要记住的是，公司如何对待员工，员工就将如何对待公司的客户。

为完全避免反效率这一可悲现象在公司里出现，领导者应该懂得识别前面提到的士气低落的那些信号，并了解我接下来要谈到的造成士气低落的原因。最重要的是，领导者一定要把致力于士气的提高作为一件头等大事，而不是马后炮。领导者对员工情绪及客户关系的态度，无论好坏，都会散布到全公司。

“过滤器”：老板不知情，我就万事大吉

每个人都有自己的舒适区域，也会有一个对自己职位的稳定性感到紧张和不确定的心理节点。这是很自然的事。丢掉饭碗或职位下调影响的不仅仅是当事人的自尊和体面而已。在一个人的职业生涯中，他/她已经建立起一种反映他/她事业成功的生活方式，包括住的房子、开的汽车、孩子上的学校、常去打高尔夫或网球的球场，甚至做礼拜的教堂等。作为一个领导者，你得了解一个人的生活和生活方式有多少取决于他/她在你公司的这个职位。

一个人在公司里干太久会很容易变成“过滤器”，有时这种情况也可能很快就发生。这些“过滤器”们懂得如何明哲保身，诀窍是不让决策者听到坏消息或发现问题，这样他们也就不会生气了。如果你是决策者，你得小心不让这种情况发生。另外，同样重要的是确保你得到的信息没有被“过滤”过。

如果和我刚分析过的动机及发生方式联系起来看，这种行为就很容易

理解了。管理系统就像食物链一样，前面的职位一个比一个高，后面则一个比一个低。如果真实、准确和可靠的信息被过滤掉了，或者更糟糕地，被错误地使用了，上层领导者将对公司的内部运作和外部顾客情况一无所知。这个问题会有多严重呢？很多我们耳熟能详的公司都倒闭了：它们就是被滤净的信息害死的。

要想成为一个出色的领导者，你需要真实的信息，不管这些信息是好是坏。你其实有能力解决问题，并帮助员工进步；但如果你得到的信息是有限的和/或虚假的话，这两件事你一件都干不成。“过滤器”们无处不在，遮掩着黑暗的一面。不要觉得你的公司是免疫的。你必须有能力找出问题，并解决它们。否则，你将把你自己、你的公司、顾客以及所有股东置于危险境地。

了解士气低落的原因

接收到士气低落的警示信号只是第一步。要想全面解决士气问题，一个出色的领导者还必须了解士气低落的原因。只有找到问题的根源才能着手解决问题。如果不懂错在何处，任何纠错的行为都是徒劳的，并且永远都接触不到问题的实质。以下是一些常见的士气低落的原因：

1. 当员工不了解自己的工作时
2. 目标不现实或经常变化
3. 失败的沟通，具体表现在：
   - 屡加指责，以“老大”自居
   - 管理脱节
   - 多变、不确定的规章制度
   - 把员工当数字对待
   - 领导者自己缺乏进取心
4. 机构臃肿，严重超员

5. 聘用不当
6. 糟糕的工作环境
7. 不以人为本的管理方式
8. 缺乏信息反馈
9. 培训不当

上面这张清单远远没有囊括所有原因。由于每个公司及每个公司成员的特性各不相同，还有很多原因改头换面，以其他形式存在。不过，主要原因都在这儿了。逐一看来，员工的消极态度如何对公司造成负面影响以及外部顾客对公司的态度如何开始恶化的因果关系就很清楚了。

当员工不了解自己的工作时

领导者应该帮助员工完全了解别人对他们工作的期望，这一点非常重要。很少有比对自己要干什么一无所知更让人沮丧的事了。更糟糕的是，有些公司并不明确告诉员工他们应该达成怎样的目标，而当他们真的没有达成时，却对他们横加责备。

如果你觉得员工培训无关紧要，你最好再想一想。当工作目标未能实现时，培训和学习是消除误解和失望的最好手段。这里指的不仅是有计划的培训活动，也包括上司与下属之间持续的沟通机制。一定要确保你团队里的每个人都非常清楚他们的个人目标和公司的总体目标，并且两者总是保持一致。

目标不现实或经常变化

我在前面第四章中提到，目标的设定应该是符合实际的；否则，代价就是士气受到损害。要求员工达成不现实的目标是不公平的，而受到不公平对待的员工不会开心，也不会愿意长期在公司呆下去。如果你想体会人们在这种处境下的心情，只要想像一下你自己被强加不合理要求时的感受就可以了。同样的道理，如果公司的目标总是在变，员工就不会再认真对待它了。如果一个目标有可能改变或被放弃的话，还有什么意义花很大力气在它上面呢？不断变化的目标和期望所造成的后果通常是当事人的挫败感，当然还有士气的受损。

失败的沟通

从工作场所、家庭到学校以及其他场合，沟通失败几乎是所有问题的核心。我这里所指的沟通失败不仅指在接收和发送信息时出现问题，还包括信息被扭曲。例如，人们很容易认为批评是一种失望和负面的表示。从这个角度来讲，批评是一种清楚的沟通。

屡加指责，以“老大”自居。批评是毒药，越明确强烈就越让人感到痛苦和受伤害。没有人愿意被批评。在小时候、在家里和/或在学校里，我们太习惯被批评了，也就觉得将批评带到工作中是再自然不过的事。不停地受到批评的结果会让你觉得自己什么事都做不好，这显然是不对的。我们应该采纳肯·布兰克德（Ken Blanchard）的建议，去发现别人的好处，并把这作为一个优先的习惯。一旦你摘下爱批评的有色眼镜，你会惊讶地发现身旁有这么多美好的事情在发生。这就是我为什么在第三章里一再强调论人长处得胜法这一有效方法的主要原因。

管理脱节。我在前面的章节里还谈到，一个出色的领导者应该随时出现在下属需要他/她的地方。这不是说领导者应该亲自去做下属分内的事，而是说他/她应该像其他人一样为公司做贡献。如果你把自己与他人隔开，或者有事时总不在场，你如何能参与大家的工作呢？每个公司的特点各不相同。你与员工有多亲密，你给他们多大的自由空间，这都是你与员工之间独特关系的表现。如果员工觉得你并不在乎他们，他们又有什么必要在乎公司呢？这一点是你永远无法花钱让人做到的。

多变、不确定的规章制度。如果公司制度本身经常变化，或者在执行时前后不一致，其结果会造成员工的沮丧感以及不公平感。如果员工不能指望稳定可靠的管理，他们会变得消沉低落。而要一直保持规章制度的一致性也的确不容易，因为我们对不同的人会有不同的感觉。不过，如果领导者能把员工的最大利益放在心中，保持纪律的一贯性就会相对变得容易。千万不能让你喜爱的员工偷懒，而让别的员工埋头苦干。这种双重标准会让他们感到困惑，继而影响他们的工作情绪。

无论是好是坏，公司的工作氛围通常是在经理到达后的 15 分钟内定下来的。员工自有他们的雷达接收天线，并且会把它一直打开，所以你没法在他们面前隐藏你的情绪。如果有什么地方不妥，最好还是对员工实话相告，不要让他们做你坏情绪的无辜受害者。当领导者的情绪波动时，员工的情绪也会受影响；如果领导者的心情很坏，整个团队都会和他/她一起遭罪；如果某一天领导者心情不好，可能此后 3 天里所有的团队成员都会因此惴惴不安。我不是要你因此遏制自己的情感，只是想提醒你意识到，作为领导者，你的情绪波动会影响整个团队，因此你应该理智行事，这很重要。你的员工会紧跟你的步伐，因为你是他们的领导者。

把员工当数字对待。如果人们觉得自己只是被当作数字一样对待时，那种作为人的自尊心所受到的伤害是刻骨铭心的。很自然地，如果员工们觉得自己没有被当作独特的个人来对待时，他们的工作情绪会因此受到影响。沃尔特·迪斯尼（Walt Disney）深知这一点。他曾说："公司越大，就应该越个人化。"不要错误地认为公司内部的个人关系只是数字的简单叠加。我曾见过很多大公司非常善于营造健康快乐的人际关系，而一些小公司内部倒是冷酷自私，没有人情味。

领导者自己缺乏进取心。我在这本书里首先提出的观点之一是当领导者自己在进步时，公司员工也会跟着进步。问题在于，如果领导者自己在人际关系和事业方面不够成熟时，指望整个公司发展得越来越好是不可能的。如果领导者只喜欢关注繁琐小事、党同伐异、拒绝变革、忽略上级指示等，他/她其实是在打击员工的工作情绪了。

正如我在第五章里所提到的，如果公司正常的运作方式是一件事要等领导者说 3 遍员工才会去做，那这个领导者就和公司一起陷进了具有极大杀伤力的内耗泥淖中。应该记住，员工在告诉你任何消息时也会随时告诉他/她的同事。消沉的士气以及领导者不成熟的工作习惯会很快在公司里蔓延开来。在这种恶性循环中，一切事情都会被拖延，从而使压力和摩擦更加恶化。

机构臃肿，严重超员

一个机构臃肿，严重超员的公司会出现效率低下、责任不清的现象。当工作界限重叠，管事的人太多而做事的人太少时，公司里的气氛势必变得紧张和猜疑。所有这些不稳定因素都会造成士气的低落。在机构臃肿的组织里，那些觉得自己已经负荷超重，还在替别人做事的人会对上司心怀怨恨而上面那些“肥猫”却无所事事。在人员超额的情况下，“撞车”现象屡屡发生，让人无所适从。最终，那些积极肯干的人会占据主动，其他人则避让一旁。不用多久，就会出现少数人做多数人工作的现象，倦意和敌意也由此产生。

聘用不当

我前面也谈到过，及时发现个人和组织彼此不搭配因而不能正确高效行事有多重要。当一个人最终发现自己不适合这份工作，或者反过来，这份工作不适合他/她时，领导者需要采取行动来纠正这种情形，如果希望士气不因此受影响的话。前面谈到的航空公司至少还知道把飞行员和乘务人员分别安置在与乘客隔离的驾驶舱和厨房里。

糟糕的工作环境

如果任由士气破坏者产生或长期存在下去，就势必使工作氛围变得糟糕。当你回过头去检查公司的工作环境时，你应该能判断出公司里的气氛是否有助于员工培养积极良好的情绪。工作场所的氛围会不断影响到一个人的心理状况。

不以人为本的管理方式

确保健康昂扬的工作氛围的一个最好办法就是把人力资源管理放在第一位，或者说以人为本。在一个公司里，如果目标和成就被提到比人更高的地位，员工们没有归属感就不奇怪了。如果人的重要性被排在最末一位，这个公司是谈不上有什么士气的。

缺乏信息反馈

表扬，而不是批评员工的表现，是一种有效的与员工进行沟通和对话的方式。来自员工个人的、有水准的反馈是员工对自己在公司里的重要性的一种确认。

培训不当

为了显示培训和持续教育在公司里的重要性，很多公司经常会公开表示对这类活动的需要。以我的经验看来，这些把培训和持续教育提升到公司业务的正确位置上以显示其重要性的公司其实认识到在这方面进行投资将会有巨大的回报。那种认为在培训上进行投资是让钱打水漂的旧观念才真会让公司的钱打了水漂，而相关人员还意识不到呢。

遗憾的是，大多数公司仍把培训和岗位学习放在一个可有可无的位置。他们不知道的是，培训和岗位学习至少能把公司的希望、梦想以及抱负传达给公司里的每个人。培训和岗位学习是在公司里产生整合效应的最好工具。想想吧，你的竞争者在提供培训和岗位学习方面是否比你做得更好、更持续呢？

有效利用提高士气的 10 大要素

如何提高公司员工的士气取决于领导者的个人情况以及公司所面对的具体挑战。任何两家公司提高士气的方法都不尽相同。不过，仍有一些基本的、无关公司特点和业务的原则是具有普遍适用性的。这 10 大提高士气的要素就像自然界的原色一样，你可以凭借它们调出万千其他颜色。这 10 大要素是：

1. 保持工作的趣味性
2. 平等对待员工
3. 下放权力和责任
4. 欢迎新点子
5. 鼓励成就感
6. 认可员工的努力
7. 提供公平合理的物质补偿
8. 支持个人发展
9. 加强凝聚力
10. 提供机会

保持工作的趣味性

有些工作本身就很有趣，而其他一些工作则只是对公司的整体利益非常重要而已。优秀的领导者很了解什么工作是平凡的，什么工作是乏味的。领导者为什么要清楚这一点呢？因为员工的士气受很多因素影响，即使最单调乏味的工作对公司的整体发展也可能非常重要。

作为一个前超音速飞机试飞员，而现在经常搭乘飞机的人来说，我很敬佩并感谢那些认真给飞机钉铆钉的人。你有没有注意过一架大型喷气式飞机上有多少个铆钉？在工厂里整天钉钉子肯定是件很单调乏味的事。然而，如果钉子钉得不好以致飞机上的某个部件掉下来，肯定会有不少人遭殃，包括这架飞机的制造商。

这个例子听起来有点怪怪的，除非你现在是在飞机上读这本书。只要你在空中飞行了几英里，你就会明白，即使是像钉铆钉这样最没意思的事，也是非常重要的。相比较而言，驾驶飞机的确更有趣，但不是谁都能驾驶飞机的。所以，为了全局利益，领导者应尽可能地把铆钉工以及其他从事平凡工作的人考虑进来。但是，该如何做到这一点呢？

- 向每个团队成员征求意见，以寻找提高工作效率和更好地控制质量的办法。换言之，人人有份。
- 及时向各个级别的人做出反馈，以便他们了解自己对公司整体发展所做的贡献。
- 尽可能经常、合理地轮换一些单调的工作，不过不能因此损失必要的特别培训和专门技能所带来的益处。
- 保持目前行之有效的提高士气的方法，比如认可员工的成就以及鼓励个人发展等，让员工知道你是多么真心地看重他们。
- 如果一项乏味或平凡的工作对公司的发展来说的确没必要或不重要，撤销它好了。

欢迎新点子

有些员工带着自己的点子去见经理时，所受到的待遇会让你以为他们是要建议把工厂给点着了。如果领导者的个性不够成熟和自信的话，他/她可能真会被员工的新点子吓住——不一定是被新点子本身，而是被新点子可能给公司带来的变化吓住。“过滤器”们非常善于拦截新点子，而不是把它们向上反映。这种情况如果太经常发生的话，人们将不再愿意讲出自己的想法。而如果一个人觉得受压抑，他/她会丧失创造力和责任感。领导者也不能只是接纳新点子，还应该积极地鼓励和引导创新。一个公司如果没有新点子不断输入的话，它就像无源之水，终将消亡。

鼓励成就感

成就感是人性的根本。当我们还是蹒跚学步的婴儿时，我们就想要体验那种我们所做之事是有意义的，从某种程度上来说是对这个世界有贡献的感觉。毋庸置疑，当人们知道他们的努力会带来好的结果，哪怕只是很小一部分，他们也会更加努力地工作。对成就感的需要是永远不会停止的。如果每个公司成员都觉得自己有所成就，自己正在合适合意的位置上，那这个公司的士气肯定很高。

认可员工的努力

认可员工的努力，其重要性正如在聘任和留用员工时认可他们的才能和给予他们积极的反馈一样。如果没有某种形式上的认可，要保持个人的成就感是很困难的，尤其是从长远的角度来看。领导者有时会把员工希望自己的努力得到认可的期望误以为他/她是在炫耀自己的功劳。作为领导者，我们应该承认员工希望自己为成功所做的贡献得到认可这一正常心态。认可员工的努力是肯定他们所做之事是重要的、有用的，并不等于说他们一定就是好人。

拿破仑曾说，如果他有足够的勋章颁发给他的士兵，他就能打赢任何一场战争。他的意思不是说他的士兵都是些自恋狂，而是说个体对整体的成就和目标所做的贡献一定要被承认。当人们知道自己的努力会被认可时，他们会更用心，会把工作做得更好，士气也会随之提高。要记住，高士气和高效率是相伴相行的。

我的一个客户很懂得如何激励销售人员。他的这些巧妙办法或许不适用于电脑程序员，但电脑程序员也有他/她自己的热键，你所要做的是去找到并使用它。销售人员都是喜欢被认可的。我的这位客户有一个巨大的剪贴板，贴满了公司每位销售员的照片。不是一些人，也不只是那些有过特别贡献的人——而是每个人。那些做出了特别贡献的销售员的照片则会每个月都贴在窗口上，好让路过的人都能看见。这种认可的效果是很明显的。其他人的剪贴照则不会保留在办公室里，而是让他们带回家。这样，当他/她们的配偶看见这些剪贴照在地下室、车库或柜子里落满灰尘，而不是被带去办公室里挂起来时，就会问他/她们怎么回事了。

领导者可以尽早认可新销售员的努力，甚至在他/她有所成就以前。让新职员向同事通报他/她所学到的业务知识以及了解到的公司状况，这也是在肯定他/她的工作。还可以鼓励新职员随时在方便的时候和同事交流、向同事学习。在3个月的时候做一次内部讲演是一个很好、很合理的工作目标。

平等对待员工

平等待人与我前面谈到的一致性原则和公司纪律有关。只要公司的规章制度在设定时是合理的，在执行时是公平的，我不认为人们会反感这样的制度。只有当规章制度是不必要的、不恰当的、繁琐的以及/或有着双重执行标准时，它才会变得具有争议性和分裂性。

公平作为一种生活原则在我们小时候就形成了，并且一直伴随着我们。如果你有不止一个孩子，你可能会对孩子们希望得到公正平等对待的要求有较深刻的感受。对员工来说，只要让他们了解到，公司制度是必需的，更重要的是，同样也被每位董事会成员所遵守时，他们是可以接受并遵守任何这样的规章制度的。任何形式和场合下的偏心都会引起怨愤和影响士气。

下放权力和责任

正如一个人会因取得成就和得到认可而感到振奋一样，他/她同样也会因被分派任务而受到鼓舞。责任的分派应以有关人员的能力为基础，了解这一点很重要。分派给员工太重或太多的责任并不能鼓舞他/她的工作情绪。而只要运用得当，责任会成为成就和认知的催化剂。如果说责任是起始的话，认知就是结束。

提供公平合理的物质补偿

从物质补偿上可以看出领导者是否真心诚意地认可员工的工作并公正、平等地对待他们。虽然研究表明，认知和工作环境对员工来说比物质补偿更关键，但后者仍是很重要的一个指标。物质补偿的合理程度根据地理区域、工作种类、行业性质、员工受训水平等因素而不同。不过，底线是物质补偿、福利及奖金等制度要么准确地反映出领导者已有的与员工之间的关系，要么就是不合理的、误导的。

20 世纪 90 年代，很多公司，尤其是高科技公司，付给新职员的薪水甚至高过有经验的老员工的做法，让我们很多人都感到惊讶。当我第一次听说这种情况时，我的第一反应是“这不可能是真的”。但这种做法却比较普遍存在。高科技公司的管理层和人力资源经理们并不觉得这样做有何不妥。我在这里提到这个问题是有原因的。网络泡沫的灰飞烟灭与公司管理层的不智做法有很大关系。如果他们对公正平等的酬劳的理解是正确的话，那我就不禁要担心公司的其他管理者在把投资者数以千万计的资金打水漂了。

支持个人发展

自我发展并不是成功人士和成功企业一项可有可无的选择。它是一个人和一项事物萎缩的反面。当一块肌肉很久不用时，它就不能继续保持以前的良好状态。所以，萎缩是可能的。同样的道理，如果一个人不能进步和成熟，他/她就会退步。我们开始忘记我们所学的东西，并开始退回到一些不好的旧习惯中去。对公司成员的个人发展进行投资就是对公司的士气和效率进行投资——最终使你成为一个成功的领导者。

加强凝聚力

很多人总是努力把自己和他人隔离开来。我并不是个心理学家，但我确信你不会想让自己的员工同这样的人打交道。人都是社会性的，都有很强的群体观念。执意离群索居是有问题的。归属感是人的自然天性。无论是作为一个单独的个体，还是作为一个期望有所建树的组织成员，我们都渴望有人相伴而行。这种归属感不仅能提高组织的士气，而且可以创造整合效应。

物以类聚，人以群分。忙着写程序的软件设计师与精于测量计算的工程师、善于与人交往的销售员是不同的。当你在组织里倡导归属感时，不要忘了每个成员的舒适度和兴趣爱好是不同的。你需要了解每个组织成员参与集体事务和活动的舒适程度，然后尽最大可能确保他们有劲往一处使。帮助他们互相鼓励也是领导者的一个重要任务。

提供机会

机会是一种怀着希望为明天奋斗的可能性。当人们觉得自己怎么做都不会有好去向，怎么做都不会有什么成就时，他们的状况就会变得糟糕起来。尽管不为很多人所知，我们早期有不少宇航员，特别是那些取得了重大成就的宇航员，都曾经历了情绪上强烈的失落感，因为他们觉得不再有什么机会留给他们了。年青一代的宇航员正在崛起，而被取而代之的老一代宇航员将再不能达到他们以前乐在其中的挑战感、成就感以及公众认知等。当前面看不到什么机会时，员工的士气就会逐渐减少直至完全消失。

总体而言

上述所有因素的共同作用将在公司产生高昂的士气。但如果你认为士气的这些影响因素的分量都一样重，或者对每个人的意义完全一样，那你就错了。不过，如果你的组织拥有越多这样的因素并且它们的分量越重，你们的士气就会越高，效率也会越高。

学习的5个阶段

亚伯拉罕·马斯洛（Abraham Maslow）认为学习有4个阶段。我把它们从高到低依次列在下面，另外还加了一个阶段。你或许更愿意称之为“阶梯式学习过程”。我之所以选择个人发展作为影响士气的最重要因素，是因为不管我们想什么、说什么或者做什么，个人发展都是一个最主要的因素。

这5个学习阶段是：

第五阶段——有意识的无意识正确（这一条是我加的）
第四阶段——无意识的正确
第三阶段——有意识的正确
第二阶段——有意识的错误
第一阶段——无意识的错误

第一阶段 在这一阶段，当事人会把事情搞错，并且还意识不到。

第二阶段 当老迪基在奥瑞·海弗的铁匠铺里拿起那块烧红的铁马掌时，他犯的就是有意识的错误。在那一刻，他的思维一点儿也不混乱，对自己的错误也很清楚。在另外的时候，当一个人说“啊哈，一定有更好的办法来做这件事”时，他/她就是处在第二阶段了。

第三阶段 你虽然把事情做对了，但你是很努力集中精力才做到这一点的，这说明你正处在“有意识的正确”这一阶段。这是最令人兴奋的一个阶段，因为一个全神贯注于工作的人要么是刚刚学会把工作做好，要么就是太中意这份工作，以致不想去做别的。做一件自己以前不会做的事情是很让人兴奋的。

第四阶段　不假思索就能把事情做对，这就是无意识的正确了。“无意识的正确”将成为你个人的自动导航系统。但它也可能是很危险的。当工作不再具有挑战性时，自满和无聊的感觉就开始产生，工作质量也随之滑坡。你可能会想换个更有挑战性的工作。其实你可以通过理顺以前没有做好的事情来增加工作的挑战性。如果你在别的公司仍然做同样的事情，到头来你还是会觉得无聊，还要不停地换工作。当你意识到自己处在“无意识的正确”这个阶段时，你可以再往前迈一步，使自己提高到我所添加的第五阶段。无聊和缺乏挑战是很多人工作上的烦恼。第四阶段是组织中人员流动最高的时候，因为这时人们已经越来越不能从工作中得到激励了。

第五阶段　意识到自己正处在“无意识正确状态”说明很多问题。比如，这让你意识到自己正处在一个十字路口，需要做出选择。你需要对自己个人的进步和发展负责，对此你感到兴奋。而第一步要做的就是确定自己最需要提高的地方。当你确定了自己需要提高的地方，并通过努力使之得到提高时，你就使自己再次经历了学习的第三层。当你再一次经历到“有意识的正确”这个阶段时，你也会随之经历那种与之相伴的兴奋感。在工作中尝试新事务是一件非常让人兴奋的事，不管你实际处在什么阶段。

把学习的阶段性应用到工作中

了解所有这些与自己有关的东西很重要，但懂得如果把它和团队成员联系起来就很宝贵了。当你能无意识地正确使用你的新技巧时，你可以挑战自己去提高自己以前一贯薄弱的地方。如果你需要这样一个可以提高自己并进而体验新事物、新方式的痛快感觉的名单的话，你可以重新参考本书，从一个优秀领导者的特质开始，仔细研究每一因素，直至员工士气的影响因素。你肯定有些地方是可以提高的，而不断提高自己会使你和组织都充满活力。

为了降低人员流动率，特别是在学习的第四阶段，以及提高员工的工作效率，你应该为他们的学习进程提供意见和建议。学习、提高和成长是培训和再教育的主要功能。如果你所提供的培训和再教育计划很枯燥无趣，不会给组织带来什么变化，我敢保证你的员工在个人发展方面也不会有什么提高。人们只有在学到新东西时才会感到兴奋。或许你可以在墙上贴上这样一个标语：

我今天试过什么新方法吗？

我们学到的东西越多，就会发现自己不懂的地方越多。结果我们会发现一个神奇的世界。而另一方面，谚语有云："无知是危险的。"所以，要不断学习！作为组织的发展模式之一，领导者应该对他们自己的个人发展也进行投资，这很重要。不要让组织里的任何人做任何你不希望做的投资。高处不胜寒，从某种意义上来说，这是有些道理的。不过，不应该在高处感到孤独，而应感到兴奋。

让你的顶尖成就者感到满意

以下是我在顶尖成就者身上发现的3个特征：

1. 自我充实
2. 乐于解决问题
3. 乐于寻找新的更好的方法完成工作

在建立成就和寻找挑战方面，顶尖成就者并不是特别有耐心的人。所以你需要依据一些基本规则来为他们提供尽可能合适的环境：

- 为他们提供进步和发展的空间。当你在员工身上发现不同的能力和抱负时，不要置之不理。应该通过提供培训和再教育，比如研讨会、专题授课以及技术讲座等，来支持员工对个人和职业发展的需求，只要这样做的结果是使他们得到提高，进而帮助组织更好地实现自己的目标。

- 在实施一项重大变革以前，和每个重要员工私下进行沟通。尽可能让他们参与讨论。他们的支持和参与会给你的计划带来决定性的影响。
- 顶尖成就者就好比纯种赛马，是很喜欢比赛的。他们喜欢超越自己的极限，享受战胜挑战所带来的快感。要确保为他们提供机会，否则他们会感到无聊。当他们习惯了旧体制，开始感到太过舒适时，应该帮助他们在组织里发现新机会。帮助他们承担尽可能多的责任而又不至于降低他们的工作效率。参与有创意的项目是一项对几乎每个人都具有激励和更新效应的办法。
- 不要单纯依靠提高工资或增加奖金的办法来激励顶尖成就者。金钱的确重要；但称赞、认可以及融洽的人际关系等同样也是重要的驱动力。
- 最关键的是，要让顶尖成就者总感到挑战的存在。出色的领导者知道，激励一个人就像烧一个炉灶一样，需要不断往里面添柴加炭。而对不同的人来说，他们所需的柴炭种类是不同的。作为领导者，你应该了解你的员工需要何种柴炭，并确保供应充足。

9种切实有效提高员工士气的办法

在认识到每个员工都会有自己的私人事务，并且会对员工的工作情绪造成影响后，出色的领导者会尽可能详细地了解每个员工的具体情况。影响士气的因素有正面的，也有负面的。领导者的任务是尽可能增加正面因素的影响而减少负面因素的影响。这些或正面或负面的影响因素包括：

1. 家庭

2. 培训
3. 经济状况
4. 来自同伴的压力
5. 客户关系
6. 集体荣誉感
7. 善意竞争
8. 会议
9. 个人辅导

家庭：把目标带到家里

家庭的影响力是很重大的，而这种影响力可能是正面的也可能是负面的。你的员工每天早晨离开，然后晚上回去的那个家对你努力要达成的目标来说，可能是一个推动器，但也可能是一个制动器。如果员工的家人看到他们关爱的人下班回家后筋疲力尽、灰心失望或者脾气暴躁，他/她很可能会劝后者离开这家公司，另找更合适的地方。曾有一家公司意识到新来的佣金制销售人员们可能会在家里碰到一些压力，因为在兑现佣金上的延迟，尤其是刚开始的时候。

对佣金支付上的延迟感到抵触或许并不是最困扰组织的一个问题。但是，你或许可以从把员工家庭带入组织的美好远景这一努力中获益：邀请员工的家人加入组织这个更大的家庭，让他们熟悉组织的运作，并了解有个家人在这个组织工作可以给家里带来的好处。

这不仅是新员工培训时很重要的一项，而且对员工此后的事业也都很重要。另外，可以在培训新员工时让他们带一些录像带回家，并留一些第二天要解答的作业（这样可以保证他们回家一定会看录像带）；这样，当员工与家人一起观看录像带时，组织的蓝图和优势就被传播到员工家里了。把员工的家人当作团队成员来对待，是对员工工作的一种积极的支持和鼓励。

得到员工家人的尊敬，对你和组织来说是一笔宝贵财富。

培训：脚踏实地、春种秋收

组织对员工提供的上岗及在职培训会对士气产生影响。应该确保员工得到适当的培训。我们每个人都在不断学习知识，所以在培训上投资就是在一项对组织最有益处的事务上进行投资。你所提供的上岗及在职培训的相关性以及对其益处的宣传，将帮助你的员工保持高昂的士气。

经济状况：以平常心相待

虽然全国和全球经济状况不在你的掌控之中，至少你可以帮助你的员工认识到经济状况的变化将如何影响到他们的工作和家庭。你还可以引导你的团队成员在经济状况严峻时如何销售以及如何计划和管理他们自己的经济资源，以此帮助他们渡过困难时期。许多人觉得必须不断赚更多的钱，其实他们更需要的是如何有效地管理好他们现有的资金。这方面的信息可以帮助他们更好地生活；相应地，也可以帮助他们更好地工作。

来自同伴的压力：建设性地利用同伴关系

不要天真地以为来自同伴的压力都被留在学校里了。同伴的压力是一项持续而深远的影响组织士气的因素，可能是正面的，也可能是负面的。关于这一压力因素我必须要指出的是，一个出色的领导者必须要有一套灵敏的雷达系统，可以探测工作区域里的一切动静；既能接收到正面的赞许，也能接收到负面的批评。

当听到两个或以上的员工在夸赞一件事时，领导者应尽可能当场给予肯定，以通过强化正面评价来鼓舞员工的工作情绪。而当听到团队成员在抱怨某件事情时，领导者也应迅速到场，并对这些带有负面情绪的员工说："听起来你们有些麻烦。到我的办公室来吧，把你们的麻烦告诉我，这样咱们就不会影响其他同事了。"当员工第三次受邀去你的办公室解释事情有多糟糕时，他们可能就会明白，向同伴抱怨可能意味着要去经理的办公室。你可能需要参考第五章，我在那一章里给出了一些如何在办公室里进行这种讨论的要点。

客户关系

客户/顾客会对组织士气造成影响。建立一种积极有效的与客户交往的机制，以便从某种程度上影响他们将对团队成员造成的影响，是一种很聪明的办法。我想起曾有一个公司意识到员工与客户关系的重要性，并试图使这一问题首先在接待室里（他们不把它叫“等候室”）得到解决。他们把接待室布置得像客厅一样温馨舒适，有咖啡和最新的杂志、报纸等，客人们还可以和部门经理随意聊天，谈他们的需求以及为什么会选择这家公司。当客人们受到这种个人化的服务时，许多非常有用的信息就被发掘出来了。这种氛围会扩散到整个办公区，结果会产生良好的工作关系，并进而提高工作士气。

集体荣誉感：好好利用它

集体荣誉感对团队士气非常重要。在我的管理事业早期几乎被我毁掉的办公室里，后来摆满了我们团队一起获得的各种奖牌和奖杯。我提到这一点有个很重要的原因，因为我认识到，当我在我的办公室里向一个新同事介绍工作情况时，他/她其实是在接受一次重要的工作介绍。看到办公室里那些奖牌和奖杯，这个新同事会得到一个清晰的信息：这个组织是认可成绩的。我们作为一个团队所获得的成功是一个无声但却有力的见证。我在第三章里介绍的“荣誉簿”就是一个很棒的无声见证的形式。

善意竞争：利用它来建造团队精神

竞争是一种很有趣的将每个成员的焦点集中在组织目标上的方法。竞争在销售公司里很普遍，但它同样存在许多其他形式的组织里。如果说用尽可能短的时间，出尽可能少的错来完成一项设计是很重要的，那么对这一成就进行奖励可能会让所有人的努力保持同一方向。如果创造力和新点子是必需的（在很多场合都是），竞争就会有助于激发这些努力。

无论你们从事什么样的工作，应该努力让它变得有趣，有回报，并且有即时的认可——比如奖励——和长期的收益。我自己花了很长时间才认识到，如果你一直大声呼吁某件你觉得需要引起注意的事情，你很可能会被授权来处理这件事。我们公司就是这么让大家来竞赛的。一旦我抱怨某件事，我马上就会被要求想出办法来让大家比赛解决此事。

考克斯竞赛规则

下面是我们凭以开展许多次成功竞赛的考克斯竞赛规则：

1. 设立一个反映组织目标和方向的主题。给这次预期的成功起一个好名字。
2. 竞赛应该涵盖至少60%的中间员工。为数20%的顶尖员工不需要额外激励也会干劲冲天；而占另外20%的底层员工则需要你特别的努力才会有积极起来，你的工作效率可能因此受到影响。
3. 竞赛的时间长度应该与追求的目标统一起来。重要的是，竞赛宁可短，不要过长，以免失去竞赛目标。销售竞赛的长度一般以30～45天为好。如果你需要开展一个较长的竞赛，最好在竞赛说明书中作出解释。一个人的兴趣不可能永远存在。
4. 竞赛规则尽可能简单。每个人都应该收到一份打印出来的竞赛规则以及奖品名单。为了让员工的家人也参与进来，可以将这些资料寄到员工家里。还可以把竞赛规则刊登在公司剪报和网页上，并分发给办公室里每个人。

5. 确保奖品值得人们去争取。
6. 可以根据以往的成绩适当地设立障碍机制，以保证竞赛对所有人的公平性。
7. 竞赛目标应该是不易达到，但又不是不可能实现的。换句话说，员工不付出额外努力是不能达到目标的。
8. 应该设立多名优胜者；例如，从第五名到第一名，以奖励大家。如果只有一名优胜者，并且这人早早就获胜了，那其他人就不再会有兴趣了。如果是团队性的竞赛，那么整个团队应该平分奖品。
9. 给每个优胜者选择奖品的机会，这种个人化的方式可以激发更多的积极性。比如，第一名可以选择这个或这个，第二名可以选择那个或那个等。用金钱作为奖品时要更小心了，不要在竞赛结束后反而对员工士气造成负面影响。颁发旅行奖券的方式相对来说更好一些。
10. 给每个人机会使他/她的努力得到认可，即使他/她没有得到大奖。
11. 要带着热情来开展竞赛。如果领导者本人对竞赛都没有兴趣，更不用指望员工会有兴趣了。
12. 应该自始至终对竞赛抱着积极态度，而不只是在开始的时候。要让员工觉得竞赛是他们目前生活中最重要的事情。
13. 及时提供最新的竞赛进程报告，以便大家了解竞赛开展的情况。如果团队的成员分散在不同的地方，可以用电子邮件来通报竞赛进程。
14. 可以在竞赛中及结束后印发宣传册，公布优胜者的名字。这样做的效果很好，尤其当某个不被看好的人获胜的时候。
15. 按照最初承诺的条件来宣布优胜者，应尽可能等到竞赛结束时公布优胜者。否则，效果会减弱。
16. 给优胜者和他/她的奖品或他/她在旅游时拍照，以便用于下一次竞赛宣传。

17. 把以往的竞赛，包括规则、参加者、结果以及竞赛如何达成预期目标等都整理归档，便于今后开展新竞赛时参考。根据自己的记忆记录下有效的和不够有效的措施。竞赛一结束就迅速做出自己的总结和评价并归档。
18. 规模较大的竞赛最好不要一年超过两次。你不会想给你的员工造成这样一种概念：组织里的每件事都是为了获奖。积极友善的工作氛围本身是对每个组织成员持续而有效的奖励。

会议：善用它来提高士气

即便你的公司不经常开展竞赛，也可能会定期召开会议。会议召开的情形是影响士气的另一个重要因素。越是定期的例会，就越要注意让它们发挥积极有效的作用。

下面这些技巧有助于提高会议安排的效率。可以用一个活页夹或特别的电脑文件来做会议安排记录。这些技巧包括：

- 对未来的期望和信心来自许多不同的渠道。你可以从报纸和杂志上收集一些资讯。这种方法在媒体开始谈论“即将来临的经济不景气”时尤其有效。当经济真的变得不景气时，如果你能召开两三次战略会议帮助大家渡过难关，这对你的员工来说会具有雪中送炭的效果。
- 个人经历有助于帮助解释和实现你为组织设立的目标。
- 应该在会议计划和/或文件中列出容易吸引注意力的事物。有一次，我在会议桌上放了一个卷心菜（Cabbage）来说明我如何帮助销售人员多创造利润。不出所料，与会者马上把卷心菜和钱联系起来。实际上，CABBAGE 只是一些短语的首字母组合：完成一单业务（Close A Buyer），积极进取（Be Aggressive），温柔而热情（Gentle

and Enthusiastic)。这个办法成功地让他们把注意力放在我的讲话上，并且认真去思索。在讲授电话销售技巧时另一个很有效的吸引注意力的办法是把一张1元、10元或100元的纸钞和一个包好的电话机一起放在桌上，这使得电话在销售中的重要性一目了然。

- 为了保持会议的有趣性，会议地点应该根据会议内容的不同而适当变化。应该尽量使会议主题和周遭环境保持一致。我知道有一位销售经理差不多每隔一段时间就邀请团队成员到他家里聚会一次——那是一个在高尔夫球场旁边、非常舒适惬意的家。这样的聚会也让他的团队成员们了解到他们头儿的生活原则——过高质量的生活。
- 应该准备一份除你自己以外的其他讲演者的名单；这样既可以给会议带来一些新意，也可以提醒你届时谁能到场讲话。
- 每次会议的内容应该整理好归档，这样你会清楚地知道每次会议的内容以及实现的结果。一份清晰的会议记录可以帮助你迅速了解团队是在进步，还是在原地踏步。如果是后者，那就需要进行调整了。

有了一份会议计划书后，你就可以相应地作出会议安排了：

1. 选择会议主题，可以是一个关键词，一项挑战，也可以是一种趣味游戏。
2. 给出支持这一会议主题的论点，相应地准备讨论提纲。
3. 给出支持每个论点的论据：听众该如何利用这些信息，为什么这些信息是有用的等。如果可能的话，尽可能使用视听工具或个人经历。
4. 准备3~4个关键问题；问题的答案应该反映你所选择的会议主题。提问是一种打破坚冰、开始会议的有效方式。提问也有助于与会者在会议结束时把接收到的信息有效地组织起来。应该很好地利用提问这一工具。
5. 选择吸引注意力的办法。

6. 准备视听辅助工具。

一个45分钟的会议，领导者应该在一周前花2～3小时做准备，而不能等到头天晚上。会议当天领导者应提前一小时到达。会议室里椅子的摆放应该要最有助于吸引听众的注意力；其他东西的摆放也要为着这一目的，例如投影仪、分发的资料、视听工具、名卡等。提前准备好咖啡及点心，以确保会议能准时开始。在人们开始入场就坐时可以播放音乐以活跃气氛。当人们都落座后，会议就可以开始了：

- 不一定要以笑话作为开场白。可惜的是，太多人习惯这样做，以致效果适得其反。其实顺其自然就可以了，把笑话留给专业喜剧演员好了。你可以用自己的吸引观众注意力的办法，也可以用提问的方式来开始会议。
- 要和听众对话，而不只是对他们讲话。一次好的会议应该是讨论的形式，而不是授课的形式。
- 要预料到预料之外的事。每次会议上总会出现一些分散听众注意力的事。而吸引听众注意力的最好办法就是绕开这些干扰，使会场安静下来；而不是针对这些干扰，让会场更嘈杂。
- 会议进行当中要放松自己；这样会使自己显得更自信，更有亲和力。
- 闭会辞应该简洁有力，并对与会者表示感谢。我曾听过这样的结束语："我们一定能做到的。我们有一个很棒的团队。我喜欢和你们大家一起工作，让我驾轻就熟。现在，让我们一起干出些成绩来。"

为了尽可能保证你主持的会议富有成效，可以在每次会议后作出总结。不妨将每次会议进行录音，以便日后可以再听。听完后回答下列问题：

1. 我真的有所准备吗？

2. 会议是准时开始的吗?
3. 人们回答问题是否轻松主动?
4. 会议是按程序进行的吗?
5. 我没有长篇大论或灌输大道理吧?
6. 我是不是有效地控制着会议的进行?
7. 干扰是否得到妥善的解决，而不是扩大?
8. 我一直有激发听众的兴趣吗?
9. 我是否充分利用了视听工具?
10. 重点部分是否都讲到了?
11. 听众的每个问题我都清楚地解答了吗?
12. 大多数听众看起来都还喜欢这次会议吗?
13. 我有没有提一些问题让听众去思考?
14. 会议是准时结束的吗?
15. 我自己有没有从会议中学到东西? 如果有，是什么?

个人辅导：善用它来教育并激励员工

个人辅导是一项最不被注意但却最强有力的、领导者可以借以教育并激励员工的有效工具；它也是领导者积极应对变化的一个重要机会。人们期待有所变化是因为：

1. 他们对现状感到不满意。当这种不满意的感觉达到一定程度时，人们通常会想采取一些行动使事情得到改善。
2. 他们对现状感到厌烦，希望有些变化。
3. 他们发现事情可以有所改变，对此感到兴奋。

许多经理不能很好地处理“变化”这个问题，以至在最后关头失去大好机会。当公司出现积极的变化并且带动了士气和效率的提高时，不要满足地说：“感谢上帝!”然后继续做别的事。当新事情、好事情发生时，你应该借此机会祝贺整个团队，然后鼓励大家迎接下一个挑战，再下一个，这样不断地进行下去。人们总是对自身的进步感到兴奋，而领导者则应该不断提升员工的这种兴奋感。

一对一的个人谈话

个人辅导是一种极为有效的培训和激励员工的方法。以下是一些关于个人辅导的建议：

找出切实有效的办法。或许你注意到某个员工总是不能安排好自己的时间。在该员工来向你进行咨询以前，先列出一些你想到的他/她可以更好地利用时间的办法。

从积极的角度开始谈话。在该员工走进你的办公室后，先把你的笔记放在一边，把办公室的门关好，然后衷心对他/她自上次会谈到现在所取得的成绩表示祝贺。赞扬他/她的成就，而且只谈进步，不做任何横向比较。

理解对方的处境。和对方谈及他们为什么要努力工作，讨论他/她的目标。他/她的计划是什么？如果他/她的儿子或女儿几年内要上大学，这段时间内他/她就需要计划一些事情了。然后可以把他/她的目标分解成更小、更容易理解的部分。比如，供儿子或女儿上大学需要多少积蓄？将目标进行细分可以让对方知道你是了解他/她的处境的。

指出需要提高的地方。如果你已经让对方知道你明白他/她的境况，并且帮助他/她树立完成既定目标的信心，你就可以向他/她指出他/她需要提高的地方。记住，要针对事，而不要针对人。你的目的是把门打开来讨论这个人的进步，而不是把门关上来批评这个人的不足。告诉对方你有一些建议，可以帮助他/她更快更好地实现他/她的目标。可以利用他/她自己的长处来做到这一点（可以参考第三章），因为你已经替他/她仔细分析过。应该设身处地为对方着想，替他/她安排时间，而不要简单地告诉对方他/她没有很好地利用时间；否则，他/她的心灵之门不会向你敞开。

确保事情走在正轨上。在谈话开始以后，应该遵循以下规则以确保谈话顺利进行：

1. 开门见山
2. 提出你认为应该改善的问题
3. 倾听对方如何看待这一问题
4. 就目标问题达成一致
5. 解释你想如何解决问题
6. 让对方总结问题和提出解决方案
7. 商定好下一次会谈时间以跟进该问题
8. 商定好下一次一对一谈话的时间

第七项并不是下一次的每月一对一谈话时间，更多地是一种“问题解决得如何”的了解。跟进所谈论的问题是很重要的，原因有几方面：首先，你需要知道事情是否有所改善，越早知道越好。其次，如果没有改善，该员工需要得到你的反馈；而如果有改善，他/她则需要得到你的赞扬。可以商定谈话一周后的某个时间跟进，并且应说到做到。想像一下，如果员工取得了进步，只等着在跟进时间来庆祝，而你的秘书告诉他/她情况有变，需要重新预约时间时，他/她会有多失望啊。领导者应该尽一切努力支持他/她的下属取得进步，特别是在下属有所请求的时候。

循环往复/监督执行。最后，在结束谈话前重提对方的目标以回应谈话的主题。可以提请对方注意，此次谈话的内容将如何促进他/她实现自己的目标；这样可以使你此后的监督和跟进变得顺理成章。一旦对方了解到领导的重要性，而你又注意到一些旧有的坏习惯有可能威胁员工的进步，你可以问他/她是否需要你的帮助。在这种情况下，对方无疑也希望你提供帮助，这样就为以后的监督打开了方便之门。

如果有人要辞职

如果你在管理职业生涯中一直有良好表现，那也就不应忽略人事去留上的领导艺术。我敢肯定很多人看到这里时会觉得我的这些理论像一出通俗喜剧，缺乏专业性。有些人甚至还会觉得有些操纵的意味。我好像听见他们在说："这样做不值得。如果他们真的想走，谁又会愿意雇他们呢?"或是："这太荒唐了。这些方法在我的公司根本不适用。"我要告诉这些人的是，一个领导者必须对他/她所任职的公司以及他/她所从事的工作的价值抱有信心。

下面我将要谈到的这套方法非常成功，我已经成功地运用了无数次。每次甚至对方已经走出门外，我都能让他/她回转身来。有些人必须要给他们加把劲，好帮助他们战胜天生的失败感；而当他们再度转身朝门口走去时，他们已经洗心革面，好似获得了新生。我的一些最优秀、表现最出色的销售明星都曾使用过我的这个方法，并且在公司里获得了巨大的成功。

90 天"我想辞职"综合症

应付职员辞职的技巧是领导艺术之一，而且在挽留员工时比解聘他们时更见功夫。需要说明的是，这里的员工特指销售人员。不过，这些原则同样适用于各种不同组织里的几乎所有职员。近期的一项调查验证了我几年前提出的 90 天"我想辞职"综合症。原因或许不尽相同，但不少员工加入公司后会从大约 3 个月开始，逐渐对工作前景失去信心，看不到任何希望。

用"正面肯定法"来挽留职员

如果你担任领导的时间够长，那你碰到过员工走进你的办公室，向你宣布辞职的情况。他们通常都是一些极为出色的、你不愿失去的员工。当你听到他们对你说"能给我几分钟吗"的时候，你开始出汗了；除非你已有对策，比如下面这个例子。

出乎意料法

一走进到办公室，这名职员就对你说："我不知道该怎么对你说，但我不想再干了。"

这时候你应该回答说："祝贺你！欢迎归队！"这时他/她的嘴巴肯定会张得大大的，所以你知道你抓住他/她的注意力了。他/她肯定还以为你没听清楚，于是再告诉你一遍说他/她想离开公司。你可以对他/她说，你不仅第一次就听清了，而且你还等着这次谈话，因为你知道每个人在开始一份新工作3个月后都会有这种感觉。

你可以告诉他/她，他/她所经历的事对每一个有过类似处境的人来说都是一样的。你可以用公司里的其他人做例子——比如凯西——也有过类似的经历，但她坚持下来了，现在还做得非常不错。听到这样的例子后，这个本想辞职的人可能会明白并不只是他/她一个人有过这种困扰，然后他/她或许就想通了，就出去继续工作。不过，事情通常并不这么简单。

传送带法

在听了有着类似经历的人最终获得成功的例子后，你办公室里这个想辞职的职员可能还是想离开公司。这时你可以运用我称之为"传送带法"的原则。这个原则是说，每个人所做的工作都在进行当中，这些工作成果现在可能还不够明显，但只要稍微再耐心等待一段时间，它们就会显现出来。如果这个职员非常清楚这一点，但还是坚持要走，那你就得继续加码了。

拿出你的杀手锏

可以这样对这个职员说："那么我得安排其他人来接替你。你一直很努力工作，而现在他/她将要享受本来是你应得的回报。"

希望努力能获得回报和认可是人的天性。不过，如果这个职员无论如何还是坚持要走的话，那接下来该怎么办呢？

当其他办法都不管用时……

当其他所有办法都不管用时，你还是可以对这名职员说："篱笆那边的草的确要更绿一些，但也更难割一些。"你可以问他/她："你为什么认为第二次或第三次选择的工作会比第一次选择的工作更让你开心。"（要强调第一次）希望这名职员会意识到，哪儿的草都一样绿。当然，也许你碰到的是一个执意要走的职员。对他/她来说，篱笆那边的草是新的这个理由就足够了。这时你该怎么办?

带到团队里来讨论

可以请你的顶尖成就者来影响这个想离开公司的人。看着这名此刻站在你办公室里的职员，你可以对他/她说："我曾花了很长时间给你做辅导和咨询，希望你能帮我保护这些投资。请你再给我1个小时，不是90天，只是1个小时，跟凯西和我一起吃个中饭。"凯西曾经也动过辞职的念头，但她仔细考虑后，决定还是继续留下，现在她做得非常出色。

你和凯西达成的协议是，你请她吃午饭，而她需要和现在这个想辞职的人分享她曾有过的90天后"我想辞职"综合症经历。接下来的午饭时间对你来说将是非常难挨的，因为你必须闭口不言，除了吃饭。所有的事情你都安排好了，只等着凯西向这个打算辞职的人证明他/她在3个月后就离开公司是多么不明智。很明显，这个起意要走的人并没有全面考虑好这个问题，而同事的见证是很难忽略的。

提供假期，给予缓冲

如果在和凯西谈完以后，这名职员还是决定要走，你可以把他/她带回你的办公室，对他/她说："你前一阵子工作得很努力。这样吧，我先放你两天假，带家人去山区、河边、海边，或其他任何你们想去的地方好好放松一下，也好好想想自己下一步的打算。如果回来后你告诉我，离职仍是你最明智的选择，我们那时候再来办手续好了。"如果他/她真的一直努力工作，那这几天的休假对他/她来说会像天堂一样美好。

如果你看重你的员工，就让门永远敞开

如果这名职员休假回来后仍然决定要走，你会马上给他/她办离职手续吗？别急。可以先对他/她说："我当时聘用你是因为看到你身上的潜质，我相信这潜质现在还在。我希望你的新老板同样也看到了这些潜质；否则，你就是在浪费你事业中最宝贵的时间。所以，好好选择你下一份工作。别忘了有空回来看看，和我一起喝杯咖啡，我很想了解你此后的状况。如果事情不如你期望得那么好，你可以随时收拾东西回来，回到这个家里来。"是的，回家。可以很轻柔地说出这个词，但肯定会在他/她心中留下不轻的分量。

如果这些你都做得恰到好处，这名职员应该会感动得流泪，他/她甚至会觉得这个公司确实让人有种家的感觉。你最后要做的就是很遗憾地告诉你对面这个人，你现在必须出去告诉"家"里其他人，有一名家庭成员要离开大家了。如果这名 90 天"我要辞职"症候患者最终选择留下，那他/她可能永远不会想离开公司了。这种让人伤心伤神的过程不会有人愿意经历第二遍。

告别谈话：不只是说再见

在经历了上述漫长而伤神的挽留过程之后，对领导者来说最重要的是检查自己的工作，因为该员工的离意可能也代表其他员工的不满情绪。如果你所有的努力仍然没能留下这名员工，那你现在的精力应该放在告别谈话上，以便找出改进办法。因为即使该员工最后选择留下，他/她也仍曾经想过要离开。

解聘也是为了实现团队的整体目标

听起来或许有些奇怪，但告别谈话中领导者首先要做的是阐述组织的长远目标，然后请这名将要离去的人回答一些问题以帮助你们更好地实现这些目标。最好在午饭时间或非工作场合提出这些问题，因为在这种情况下，人们会更放松，更愿意畅所欲言。作为领导者，你可以提出以下问题：

1. 你的长期目标是什么？
2. 你为什么要在这个时候离开公司？
3. 你最喜欢这份工作的什么地方？
4. 工作中以及公司里最让你失望的是什么？
5. 你的妻子/丈夫和孩子们对你的工作和我们公司有什么看法？
6. 你当初为什么选择我们公司？
7. 你要去的新公司给你提供了什么你没有在我们公司得到的东西？
8. 你对我们公司提供的培训感觉如何？
9. 我们还可以做什么来更好地帮助你？
10. 我们有没有让你感到失望？

如果你真的很想让这名员工留下来，你一定要问他/她公司还能为他/她做些什么。仔细倾听他/她的回答，体会员工对公司的感受和想法具有不可低估的价值。如果这名员工已经走了，而你很希望他/她能回来，你该怎么办？即使他/她最后还是去了其他公司，这些谈话对你也没有什么损失。

离职后仍保持联系

每个月给这名前员工家里寄一封亲笔信。语气要诚恳。告诉他/她你希望他/她一切都好，让他/她充分感觉到你一直对他/她的潜质和才能抱有信心。邀请他/她在任何方便的时候回公司看看，一起喝杯咖啡、聊聊天。这样的信至少要寄3个月，因为这时期正是该员工和他/她的家人考虑这一变换工作的决定正确与否的关键时期。你的来信会让这名前员工和他/她的家人感到你仍然关心他们，并希望他们有着美好的未来。很可能你对他们的关心会超过这名前员工的现任老板。

如果浪子回头，那就雨过天晴

如果这名前员工决定返回公司，你应该好好为此庆祝一番。千万不要说“我早就说过……”之类的话。公司里的每个人都知道这名前同事已经离开，所以，也应该让每个人都知道他们的前同事又回来了。可以在公司会议上介绍这名去而复返的成员，并在公司剪报、网页、内部消息以及任何其他渠道上宣布这件事情。要让其他受“他乡草更绿”心理影响的人知道，你是很看重你的员工的，真的很看重。他们还能从其他什么地方得到这个信息呢？现在又多了一个凯西可以为你做见证了，如果下次再有其他人想离开公司的话。

提高每位员工士气的诀窍

寄一封鼓励信到员工家里

在肯定员工为解决一个复杂问题所付出的努力时，应尽可能地让他/她的家人了解这件事情。既然他/她的家人常听他/她谈起工作方面的事，就应该肯定他/她的家人在他/她的工作成就所给予的支持和做出的贡献。你知道，学校很善于让父母对孩子们在教室里取得的成绩进行鼓励。同样，在肯定员工的工作成就时也应该采取同样的鼓励办法。人们常常希望他/她们的配偶和/或孩子能更了解他/她们的工作。而这一鼓励办法不仅能让员工的家庭成员了解其工作表现，还能帮助他/她们了解公司的整体状况，更敬重作为领导者的你。

感恩节时给员工家里打电话

对员工及其家人的真挚良好的祝愿会帮助领导者和团队成员了解生活和事业之间的重要联系。任何能让领导者表达对员工的尊重和真情的方式都有助于改善工作气氛、提高员工士气。

每周请一位员工出去吃早饭或喝咖啡

每周花点时间单独和某位员工在一起，可以让对方清楚地知道你是真心关心他/她，而不只是为了运用某种管理技巧。我经常碰到这种情况，经理们得到一些建议要更关心员工的个人生活。于是，他/她们会突然现身，向员工提一些自己并不在乎答案的问题；要不就是到每天到点走出办公室，例行公事地拍拍每个人的肩膀，然后又很快钻回办公室去。要知道，你对别人是不是真的关心，对方是有感觉的。

记住聘用周年纪念日

当员工在工作中取得具有纪念意义的成就时，许多公司都会提供类似奖杯、笔、表、旅行安排或其他奖励办法。你还可以让电子记事簿提醒你某位员工的聘用周年纪念日，这很容易做到。实际上，这种做法太容易做到，以至它们越来越形式化，而失去了个性。如果不赋予这种奖励方式以正确的认识和重要性，即使是公司大老板亲自请员工吃饭并颁发奖杯的方式，也可能成为一种让人感觉沉重的事情。

总体来说，我本人很赞成并鼓励这些奖励方式。但是，从管理的角度来看，所有这些努力和领导者建立一种与员工良好而密切的工作关系的效果一样，都既实在又令人鼓舞。一支被放在一个真心感到自己得到认可的员工手中的自来水笔可能会比一次提供给一个觉得自己一直被忽略的员工去夏威夷旅行的机会更让人感到值得珍惜。

鼓励员工将办公室个性化

员工是经常需要在办公室里接待客户或是会经常处在开放场所，这对办公区域的布置会有一些影响。不过，让所有公司成员在工作时尽可能地觉得舒适，这不论对你本人还是对员工都有好处。一个出色的领导者总是希望他/她的员工在工作时能够全力投入，并总会乐意帮助他们营造一种熟悉而舒适的，易于提高工作效率的工作氛围。

值得注意的是，不要让一个员工的个人喜好干扰到其他员工。作为领导者，你的角色有点像一村之长，使大多数“村民”的利益得到保护。让员工变得像从一个模子里出来的一样，然后把他们放在一些没什么差别的格子里，这样固然有利于提高工作效率和秩序，却得花很大力气才能提高员工的工作热情和整体士气。

鼓励健身等活动

你越能帮助员工表露自己并体验多姿多彩的生活，你团队的整体士气就越能提高。不仅身体上的保健和运动能使工作受益，而且亲密良好的同事和社区关系也会影响到工作氛围。体育运动并不是团体活动的惟一形式；你还可以鼓员工结成汽车、登山、露营、戏剧和电影等各种俱乐部。你越鼓励员工参与他们感兴趣的活动，他们就越能在工作中发挥主动性和创造力。

偶尔代好员工受过

这里的关键词是偶尔和好。即使是最棒的员工也偶尔会有闪失。如果你愿意救他们一把，而不是让他们独自承担过错，他们会明白你有多欣赏他们的成就。不过，这种事情不能经常化，也不能提供给那些不值得的人；否则，事情会起到相反的效果，甚至会打击那些努力工作的人。适时适地代长期对公司有重要贡献的员工受过，比任何其他形式的姿态都更有说服力和感染力。

赞助社区项目

公司业务不是在真空里开展的。你的员工可能和客户住在同一社区。这个社区可能是你们的邻舍，或者干脆就是你们公司的所在地。无论规模和程度如何，重要的是鼓励员工参与社区活动。公司也可以为社区活动，比如社区会议、献血活动、童子军会议、圣经学习、培训及其他反映社区需要的活动等提供场地。

有意义的捐献和赞助也很重要。我们在工作中为人所知的表现与我们在生活中为人所知的表现一样重要。最好让员工自由决定公司支持社区活动的形式及程度。你将会骄傲地看到一些公司成员成为当地媒体报道的焦点。

应该准备每个人的照片和肖像吗？

我前面提到，有些公司会把优秀员工的照片或真人大小的肖像画挂在大厅或其他公共场所。值得注意的是，大多数人并没有顾影自怜的自恋癖。了解公司成员的个人感受有助于减少尴尬情形，或是避免员工为了不至于当众展示而故意在工作中落后。

预留座位

在会议室里为有特殊贡献的员工预留座位以及每月轮换荣誉获得者的名单，可以让每位取得成就的员工有一种在同事面前得到肯定的荣誉感。另外，在员工会议上，他们还会觉得自己的意见受到特别重视。让他们把名牌带回家也是一种很特别的认知方式。

录像带

可以使用高科技手段为某个有特殊贡献的员工制作诸如某某的一天的录像带。把这个录像带作为礼物送给这名员工，并放在公司主页上。通过拍摄这名员工一天的工作情形，不仅对他/她来说是种荣誉，而且也是在肯定他/她的工作成就。这个礼物可以让这名员工有机会和家人及朋友一起分享自己的工作成果。拍摄录像带的方式还可以用于奖励一个部门。另外也不要忘了，公司简报及告示栏等也是一些很有效的认可渠道。

纪念品、奖券及其他赠品

音乐会、电影及体育比赛等活动的入场券对个人和团队来说都是些很好的奖励方式。从T恤衫、咖啡杯、鼠标垫或其他带有公司标志、口号及/或一些个人化的祝贺等物品和方式中也能看出领导艺术在个人或团队成就中的分量。另外，只要运用得当，广告等方式也能拓展你真诚的祝贺。

检查窗帘后面

不要忽略了那些分担的角色不如其他人那么绚烂耀眼或引人注目的人的贡献。一个很好的办法是每次称赞一个幕前成功者时不要忘了那些幕后英雄。尽可能肯定他们的工作，并在员工中提倡团队意识，让每个人了解大家是如何协同奋斗并且这种协同奋斗如何带来团队的整体成就。

保留一本公司年度成就报告

在一年即将过去时，可以详细记录每位公司成员在过去的 12 个月里取得了怎样的成就，继而为来年做出规划。还可以附上照片和事件说明。从实现组织的整体目标这一角度来说，这是一种很好的认可方式。如果能够辅以某种形式的奖励，比如年末大餐等，这种年度报告的影响力可以得到极大提高。

以……的名义

另一个很聪明的认可办法是在办公室的某个区域或某样物品上标上某位有重要贡献者的名字，包括将咖啡室以一位特别能调动员工情绪的领导者的名字命名，或是用一名特别有办法让复印机运转良好的秘书的名字来命名这台复印机。这些方式不仅能使办公区域个人化，同时也能使每位成员的贡献得到认可。

类似这样的方法还有很多，因为有创造力的人和点子有很多。你自己可能还会想出很多其他的认知办法。不要忘记：让员工觉得自己被承认的最佳信息来源正是员工自己。

结论：不要忘记第一名

如果领导者自身的进步和发展能促进组织的进步和发展，那么这名领导者应该对自己提倡的东西做到身体力行。我曾经帮助很多领导者认识到以身作则的重要性和必要性。工作态度和兴趣可能是一名领导者能给员工树立的最重要的榜样。我认为，领导者自己的工作情绪和态度，无论好坏，都会对组织的运作造成极大影响。

领导者不仅能定下整个组织的工作模式和基调，他/她还能影响组织的工作态势。如果领导者自己达不到他/她对别人的期望，那么任何形式的讲演和奖杯都不能对提高士气有什么帮助。更糟糕的是，如果领导者自己都缺乏诚意，那么这些讲演和奖杯将让人觉得空洞和没有意义。你的员工对正面事物的反应和你一样积极。曾有一位职员告诉我，每次她解决一个难题后会很有成就感。我也有同感，但直到她这样对我说以后我才意识到这点。

我认为，对任何人来说，提高工作士气最有效的办法是脱离窠臼，不再重复昨天。顶尖高手不仅乐于解决问题，寻求超越自我的满足感，而且喜欢寻找更新更好的办法完成工作。高昂的士气不仅能提高创造力，还能造成一种高效率的工作态势。

下面这些办法可以帮助你实现更高层次的自我成就，并在生活与事业之间达成更均衡的发展：

1. 列出新目标。将每个目标分解成可以实现的更细小的任务。
2. 到公园、海边和山间漫步。简单地说，暂时摆脱自己已有的想法，倾听自己的心声。
3. 读几本不同主题的书以接纳别人的想法，拓展自己的视野。
4. 周末去乡间别墅或温泉旅馆等地方度假，适当地放纵一下自己。
5. 定期做运动，保持良好的身体状况。
6. 把自己一直想要的那件东西买回来。
7. 邀请和自己不同职业的、有趣的人来家里吃晚饭。
8. 欣赏妙曼的音乐；用最大的音量唱歌。
9. 彻底整理办公室和/或家里，享受这一刻。
10. 看一部轻松有趣的电影。
11. 列出你的资产和成就。

12. 和一个你喜欢的人聊天。
13. 重拾一项爱好。
14. 帮助需要帮助的人。把你醒着的16小时中的1%（大约10分钟）用于使他人感到快乐。
15. 每天做两次思维放假，使自己重获能量，每次5分钟就好。可以在中饭前和下班回家前做。

如果到了办公室你还不能摆脱自己的坏心情，你最好向后转，先不要进去。下属不愿见到一个情绪糟糕的老板。要记住，无论高与低，一个团队的士气是从领导者开始的。本章所讲到的每一点，对你——领导者——来说，都是最重要、最第一位的。

第七章
第五步：压力之下如何进行创新

随波逐流的人通常不会比旁人得到的更多；而另辟蹊径者却有可能去到一个别人从未到过的地方。

异常令人产生鄙视之心，所以，创新活动不是没有参与者方面的困难的。而领先于时代潮流的一件可悲之事是，当人们最终认识到你是正确的那一个时，他们会说这其实再明显不过了。

所以，生活中你有两个选择：要么紧跟主流，要么特立独行。要想特立独行，你必须做到与众不同；而要想与众不同你必须努力成为除了你，任何别人都不能成为的那个人。

——艾伦·埃斯里·皮特（Alan Ashley - Pitt）

当压力来临时，创新是你的出路

当形势变得严峻时，创新成为一种必然的需要，而不是一种或然的奢侈。如果你所有的努力不能让你在竞争中脱颖而出，你恐怕就有些问题了。认为创造性是种可有可无的选择或许正是造成这种压力的原因。正如埃斯里·皮特所指出的，创新并不总受到组织的欢迎，可能会对一个新点子泼冷水。不过，当老一套做法让你陷入困境时，你需要新点子把你从中解救出来。

创新是解决问题和进行变革的基础。了解什么是创新、创新将如何帮助你成为最有效率的领导者以及你应如何在组织中倡导创新等非常重要。到目前为止，我还没遇到希望他/她所在的组织有随波逐流的人。在你和大家分享有关创新的想法、方法和技巧时，要记住，你的目的是在认识到你和你所领导的团队成员的巨大潜力的同时，做到与众不同。

创造力和咖啡豆

小乔治·麦克德莫特（George A. McDermott Jr.）在他的 *Executive Idea Stimulator* 一书中写道：

> 很久很久以前，比如说，公元前100万年前左右吧。有一天，一些人发现，可以把东西放进水里去煮，然后把水倒掉，只吃煮熟的东西。
>
> （有些人把这种做法称为“烹调”，不过这种命名只是种小规模的创新。）烹调虽是个好东西，但仍然是个相对较新的发明，并且他们还没有解决所有的问题。比如说：咖啡豆。即使在煮过之后，咖啡豆的味道仍然很苦；所以，大家都放弃了吃咖啡豆。直到有一天，一个聪明的家伙忽然冒出一个想法，“或许烹调的方法不止一种呢?”他想，“是啊，咖啡豆的味道的确很怪，但我们还从来没试过喝煮咖啡豆的水呢。”
>
> 如果这个故事并不让你觉得这家伙是个天才的话，那么问问你自己：我有没有试过吃咖啡豆？那种味道会不会刺激我去尝试喝煮它的水？

创造性思维的特点

1. 孩子般对事物的好奇心

2. 对变通办法永远保持开放态度
3. 对新想法无所畏惧
4. 对未来充满渴望
5. 勇于尝试新方法
6. 持续的灵活性

孩子般对事物的好奇心。不要认为自己没有创造力。创造力并非天生才有；只要明白什么是创造力，任何人都能培养出自己的创造力。比如，最起码也最根本的一点，一个有创造力的人应该也是一个有好奇心、爱提问的人。他们喜欢读书、旅行、发现新事物。有创造力的人通常会有些独特的爱好。像孩子一样，他们很喜欢发现新天地的感觉。

对变通办法永远保持开放态度。有创造力的人不会满足于有限的变通方法。他们会发掘尽可能多的选择方案。

对新想法无所畏惧。对一个拥有富于创造力团队成员的领导者来说，这无疑是个挑战。如果你不知道什么时候以及如何在各种可能性之间作出选择，并把团队成员的注意力引导到所选择的目标上，这些富于创造性的人会不断有新点子冒出来。对新思维抱有开放态度的一个好处在于，它最终会将你和你的团队带向一片新天地，至少引领你们走出困境。

对未来充满渴望。对未知事物的恐惧之心窒息了一些人的创造潜能。或许你每天都会遇到这样一些自我封杀的人，甚至还能说出他们的名字。由于某种原因，这些人认为，无论他们当前的状态如何，就算再不令人愉快，也都好过一个不熟悉的未知世界。

与此相反，富于创新者认为，不管现状有多好，总会有更好的未来等着他们去开发。他们不仅不惧怕未知世界，而且还期待着开发未知世界的兴奋和痛快。对富于创造力的人来说，未来让他们感到熟悉和亲切。对未来的渴望之心吸引着他们进入一个未知的天地。对他们来说，未知的将来远比已知的现在更具魅力。

勇于尝试新方法。亨利·福特曾说："我们有一些很棒的想法，因为我们放手让笨人去做，而那些事是天使不敢去做的。"在事关创造力时，不要鼓励你的员工去当胆怯的天使；当你的组织介入社区服务项目时，他们有的是时间担任善良天使。福特先生所说的“笨人”其实都是些普通人，当形势需要时，他们可以变得反传统。埃娃·拉甘连纳（Eva LaGallienne）曾说：“创新者们不可避免是具有争议性的。”

作为一个优秀的领导者，你应该注意对创新者的想法给出有质量的反馈，而不是批评。创新者们通常都急于测试他们的新点子是否可行。可以说，对一个创新者来说，最激动人心的莫过于测试新点子的那一刻了。创新的一大乐趣就在于看到一个新点子行之有效。当然，对一个真正有创造力的人来说，一旦一个新点子用过了，它就成了旧点子。对一个组织来说，在一个新方法实施以前，应该广泛收集众人对该方法的意见和看法，只要这种反馈不会阻碍或窒息员工新一轮的创新欲望。

持续的灵活性。富于创造力的人不会死死纠缠于个别点子或办法。他们很少做不容他人置疑的事。当创造力平平者死死抱着过去的或现有的办法时，更有创造精神的人却勇于抛弃没用的东西，继续前进。持续的灵活性部分来自好奇心以及对未来的渴望之情，并且被一种当机会来临时可以尝试新事物的纯粹的喜乐之心所激励。

培养创造力的5大要素

如果亨利·福特和埃娃·拉甘连纳是对的，那么创新者不过是些备受争议的笨人。如果你在进行创新的时候遇到过抵触或批评，不要感到惊讶或沮丧。阻力越大，说明你的创新程度越高。尽管存在许多潜在的困难，你仍然应该坚持进行创新，因为这是你个人和事业成功的重要组成。下面这些方法可以使你变得更有创造力：

1. 争取更多不受打扰的私人时间
2. 使用万花筒方法
3. 信任他人

4. 对心智上的冲突要有心理准备

5. 不要放弃哪怕是牵强附会的想法

给自己一些时间进行思考。当老板告诉我他准备找人取代我时，我曾独自在海边静静呆了好长一段时间。那时，我对自己的未来不知所措，也无从获得现在我正和你分享的这些信息。尽管我后来糊里糊涂地采取了正确的方法来提升自己的创造力，我现在仍要向任何面临巨大困难的人推荐这种独自思考的方法。许多面临激烈竞争的人会觉得他们无法停止奋斗。相信我，处在一种不能提供好点子或其他有用之物的挣扎状态是不能达成什么目标的。

你需要与问题保持更远而不是更近的距离。距离问题太近可能会让你失去正确的视角。参加研讨会并不能对此有所改善，置身乘客拥挤的航船同样于事无补。要想独处起到积极的效果，你的脑子需要一个整理更新的机会，远离那些日常的烦杂事务。

行动中互不相关的部分。我经常建议那些生意上的合作伙伴们去到一个山间小屋，一起勾画出公司5年后的蓝图。远离尘世让你可以更好地从长远角度审视自己的现状。当一个人试图在自己和问题之间保持适当距离时，你会看到神采重新回到他/她的脸上。这样，他/她的精神面貌会焕然一新，然后带着新点子和好主意回来继续奋斗。

还记得小时候看万花筒的情景吗？那些色彩和形状何等千变万化，令人着迷。我觉得创造力就像万花筒，就像一些没有一定顺序或形状的不断变化的思想碎片。当我开始在头脑中晃动这些碎片时，一些有趣的想法就开始出现了。特蒂把我的这种创新时刻称为“在山顶上”，虽然我其实是在自己的书房里。如果你晃动这些思想碎片后仍不能看到一幅更好的蓝图，那就继续晃动它。只要你有足够的时间不受外界干扰，你就一定能看到一幅美丽的图画。

怀疑无罪。信任他人就好比一个勇敢的傻瓜闯进了天使不敢涉足的地方。不要怕做傻瓜或怕被人称作傻瓜。许多人不允许自己犯错。其实，当我们进行创新时，很多时候我们都是错的。只有那些很少的正确时光让这个世界继续保持运转。

没有哪个创新者的成功会多过失败后的成功的。怕出错的人不会轻易相信一个新想法；相反，创新者则对每一个新想法抱有信心，除非有充足的理由加以拒绝。试想，如果历史上那些伟大的先驱者和发明家们都不坚持自己的崭新想法，只因别人从未这样想过，这个世界将变成怎样一番景象啊。所以，不要因为别人觉得奇怪就放弃你的新想法。

压力和进步相伴相随。进行创新时应该对心智上的冲突做好心理准备，并且应该充分做到这种程度：如果心智上没有遇到任何内外部冲突，你应该推测自己可能并没有如预期的那样在进行创新活动。罗伯特·舒勒博士（Dr. Robert H. Schuller）认为冲突是“创造力的温床”。你个人的经历可能也能证明，当你正经受严重的心智冲突时，或许也正是你发挥巨大创造力的时候。

不幸地是，许多人会对心智冲突感到绝望，叹息道：“我是多么可怜哪。”这时候，你需要把冲突的柴薪扔进创造力的烈火中，因为没有压力就不会有创造力。你还可以更进一步，宣告说有冲突正说明你是个积极的领导者——如果你真心致力于创新的话。我知道很多人读到这里的时候都开始挠头了，心想，最近工作中出现了很多紧张激烈的事情，这么说都是创造力的表现了，我还从来没意识到呢。

别轻易放弃想法。应该积极看待不符合逻辑或表面看来很勉强的想法。很多人放弃新想法的原因通常是因为后者与现行思想体系格格不入。要记住，所有这些看似不合逻辑的想法会像万花筒一样在你脑中晃动、组合，最终形成一些精彩的主意。不能仅仅因为一个想法没有马上解决所有问题就认为它不是一个更好的解决方案的组成部分。也不要抛弃任何可能带来更好想法的想法。

了解好点子的产生过程

让我学习到这些原则的那位年轻人因为“没有好点子”而丢掉了报社

记者的工作。他在堪萨斯的编辑说他“缺乏创造性”。没人记得这位编辑的名字，但几乎所有人都会把这位年轻人，沃尔特·迪斯尼，和创造性联系在一起。沃尔特·迪斯尼说，凡事要想获得成功——出版一本书、管理一个公司、拍摄一部电影，或者是形成一种领导风格——都需要具备这几种因素：（1）独特性，（2）好口碑，（3）天分。

独特性。创新力的第一要素是独特性。试想，人们怎么可能对司空见惯的事物感到兴奋呢？沃尔特认为，除非某件事特别不同寻常，否则没有必要去做。创新过程中一直要问的一些问题是“这件事和我正在做的事有何不同”，“这件事和我的竞争者们正在做的事有何不同”或者“这件事将会造成怎样的改观”。

树立好口碑。沃尔特所说的口碑现象来自人们因某件事的独特性而产生的兴奋感。当人们经历某种好的新奇之事时，通常很难让他们对此保持沉默。这种意料之外的美好经历可能是因为一本书、一部电影、一辆车、一件家具、一双鞋，或任何其他事物。工作中我们应该经常问自己的一个问题是：“对我的同事或客户来说，我是否带给他们独特而美好的经历？”如果答案是正面的，那说明你成功地将创新性和独特性注入到工作当中，而与你共事或有业务往来的人也可能会向其他人谈论并称赞你。

善用你的天分。沃尔特·迪斯尼所说的善用天分的意思是把事情做大、做对和做出风格。如果某件事真的很特别，而且也的确能激发起他人的热情，那就应该做出自己的风格来。人们对某个主意印象深刻的原因有很多，可能是因为它计划周密，可能是因为它效果奇佳，也可能是因为它形象独特。总之，人们都愿意把自己和某种风格联系起来。

提高创造力的4个步骤

我把创新力看成是“寂静之声”。我前面谈过，应该给自己一段独处的时间来理清头绪。在独处的静默中你会听到创造力的声音。我在家里有自己的书房，因为我收集与众不同的图书，书房也因此成为我的一个庇护所。有时我会呆在书房里进行创造活动，有时我也会在吃饭当中停下来，赶快记下突然闪现在脑海里的念头。

无论你是特意进行创造还是新点子自然而然产生，以下 4 个步骤都能帮助你最大限度地从创新活动中受益：

1. 准备
2. 孵化
3. 洞察
4. 确认

做些功课。如果你的目的在于创造一件新产品或发明一种做事的新方法，那你应该尽可能学习与之有关的一切东西，这很重要。换句话说，你应该做些研究。很多人认为，新点子出现了就可以了。其实不然。为了让新点子更有意义，你必须要有所准备。当托马斯·爱迪生想在他感兴趣的几个领域进行创新时，他会事先研究别人在该领域所做的试验。这样，他可以从别人的错误中学习，尽可能不去重复失败的试验。他把别人的思想碎片和自己的一起放进万花筒中进行晃动。如果你只关注自己的东西，你看到的图画就会不完全。

让新点子有时间去孵化。一个有创意的新点子是需要时间来孵化的。一旦产生，新点子就需要时间来和你配合，反之也是。孵化器是一个很神奇的地方。没人知道为什么新点子会在那里产生，但它们就是产生了。你有没有凌晨 2 点钟笔直坐在床上考虑一个新点子而看到一幅完整的图画出现在眼前？在孵化期当中，新点子要么生根发芽，要么夭折枯萎，这完全不在我们掌握之中。这就是为什么当新点子孵化时，我们不能主动或有意识地利用它的原因。万花筒经常会在我们睡觉时自己晃动。当正确的图画出现时，我们自然而然就醒了。

啊哈！等待并认识洞察的时刻。洞察意味着你接收到一个新点子。你笔直地坐在床上的时候就是一个洞察的时候。我们有时认为洞察力是一些人与生俱来的能力，意思是说这些人具有敏锐的判断力。洞察力就是当机立断投向那个清晰答案的欣喜一瞥。

脚踏实地，确认新点子的价值。求证可不像创新那么有趣。创新活动可以在一个神奇神秘的无限空间里自由发展。求证过程则把创新带回到现实当中，并为之设立界限。同时存在于两个世界是很困难的。幻想和现实不能融合。不过，任何在创新中产生的点子在得到应用之前，必须得到现实世界的印证。因此，如果我们想从创新中获益、求证，虽然枯燥无趣，却是一个必需的功课。

确认新点子的 3 个步骤

1. 合用性：新点子是切实的解决方案还是一种暂时的权益之举？
2. 可行性：新点子在经济上是否可行或现实？
3. 可接受性：谁会支持新点子？

新点子合用吗？当评价一个新点子合用与否时，你必须首先清楚自己寻找的是一个永久的解决方案，还是一个简单的权宜之计。这并不是说，每个创新之举要想有所贡献，就必须使问题得到永久解决。重要的是你得清楚这个新点子的长/短期影响。当问题出现时，你必须搞清楚新点子是否能从某种程度上使问题得到解决。当新点子与问题无关时，你仍应了解它可能产生怎样明显的益处，这很重要。你自己必须要问的一个问题是：新点子对组织合用吗？

新点子可行吗？可不可行其实是能不能够的问题。你和你的团队需要回答这个问题："我们能不能去做它？"当预算达到要求时仍有很多东西需要讨论。领导者不应该不考虑组织成员而独自评价新点子适合与否。我建议你在作决定时把所有有关人员考虑进去。没有什么比在事先毫不知情的情况下接到一个任务更让人困惑的了。经理或许会比员工更关心成本的问题。不过，可操作性与实施一个新点子所付出的努力程度会直接影响到组织成员的工作状态。像你一样，他们也很在意新点子可行与否。

新点子能被接收吗？可接受性会导致一系列问题，包括：“谁是新点子的最终拍板人？具体实施新点子的人会接收它吗？这个新点子对牵涉到的人会产生积极的影响吗？”不难看出，对某些人来说，新点子的可接受性如何对他们并没有什么影响，如果其他更重要的人不接受这个新点子的话。新点子要想获得通过，需要得到有权拍板者的首肯；要想有所收获，需要得到执行者的认同；而如果想要皆大欢喜，则还必须得到最终受益者的理解。这一求证过程可以归纳成以下几个问题：

“它是有用的吗？”

“它是可行的吗？”

“人们会买它吗？”

攻克阻碍创造力的4大障碍

了解可能对创造力造成阻塞的因素对任何希望提高自己的创造力，更有效地鼓励团队成员进行创新的领导者来说是很重要的。如果某位或某些团队成员不太愿意有所创新，很可能是下面4种阻力在捣乱：

1. 习惯
2. 恐惧
3. 成见
4. 惰性

我们一直是这么做的。习惯是不容易改变的，即便我们自己很想有所改变。有些人可能会对你说他们就是缺乏创造性，意思是说他们很满意事情现有的做法，而不在意可能有更好的做法。习惯意味着维持现状，其结果是不断重复昨天，而这正是发展和创造的反意。旧习不改者们的口号是：“我们一直就是这么做的。”

为什么不就让它那样呢？恐惧可以解释为什么我们会长期坚持旧有的习惯，以及为什么会经常重复一些行为。你可能经常会听到人们小心地提醒别人“就让它那样好了”或是“如果没破就没必要补了”。我前面提到过，很多人宁愿选择呆在可能不舒服但却熟悉的环境中，而不愿冒险尝试新事物。对可能发生之事的恐惧比对已知事物的恐惧更让某些人无所适从。“拓展极限”的说法可能会让这些人的心脏病发作。

这行不通。当恐惧和无知加在一起时，成见就形成了。在我为推广创新理念和新思维而在全国各地旅行时，我遇到过各式各样的成见。当你听见人们说“这行不通”、“我们的人不会这么做”或“顾客不会买这个”时，这就是成见了。在几乎所有的组织里我都遇到过某种形式的成见。在听完我宣讲的信息后，几乎每个与会组织都会来信说：“这个办法还真行通了！”这样的来信让我觉得自己是个“成见的破坏者”。

可别把船弄翻了！这是“过滤器”们的心中呐喊。惰性阻塞创造力。如果我们太害怕事情发生的话，我们就不太愿意挪动位置，以免人仰船翻。天性让我们不会太冒险而弄得狼狈不堪。我们只能再爬上船。即便组织正在尝试某一独特办法以期创造力，也不应排斥其他值得考虑的方向。这一点对个人的发展和创新尤其重要。

串连你的想法

把朦胧想法变成实际行动的一个重要工具是串连图板。串连图板的概念对影视界从业者来说并不陌生。我自己是在老板准备找人取代我的两周后从别人那里学到这个概念的。那时，我对几乎所有接触到的新想法都如饥似渴。串连图板的概念是由曾在迪斯尼公司工作了9年的创新咨询顾问，同时也是*Think Out of the Box*！的合著者（另一位合作者是戴安·迪肯）麦克·梵斯（Mike Vance）首先提出并发展的。麦克还是迪斯尼大学的首任校长。

串连图板通常是一个大写字板，上面写着各种事项内容。比如，迪斯尼公司的串连图板可能会写着，“今天米奇在公园”。当创新小组的成员走过挂在墙上的串连图板时，他/她们就能看见这一事项。他/她们立即会想，米奇能在公园做些什么。于是他/她们会走到一旁，把自己想到的立即写下来，拿回来钉在图板上。然后沃尔特会召集所有创新小组成员进行所谓的“串连”。在“串连”过程中，他们会把所有的想法放在一起，串成一个故事，记下所有想法的优点以及需要补充的地方。

事例：雨中游行

是沃尔特·迪斯尼认识到串连图板可以比动画做更多事情的。从公司的财务运作到主题公园吸引游客的方案等，串连图板在各方面都得到了有效应用。沃尔特去世几年后，佛罗里达的迪斯尼世界准备开张。有一天，麦克·梵斯陪同沃尔特的弟弟，罗伊，走在尚未完全竣工的迪斯尼世界里。这时罗伊注意到，与阳光明媚的南加州不同的是，佛罗里达经常下雨。

罗伊担心雨天游客可能不愿意到迪斯尼公园游玩。于是，我的朋友想出了一个应对方案，这个点子的孵化期之短创下了历史记录。当他们仍在迪斯尼世界的主街上漫步时，麦克提议搞一个“雨中游行”。罗伊不解地看着他。麦克解释到，下雨的时候，游客们可以一边在有顶棚的街道两侧避雨，一边观看这一特别游行，就不会想着回家。罗伊说他很喜欢这个主意，并告诉麦克用串连图板来进一步完善它。

结果是在迪斯尼公司产生了一个把事情由负面变成正面的极佳方案。当串连图板挂出来后，新想法蜂拥而至。有位职员提议，游行者们的服装不必是防雨的，这样观众可以看到他们熟悉的动画人物被雨淋得湿漉漉的，从而增加观赏的乐趣。这不是很有创意吗？他们成功地使一个不利因素变成一个有利因素：看过雨中游行的游客都兴奋不已，众口相传。雨中游行的口碑之好、之广而流传证明了该组织的创造力以及串连图板的效用。如果假期下雨的话，人们还有其他地方可以推荐给朋友吗？

在西海岸，当迪斯尼公司的想像天才们要找出办法让游客在凉爽的夏夜仍然呆在乐园里时，同样的创新热情出现了。几乎每个美国人都看过或听过主街电力游行这一节目。乐园一整天都在为游行做广告。这样，下午的时候父母几乎不可能把还没看游行的孩子带离乐园。同样地，在一个创造力不仅被允许，而且被鼓励和奖励的环境中，串连图板这一技巧再一次激发出许多富有创意的新点子。

如何在工作上应用串连图板这一技巧

在我的好朋友麦克·梵斯和我分享了串连图板这个概念后，我开始把它应用到我的办公室和家里。当我被提升为地区经理时，我又和我的经理们分享这一概念。这以后，每次有问题出现时，他们就会听到我说："让我们来雨中游行，把所有这些不利因素变成有利因素。"刚开始他们会觉得不习惯，但很快，每个部门都会带来他们的串连图板，图板上写满新点子。当经理们被告知要收集新点子时，他们都不愿带一个空白图板来开会。

当领导者对要应用的方法和技巧胸有成竹时，不利因素就变成了有利因素，冲突也就化为创新。我们面临的任何重大事件都可以成为串连图板的主题，我们的"串连"过程会把新点子和有趣的点子转变成实际可行的计划。虽然我们的创造力经常会受到预算的限制，但这不能让我们停止创新，我们只是需要再多一点创造力。

串连图板行之有效的原因之一是因为它把问题摆在大家面前，这样就以某种方式把问题放进人们的意识里。它让问题"在你脑中"，而不是藏在电脑里。在生意场上，应该出现在串连图板上的问题通常会被写在索引卡片上。新点子随时随地可能冒出来：在深夜、在餐厅里、在舞会上，或者在任何其他地方其他时间。所以，如果看到串连图板上钉着餐巾、信封背面、排班表的一角，或任何其他撕下来的可以写字的纸片时，你最好不要感到惊奇。

图 7－1 是一个有关电话销售技巧会议的串连图板。最顶端是用大字写的项目主题，下面贴着一些写有各分项名称的小纸片。在一个有关人员招聘的串连图板上，这些需要收集新点子的分项名称可能是：招聘会之夜、

宣传册子、广告、对手方案、荣誉榜、行销宝典等。很多人问我为什么一再强调要包括对手方案这一条。答案是，竞争对手的行动方案对我们是种挑战，能激励我们赶超他们。换句话说，“是我们座位上的一根刺”。

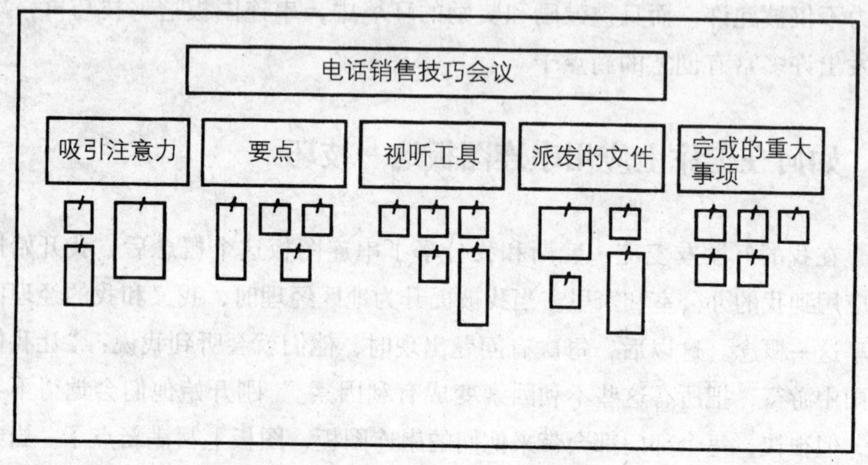

图 7－1

不要指望人们会排着队在你办公室门外等着向你汇报他们的新点子。除非你的公司像沃尔特·迪斯尼的公司那样一直在积极主动地运转着；否则，你的员工需要受到鼓励才会参与“点子风暴”这种活动。一旦看到自己的建议得到积极的应用，促成一个项目的完成，团队成员们就会更主动出谋献策了。

一家曾向我咨询串连图板这一概念的公司发给每个销售员一个口袋大小的记事本，用于记录所有在和客户电话预约时可能遭到的拒绝。当他们真的遇到客户的拒绝时，他们所需做的就是打开这个记录本，翻到对应的类型，就能找到最佳的应对措施了。记录本还有个地方是供记录所有的客户预约和电话号码的。整个记录本的概念也是串连图板的结果。在你阅读后面几章关于如何解决问题和应付变化时，应该要记住，串连图板的概念对这些技巧有着不可低估的价值。

还要记住，关于敏感话题的串连图板应该留在家里；这样，你就不必担心这些信息会被泄漏给你的同事了。另一个需要留在家里的资料是任何你为员工设计的关于会议或庆祝活动的串连图板。你可不想让惊喜打折，不是吗？

使团队创造力系统化的“想像会”

沃尔特·迪斯尼有一批想像力非常丰富的员工。我发展了后来我称之为“想像会”的会议，用以代替研讨会这一说法。这种和经理们的每周例会通常都在我们的区域想像会议室举行。大多数公司举行的是研讨会，而我们则举行想像会。在我们的想像会会议室门口有块牌子，上面写着：

我们中没有哪个人比我们所有人更聪明

这句话的目的在于提醒我们，个人所能提供的永远不会大过整个组织所能提供的。我的经理们总是带着问题的解决方案和等着付诸实施的新点子来参加想像会。在这里，想像力不仅是被允许的，而且也是被鼓励的。想像力是我们业务的第一要旨。当我们需要向我们的思想深处要新点子时，我们会找家度假村，租下一间会议室，以远离日常的烦杂事务。我们在会议室的四周墙壁贴着写满了各种想法、需要进一步确认和实施的大活页纸。一个典型的想像会应该是这样一幅场景：

- 桌椅摆成 U 形。
- 一个三角架上支着一沓很厚的活页纸，旁边摆着各种颜色的书写笔。
- 每个与会者都配有纸和笔，以便在听别人介绍新点子时随时写下自己的想法。
- 另外，还有可以把写满反馈的活页纸贴在墙上的胶带。

我可能会给出“需要解决的问题”这样一个题目，然后请他们随意告诉我所有尚待解决的问题（可以稍后再考虑次序问题）。与会者的反应开始会有些慢，但后来就会快起来。当一页纸写满时，我们把它撕下来，贴在墙上。当大家的思维重新变慢时，我会让大家站起来，在房间里四处走动，浏览墙上每张纸上的每条想法。

然后要做的是由两部分组成的优先化过程。第一步是选出10大最重要问题。第二步是把这10大问题排序。

想像会接下来要做的是给第一大问题画串连图板。小题目都选好了，图板上也贴好了标签，就等着大家给出新点子。通常，问题并不能一次得到完全解决；在这种情况下，我们会把图板带回去，在下一周的经理会议上继续“想像”。

我们发现，一个真正有创造力的环境会让我们比大多数商界同行自设自问的日常问题走得更远，也比大多数员工和客户所能想到的和需要的问题答案想得更深。这样做的结果是，我们能从一个更广的角度看问题，从而更有效地、一劳永逸地解决问题。许多从前困扰公司的重大问题，比如销售人员的高流动率等，得到了大幅度改善。

另一家我为之做过咨询的公司打算开设一家特许经营店，但希望避免许多特许经营店曾经遭受过的失败。我们为他们召开了一个想像会，深入讨论了一个特许经营店通常面临的主要问题，并在这家公司采取进一步行动前使问题得到很好的解决。

另有一次，我们需要给一批提升到管理层的销售人员和一批提升到董事经理的经理们设计一个培训计划。为此，我们召开的想像会把重点放在当一个团队成员离开他/她所熟悉的岗位，上升到一个他/她不太熟悉的管理职位时，整个团队该如何应对。一开始，我们召集了一群一线经理和高级经理。他们中的一些人担任经理一职有两三年时间，另一些人则只有几个月而已。我请他们回顾自己刚刚担任新职务时所面临的困难。那次想像会上收集到的问题清单成了为该公司设计管理层培训方案的基础，然后我们用串连图板的方法最终完成了这一培训计划。

下面是这次想像会上收集到的问题清单，不按顺序排列：

聘用

解聘
时间安排
开始担任领导
从执行者到计划人
学习以一个经理的身份思考问题
调整家庭和生活方式
做办公室里的表率
学习做到公正和公平
使权威和同情有效统一
了解何时需要培训
学习如何与官僚主义打交道
处理得到的大量信息
获得团队成员的尊敬
明白利润、亏损和增长率等概念
明白执行和管理之间的异同
鼓励每个团队成员发展自己的长处
成为员工眼中公司的象征
让聘用和留任措施成为公司的卖点
帮助团队成员自立
为组织和部门决定事情的优先次序
承担部门成功和/或失败的责任
把工作重点从个人发展转移到公司发展上
帮助团队成员学习何时以及如何使用他们的创造力
把重点从销售额或产量转移到利润率上
处理好想像的管理和真实的管理之间的差别

所有这些问题以及其他更多问题都是经理们自己提出来的。这些是经理们真正面对的问题，而不是上层管理者们猜想的经理们可能面对的问题。想像会和串连图板不仅帮助经理们认清这些挑战，而且也帮助他/她们自己找出问题的解决方案。人们通常更能接受自己参与形成的想法。然后，我们把想像会提高一个层次，请经理们的经理们做同样的练习。以下是他们提出的一些新问题：

做到始终如一
信守诺言
应付冲突
提升新经理
和经理谈话
不惧怕创新
教别人如何控制情绪
创建一个管理团队
教大家积极看待变化
教大家从大角度看待公司
权力和责任同时下放
培养某人成为自己的帮手
帮助经理们发展和成长
把公司的理念传授给经理
把现实的目标和期许传授给员工
使办公室主任感到自己的重要性
使同情心和公司政策得到很好的平衡
把合适的人放在合适的位置上
理解能力超群者并与之共事
理解并正确处理竞争
培养经理的独立性
通过经理推销团队成员
树立领导者形象并坚持之
留住团队中积极进取的人员
确保上下沟通通畅

对面临相似挑战的人来说，认清问题和找出解决方案是需要时间的。想像会可以召集许多不同部门和/或不同管理层的人。开放的想像会可以产生开放的思想。如果你需要特别关注某一领域或某一群体时，与会者的参与需要更严格一些。从前面两张清单中你可以看出，经理们面对的是一些特定的问题，而经理们的经理们则要面对一些更高层次的挑战。在两种情况下，找出现有问题及潜在问题的人同样也是那些能够找出解决方案的人——如果你提供给他/她们进行创造的条件和环境的话。

自信是迷人的

当然，不可能每次把业务会都开成想像会。不过，你可以不断引进有创意的新点子来鼓励大家的想像力和创造力。我的一个经验是把竞争者介绍进来。通常在年终工作总结会上，我会把知名的专业人士请到场。邀请竞争者这一主意通常会让人感到害怕，但却很管用。告诉团队成员你很满意并很骄傲他们在竞争中的表现，这将极大鼓舞他们的士气和信心，使他们更关注组织的优势、特点和竞争性。这会让对手公司的一些优秀人才看到你所领导的是一个多么有活力的组织，并因此愿意加盟。正如影星杰克·帕兰斯（Jack Palance）在一次宣传活动中讲到的："自信是迷人的。"自信会给我们的客户、员工和竞争对手留下深刻印象。

共享（知识）财富

让经理们之间定期汇报工作，可以培养一种相互学习的气氛。学习同僚处理团队事务的经验，可以减少经理们的工作压力。了解到其他人也会碰到和自己一样的问题，可以从某种意义上让困难看起来不那么可怕，增加自己解决困难的信心。

应该鼓励经理和员工们在讲话或汇报工作时提出自己的观点，这样可以带给他们非同寻常、意想不到的学习体验。不过，从鼓励创造力的角度来说，没有什么能比得过可以自由发挥、天马行空的想像会的了。你应该鼓励并奖励员工提出有创意的新点子，而想像会正是这样一种机制。

保持自己的特色

你的组织和组织成员都是独一无二的，应该大大使用想像会来发展这一独特性。这一信息的宝贵表现在几方面。还记得我在第三章中谈到的勇敢行为吗？在招聘面试的时候，我通常会给应聘者一张写有我们公司特点的单子——这是我和伙伴们在想像会上总结出来的。我会很有信心地建议应聘者们，在去我们的对手公司面试时不妨带上这张单子。仅凭这一点就已经给应聘者们留下了深刻印象；等他们从我们的竞争对手那里回来以后，这一印象就更令人难忘了：因为他们说，相比较而言，我们的竞争对手能为员工提供的东西非常之少。是创造力发掘了组织的独特性，并使之得以应用。图 7－2 列举了举行一次想像会的 5 个基本规则。

召开想像会的基本规则

1. 给出时间限制，这样你不会由于没有完成整个程序而浪费团队成员的时间。给出足够的时间让团队成员思考新点子，然后你再进一步整理并完善这个新点子。
2. 不要急于完善新点子。在新点子的收集阶段，新点子的质量比数量更重要。
3. 在新点子的收集阶段，要避免批评、恭维或是质疑新点子。你肯定不愿因为怕给人难堪或让人觉得不舒服而死死抓住一个新点子不放。
4. 鼓励自由思考和跳跃思维。一个人的自由想像能激发其他人思考。太过中规中矩和井井有条的事情容易抑制创造力。
5. 收集好新点子以后，在开始使之完善前先选出 10 个最棒的点子。

图 7－2

培养一个鼓励创新的环境

创造力在这样的环境中更能得到自由发展：

- 允许试验
- 气氛活跃
- 没有束缚

创新需要进行试验

试验是有风险的。创新会产生上行以及下行压力，因而会让领导者感到棘手。从这个角度来说，领导者可能会遇到来自下属和上司的双重阻力。要做的事情以前从未有人做过或者做法完全与众不同，这一想法会吓倒某些人，并让其他人紧张不安。当领导者鼓励道“为什么我们不试一试呢?”时，他/她可能会得到众口一词的回答：“因为我们从来没有那样做过。”对我来说，这一原因并不足以抑制人的创造力。不过，几乎每次讨论新点子时，你都有可能听到这样的回答，也许没这么多字就是了。

组织越大，经理们就越有可能遇到来自上层的压力，希望他们不要朝新的方向冒险，或者不要采用新方法或新技术。我在一家大公司供职时，经常被告知不要改变组织现行的运作方式。所以我学会了做出让步。当老板走过来问我正在做什么时，我会说正在做我们一直在做的事。这样的回答总是让他们很满意，也不会再多问什么。然而，以前当我发现老方法的办事效率很低时，我总是想不通为什么管理层还是不鼓励进行新思维和应用新方法。

在告诉管理层我正在按公司的方式做事时，私下我会另外告诉我的团队成员：“这才是我们真正要做的。”有时我会在他们眼中看到担心，但当新点子开始生效时，他们会变得非常兴奋，甚至开始冒险起来！然后，当老板们再一次来巡视，称赞我们的工作效率得到提高时，我会婉转地告诉他们，这一提高来自我们的创新工作，他们就会变得不那么恪守陈规了。

所以，当你在公司会议上提议公司应该尝试新方法，而与会者都像看一个不懂规矩的家伙那样看着你时，不要对此感到惊讶。人们通常不大愿意听到这种提议，至少第一次时都是这样。从长期来看，谨慎和“圆滑”是有其价值的。你要的是温柔的手，而不是沉重的锤来软化管理层和员工们的心，使之愿意接受创新。

创新需要活跃的气氛

一个“气氛活跃的环境”是一个允许娱乐的环境。它鼓励人们从所做之事当中寻找快乐。应该建议你的员工提出“如果……那么……”的问题，从而带动新点子的产生。当员工在绞尽脑汁想新点子时，有的老板会对他/她们说别再游手好闲，回去干活。我真替这些被如此错误对待的人感到惋惜。他/她们致力于从事人类最有价值、最有助于提高生产力的事业之一，却被老板扼杀在萌芽状态。我的一位前辈曾对我说：“不要一味地做事情，要坐着（想些事情）。”

创新需要不受束缚

应该认真对待“如果……那么……”这一质疑方式，让通向新点子的门随时敞开。只要有可能，就要鼓励创造。我认识一位零售商，斯图·莱昂纳多（Stew Leonard），他成立了他称之为“一个点子俱乐部”的机构。每个月，斯图从店里挑出六七个员工，各层次、各岗位都有，一起开车去一家两小时车程、客户服务做得很好的商店进行观摩。第二天，这些观摩小组的成员会聚在一起，每人都要提出一条从观摩中学到的、可以用于自己店中的建议。这是另一个极好的、在团队成员之间分享彼此最好想法的例子。

斯图·莱昂纳多后来成为我一位非常要好的朋友，我很欣赏他这些在组织中进行的非常棒的训练。斯图请我帮助他的女儿，吉尔·莱昂纳多·特华罗（Jill Leonard Tavello），建立人称“斯图大学”的斯图·莱昂纳多大学。这所由吉尔担任校长的大学定期为来自世界各地以及各行各业的商界人士召开一个为时半天的研讨会，以供与会者了解为什么斯图·莱昂纳多乳品公司会成为一个客户服务方面的传奇，并在《财富》杂志评选的“100个最好的工作场所”中排名第22。

斯图深信认可努力的重要性。为此，他花费大量的时间和资金以确保每位组织成员的努力都能经常得到肯定。他在康涅狄格州和纽约的3家商店有大约3000名员工。公司每期的新闻剪报《斯图新闻》，都刊登许多员工的照片。或许这就是它被*Inc*杂志称为“最棒的公司新闻剪报”的原因。斯图的经营之道本身就可以写成一本厚厚的书。但对斯图和他的员工来说，更重要的是将他们的经营之道应用在客户身上。

关于创新的最后一点说明

在上述关于创新及其对组织的价值的讨论中，我谈到了富于创造力的人及环境的特点、怎样变得更富有创造力、新点子如何才能获得成功、创新的整个过程、如何确认一个新点子、阻碍创造力的因素以及怎样通过运用“雨中游行”及“想像会”理论将负面因素转化成正面因素。所有这些主题的一个核心内容就是创新。创新是组织发展、生产力提高以及工作热情高涨的催化剂。组织的发展需要新的思想，而一个没有发展的组织是不可能生存的。任何时候都应该马上将自己和组织的创造潜能加以有效利用。

结束这一章的最好方式是引用苹果电脑公司的一个主题为“与众不同地思考”的广告诗。我们都应该将之牢记在心。下面就是《那些疯狂的人们》这首诗：

这是些疯狂的人，

一些不对路的、反叛的、制造麻烦的人，
一些被放在方孔里的圆形的钉子，
一些看问题与众不同的人。
规矩不是为他们设立的，
他们也不把现状放在眼里。
你尽可以怀疑、称赞，或者诋毁他们，
但你惟独不能忽视他们。

因为他们改变世界，
他们发明，他们想像，他们治愈，
他们发现，他们创造，他们更新，
他们推动人类脚步向前。

或许他们没法不疯狂，
否则，你又如何能盯着一张空白画布就像看待一幅旷世之作？
如何在寂静中听到一首从未写成的歌？
或是凝望着夜空而期待着实验室已经完工呢？

只有这些疯狂的人们，这些勤于思考的人们，
才可以改变世界，而他们也真的改变了这个世界。

（经苹果电脑公司授权使用）

第八章

第六步：压力之下如何解决问题

“世界是个大磨盘，生活就是你的鼻子。”

——幽默大师弗里德·爱伦

一次短暂而真实的解困体验

现在，我和我的雷达观察员在5.6万英尺的上空，飞机一个接一个翻着跟斗，完全失去了控制。这时我记起来，在我们之前有3/8的F－101巫毒战斗机飞行员曾有过类似的失控经历。但与他们的情况不同的是，还没有人像我们一样在这么高的海拔处失控。我们遭遇到一种罕见的、通常被称为“惰性空翻”的飞机失控状态，而我们逃脱的机会正随着时间一秒一秒的流逝而迅速减少。我意识到自己正面临一个需要高度集中注意力、急需一个有创意的有效解决方案的生死存亡关头。压力正在增加！如果我这一生曾经需要反传统和有创意的话，那就是此刻了。

为了防患于未然，战斗机制造商已经预先把安全预警系统安装进巫毒战斗机中。因此，当这一长达70英尺、重约4.5万磅、金属材质的庞然大物翻滚着向地面坠落时，我对制造商是有话要说的。一个念头闪进我的脑海。我记起美国空军曾告诉我：“别担心。战斗机的安全系统绝不会让你遇到失控问题的。”这话应该不会错。

战斗机高速翻滚（达到每秒400度）造成的离心力如此强大，我觉得眼睛里的血管开始要破裂了。我正处在眼睛出现“红视”的边缘。我是首席飞行员，对战斗机和雷达观察员的命运负有责任。你可以想像得到，这位雷达观察员心里有些费解。他肯定在想，这名飞行员简直是疯了，都什么时候了，他还呆在飞机里想着别浪费纳税人的几百万美金。不过，或许他想的其实是，这个人简直不可理喻地愚蠢，一门心思要炫耀他的空中筋斗。他的两个想法都没猜对。

实际情况是，尽管我的大腿和肩膀系着3英寸宽的安全带，强大的离心力仍把我整个人从座椅中拽出两英寸之多，而撞击座椅的冲击性能量（相当于35毫米的加农炮弹）在袭击我之前几乎已经要爆炸了。我的脊柱都快要被挤碎了。所以，我一边试图使雷达观察员保持镇静，一边盘算着如何才能让我们安全返航。

当飞机向地面坠落时，我首先将制动操纵杆朝飞机翻滚的反方向扳，试图使飞机重新得到控制。效果不大。危急关头，我想到飞机是用于飞行的，因此，操纵装置的表面应该有气流通过。于是我不再和操纵装置较劲，让它静止下来。

当我摸到T型手柄以便采取拖拽措施时——通常着陆时才做——我飞快地做了次飞行员祷告。这还真管用。当我们下降到3万英尺时——比翻滚开始时的高度大约要低5英里——拖曳使得空气流经飞机表面，我得以将飞机的速度降下来并成功地着陆！这架巫毒受到的两处损坏是一扇弯曲了的拖曳通道门和一个被扯坏的驾驶舱罩，两者都需要更换。通道门是因为受到太大的拖拽力量，以至金属框架都被拉弯了。至于驾驶舱罩，则是因为我的头盔把它的里面撞得实在太严重，已经完全不能用了。最不幸的是，当头盔不停地撞击驾驶舱罩时，我的头还在头盔里面；结果我的头痛用了两片阿司匹林都还止不住。

由此而来的这个教训对任何领域的领导者都是适用的：不要用蛮力对付你的问题。有时候你需要让操纵装置静止下来，转而使用拖曳通道。

教训之一：按计划去做某些事情，效果要比强迫去做要好

值得庆幸的是，这次死里逃生的经历帮助我成为一个面对压力仍然可以使问题得到有效解决的人。如果当时我总是缠着操纵装置不放的话，可能我们都已经折戟沉沙了，我还在和它较劲呢。只有当我后退一步，让飞机按它被设计的功能工作时，问题才成功地得到了解决。这一原则同样适用于你的组织成员。他们希望把工作做好，公司向着目标迈进做出贡献。当压力增加时，你不由自主想把自己的长官意识强加给他们时。其实你应该后退一步，想一想你和你的人最擅长的事情。

或许这就是当我得知老板要找人取代我时，我跑去海边的原因。生扳硬拽操纵装置并不管用，更用力扳它还可能会有反作用。让组织成员自己去解决问题吧。你可以监督他们，但不要监视他们。监视会造成一种不好的“老大意识。”

经理们自己可能会是组织中问题的最大来源。有问题需要解决的领导者应该记住，当压力增加时，不管原因如何，现存的问题通常是以前没有解决或没有预料到的问题造成的。作为领导者，你应该确保交流渠道的畅通，以便组织成员在问题失控前能带着问题来找你商量。当他们真的来找你时，应该认真听他们说。*Cosmopolitan* 杂志有一个很棒的观点是：当你尽早带着问题去找老板时，你得到的是一个伙伴；而当你最后带着危机去找老板时，你得到的将是个法官。

此刻，我是以创新活动受益人的身份在讨论“解决问题”这一话题。不过，这一话题对领导者来说如此重大，值得专门用一章的篇幅来探讨。有人曾经问到：“为什么我们不能在 19 岁时就碰到生命中的所有问题并知道答案呢?”不幸的是，从摇篮到坟墓，问题与我们一生相伴相随。真正优秀的领导者是那些具有适宜的解决问题能力的人。像生命中许多其他事

情一样，我们从实践中获得更好的解决问题的能力。最有生命力的组织是那些最善于创意地解决问题以及/或预见问题的组织。

教训之二：幽默可以救人于危难之中

布里格斯·卡宁汉姆博物馆的经理，约翰·伯格斯（John Burgess），曾讲过一个“锈渍”罗斯和“卡子”伊格以及自然而然的幽默是如何把“锈渍”从灾难的边缘拯救过来的故事。听起来好像“锈渍”驾驶的是XF－91，第一代装备有补燃器的战斗机，而“卡子”驾驶的是跟踪机。两人经常在飞行间隙结伴去春雪初融的山间湖面上钓鱼。

考虑到春季钓鱼的人很多，他俩买了一大堆鱼虫，却发现离冰雪消融还有好几周时间。“锈渍”和“卡子”都不愿照管这些鱼虫，所以他们就经常半夜里偷偷地把鱼虫在彼此的房子外面运来运去。

在这段时间里，他们两人一直都有飞行任务，“锈渍”飞XF－91，“卡子”则飞跟踪机。有一天，“锈渍”在试飞他的XF－91时，飞机突然笔直地俯冲下来。“锈渍”遇到了人们称之为“飞机动力锁定”的情况，他怎么也不能让飞机停止俯冲。他使劲将双脚踩在驾驶舱的支架上，用劲全身的力气去拉制动杆。“卡子”在无线对讲机里与他通话，给他出主意。“锈渍”回答说：“这些我都已经试过了，根本行不通。”怎么说都没用了，他已经认命了。

在明白事态发展的“惯性”方向后，“卡子”在对讲机里问他的老伙伴：“喂，锈渍，可恶的是，往后我一个人该拿那些该死的鱼虫怎么办呢?”

“锈渍”居然就遏制住了飞机的俯冲——因为老友的话让他忍俊不禁！

虽然我自己也有过驾驶超音速战斗机九死一生的经历，我还是庆幸这件事发生在“锈渍”而不是我自己身上。幽默会让我们用不同以往的角度看问题，同时也能释放出我们不自知的能量。“锈渍”奇迹般的生还经历证明了这一点。我相信你将会为幽默在解决问题时所起的作用感到惊奇。

问题自有其积极的一面

有些益处源自危机。圣经上说我们应该感谢问题的发生，因为危机会塑造我们的个性。我想再进一步，我认为危机还会帮助我们确认人的个性。丘吉尔曾说："你可以从一个人在压力下作出的选择判断出他/她的性格特点。"对领导者来说，观察员工对危机的反应是很重要的。谁能处变不惊，谁则与此相反？谁最善于承受压力，并有效地解决危机？不同的人是否善于处理不同情形的压力？作为领导者，你不仅要清楚自己的解决问题的长处和短处，而且还应该了解每个组织成员的性格特点。

几个月前，我有机会再次驾驶 F－16 战隼战斗机作超音速飞行，速度略微超过 1000 公里的时速，而且还做了一些特技飞行动作。是的，这就像骑自行车一样——你自然而然就记得该怎么做。首席飞行师在驾驶舱前部向我解释我们两人都能看见的展示屏上的信息，而这以前只能通过驾驶舱里的仪表盘才能看到。他进一步向我解释演示板如何展示出每个飞行员的飞机状况、他们正在做的飞行动作、每架战斗机的飞行状况以及燃料状态等。所有这些信息都是在对方不受干扰的情况下得到的。真是神奇！

出色的领导者应该建立自己的展示屏，以便在不干扰对方的情况下了解每个组织成员的现状。正面接触问题能够培养组织解决问题的能力。问题解决得越多，组织解决问题的能力就越能得到提高。这不是说你应该故意制造出问题以供组织去解决。每一个得到解决的问题都应该成为一个你和你的组织学习和提高的机会。做到更好地解决问题的内容之一是学会更快地解决问题。一个不断从改正错误和解决问题的经历中学习的组织能获得迅速采取行动以纠错解困的能力。

一个长期得不到解决的问题最终会恶化成危机。一件闷烧的东西总不如一座着火的房子能引起人们注意。如果领导者和组织成员，无论由于什么原因，没能及时处理好一件处在闷烧状态的事情，它终将燃烧成需要全力以赴去扑灭的大火。我后来了解到，能够从积极的角度看待遗留问题是需要做出努力的。不过，关于危机的积极一面在于，以前没有解决的问题最终会得到解决。

能够解决问题的人会越来越自信。自我肯定和自我发展的很大一部分来自解决问题的经历。问题本身有一种力量，是与它对组织造成的干扰成正比的。使这个问题得到解决，以便组织不再受其干扰，这意味着那些去处理并战胜问题的人具有比问题本身更大的力量。掌握对问题的控制权是自信的关键。

一个问题，或者更糟糕的，一个危机的存在，意味着从某种意义上来说缺乏现行的解决机制和办法，因而需要新的解决机制和办法。根据问题严重程度的不同，有时候可能一些微小的调整就足以使问题得到长久解决。如果危机太过严重，那就需要一个全新的解决方案。危机的出现意味着对某些不存在的东西，或至少是与现状不太相同的东西的需要。

在考虑问题的解决方案时，无论问题大小，我们都应该警觉地想到其他问题可能也在酝酿当中。实际上，越来越善于意识到其他问题发生的可能性是一项不断与问题较量并顺利解决危机的主要后果。新的具有竞争力的策略可以从危急状态中产生。后面我会更详细探讨这个问题。我现在要指出的是，一旦创造性思维开始动工，它所产生的积极效果通常会大于解决初始问题本身所需的效果。寻找问题的简单办法时常常很容易会让人找到其他更深更有利的对策。

多一些鼓励性的话语

亚伯拉罕·林肯曾说："当事情因为困难而越积越高时，我们必须随之提高我们的工作热情。"平静的海上出不了优秀的航海家。解决问题可以使我们得到锻炼，问题常常会带来好机会。当你遇到一个看似无法攻克的难关时，可能你其实正处在一个大发现的边缘呢。如果你不犯错误——作家理查德·巴赫（Richard Bach）称之为"意外的学习经历"——你就没有机会去发现。亨利·福特（Henry Ford）说："失败是一次更聪明地开始的机会。"而温德尔·菲利普（Wendell Philips）则说："失败不过是迈向更高目标的第一步。"去寻找问题吧，做一个斯图·莱昂纳多称之为

“问题发现者”的人。问题是黑暗，而问题的解决方案就是黑暗中的光。

不要被所面临的问题吓倒，这很重要。我们必须要比我们身处其中的现状更强大，必须常常保持对变革的开放心态。灵活性是僵硬犹豫的反面，而后者根本不能使问题得到解决。我们不能改变过去，我们只能改变未来，而未来是从现在开始的。不要对问题感到懊悔，应该有信心去解决。我们有责任让自己保持一种可以在现有条件下实现最大成就的心态。罗伊·阿卡夫（Roy Acuff）有一句至理名言：“没有什么是我和上帝不能解决的。”

解决问题所需的心理准备

为了做好解决问题的心理准备，你自己必须首先要有解决问题的决心。这意味着要对你和组织有一个很坚定的信念：目前面临的问题不会因为缺乏有效的解决方案而再次出现。其次，整理你的办公桌，把不相干的东西从桌上拿开。这其实并不容易做到。你的办公桌就好像你的大脑，把与解决问题无关的东西清理掉是很重要的。在我的研讨会上，当我拿办公桌和人脑相比时，总会有一两个人吓一跳。不要理会所谓“一张干净整齐的书桌就像是一个苍白无趣的大脑”这种没道理的话。我以前做事也和其他人一样没条理，所以，不要认为我这样劝你是在委屈我自己。经验告诉我，做事没条理会让你付出很高的代价；所以，我学会了尽可能按计划做事。

最后，从头到尾，或者从尾到头，把事情一步一步、有条不紊地做好。不管你是习惯由一般到特殊式的演绎推理，还是由特殊到一般式的归纳推理，系统地做事情都能使你免于重新查找搜索的麻烦。它可以为你树立目标，就好像标杆一样，让你在暂停以后，重新开始的时候可以清楚地知道自己要从那里继续，而不会没有头绪。当目标达成时，适当的奖励有助于认可已取得的成就，并为下一阶段设立新的目标。即使是一个只需花半天、一天、一周或一个月来实现的目标，适当的奖励对有效解决问题来说也是很重要的。

下面是有关如何做好解决问题的心理准备的3个步骤：

1. 要有解决问题的决心；
2. 整理好办公桌，把无关紧要的东西搬走；
3. 有系统地解决问题。

解决问题所需的程序

尼亚加拉峡谷宽800英尺，河床宽400英尺。河水以每小时24英里的速度冲刷着河床。19世纪中叶，当人们想在峡谷上搭建一座铁路桥的时候，工程师们面临着极大的挑战。没有任何船能横渡这条湍急的河流，把缆绳拉到对岸。那时自然也没有直升机可以帮忙。

所以，创新就成为当务之急。为此人们举办了一场竞赛，第一个把风筝飞过峡谷，并让对岸的人成功地抓住风筝上的绳子的人可以获得10美金的奖励。结果，这一荣耀被一名9岁的男孩，霍曼·威尔士（Homan Walsh）获得。他在峡谷的美国这岸把风筝飞到对岸，并成功地让对岸的人抓住了系在风筝上的绳子。

1915年，爱德温·马克罕姆（Edwin Markham）写了一首诗，讲述了这个故事的结局：

那尼亚加拉峡谷大桥最初的缔造者啊！
在他把缆绳甩向对岸以前，
一只小小的探险的风筝飞起来了，
那细细的绳子仿佛一只看不见的手
攀上悬崖，放出更粗的绳子，然后再粗，更粗……
直到最终飞越过峡谷，再甩出
他的缆绳——让这雄伟的大桥飞架半空！

1855年，一座全长1160英尺的铁路大桥飞架于距尼亚加拉河水230英尺的上空，而这一切都开始于一根细细的系在一只小小的风筝上的绳子。

我们所面临的困难真是不可克服的吗？如今，我们有更多的资源可供利用。用个比喻的说法，我们有更多的风筝绳子可以借用。所以，不要坐等那只从峡谷彼岸飞过来的风筝。万里之行，始于足下；过去是这样，现在仍是这样。最关键的是，在面对困难的时候，不要失去对事物的正确判断，或者更重要的，我们的幽默感。

总体而言，解决问题的6个标准步骤是这样的：

第一步：确认并锁定问题。

第二步：多方收集资料。

第三步：寻找解决方案。

第四步：测试解决方案。

第五步：选择解决方案。

第六步：实施解决方案。

第一步：确认并锁定问题。到底是什么在阻碍我们实现预期目标？要知道，并不是所有的事情都会成为问题。作为领导者，你要能分辨出什么是真正的问题、什么是暂时的干扰。应该学会全面看待问题；否则，你可能只是在处理某个大问题的某个小方面，而你自己都还没认识到。领导者看问题是一个角度，组织成员和客户看问题可能是另外一个角度。究竟哪个角度更准确？不管怎样，并不是从上而下看问题的角度总是最准确的。

用清楚准确的语言把问题写下来，演示在纸上，或者讲给毫不知情的人听，以获得对问题的全面了解，而不至于想当然。这样做可以剔除无关紧要的信息，帮助你将注意力集中在与问题有关的最重要信息上。

第二步：多方收集资料。任何发生过的事情可能都有助于寻找问题的解决方案，包括所有打印的资料或视听材料等。与遇到过类似问题的人交谈可以让你从更广的角度看待所面临的问题，也可以参考后面将要谈到的解决问题手册。

第三步：寻找解决方案。可以运用串连图板和想像会等方式，并让思维自由飞翔。不要放过任何可能的解决方案。要知道，你正在看一个万花筒：拼凑碎片的时间越长，你得到的图像就越清晰。

这一阶段将会消耗你大量的精力和能量，而且你可能会有受挫、失望或沮丧等感觉。不过，你应该适时提醒自己和组织，当问题看上去最没希望解决的时候，可能正是等待突破的关键时刻。

第四步：测试解决方案。当你找到问题的所有可能的解决方案后，应该对每个方案提出以下问题：

- 这个方案究竟会起到什么作用？
- 这个方案在经济上可行吗？
- 我们能够实施这个方案吗？
- 这个方案可能带来什么新问题？我们是否有能力解决？

第五步：选择解决方案。根据所面临问题的严重程度不同，这一步可能会让你喉咙发干、手心冒汗。造成这种紧张感的原因可能是由于你和/或你的团队本来以为是最好的解决方案，实际上看起来不仅很悬，还很冒险。创造和革新的程度越大，成功的保障系数就越小。

但是，不要让这一阶段可能存在的风险吓得你不敢有所行动。正如诺曼·文森特·皮尔博士所说的，你（以及你的组织）顶多和阻碍你们的问题一样大。激情，再加上一点反传统，就是对付延宕的最好良药。

第六步：实施解决方案。这意味着尽可能应用选择好的解决方案去解决问题。不要让你的想法因为自己太过小心谨慎而流产。如果剂量太小，解决方案不够有效的话，可以适当进行浓缩以提高其功效。我不是建议你把婴儿和洗澡水都倒掉；不过，如果治疗方法本身还比不上疾病的话，这种治疗方法要它也没用。第六步的关键词是行动。

将来可供参考的问题解决手记

一个问题解决以后，及时总结经验以供将来参考是很重要的。应该在日记、记事本或文件中记下问题发生和得到解决的时间和方式，并回答以下问题：

- 如果问题再次出现，我将如何更好地解决它？
- 如何才能防止问题再次出现？
- 这一解决方案是否有更广泛的用途，可以用于解决其他问题，甚至用于其他领域？

一个问题的原始解决方案可能会带出更多更好的方法和技巧。彼得·德鲁克曾经总结过解决方案的特点，说它们大多数“介于基本全对和可能不对之间。我们希望天空裂开、雷声响起以证明我们所选择的解决方案的正确性一样，不过，这不是个凭着谨慎和乐观就能解决的问题”。

通常，我们会迫不及待地将第一个出现的解决方案应用到问题当中完事，却没想到这一方案可能只是防止类似问题发生的第一步。某一特定问题的解决方案所涉及的新方法和新技巧通常可以用来解决其他问题，就像佛罗里达迪斯尼乐园的雨中游行启发了加利福尼亚迪斯尼乐园以及后来佛罗里达迪斯尼乐园本身的电子游行一样。

解决问题是领导者艺术的一个主要挑战，涉及所有与创新及如何做一个高效领导者有关的内容。一个富有效率的领导者同时也是一个办事效率很高的人。你不会看见有人一方面管理着一个非常出色的企业，另一方面却把自己的家庭生活弄得一团糟；反过来也是。只要假以时日，一个人的本色总会反映在他/他的社会生活和工作中。

一个善于处理个人生活压力的人同样也会善于处理社会生活压力。而那些看起来人格分裂的人——那些有时在压力下表现得很坚强，有时又很脆弱的人——则很可能会隐藏自己的恐惧。优秀的领导者不会掩盖自己的恐惧；相反，他/她直面自己的恐惧、承认它并尊敬它，然后轻装前行。像其他领导者才能一样，解决问题的信心和技巧也会随着时间的推移而得到提高。一个人的特质会在危机中得到反映。

如果别人成为问题之所在，我们应该怎么办

任何时候，只要组织有不止一个成员，就存在发生冲突的可能性。如何处理好成员之间的冲突对保障团队的利益和前途是非常重要的。不要以为自己总能公正无私、不偏不倚地裁断任何一种冲突。如果你真的成功调停了某一冲突，冲突双方肯定会认为是自己做出了牺牲。因为没有人对调停结果百分之百满意，所以看起来你似乎保持了自己的中立性和公正性。即使是所罗门王也没法让所有人都满意；所以，不要期望自己比所罗门王还能干。你只要把自己能做的事做好就够了。约翰·D. 洛克菲勒（John D. Rockefeller）曾说：“在一个经理所能拥有的所有才干中，与人交往的能力是我最期望他们拥有的。”

寻找潜流

你可能偶尔会觉察到组织中的一些真实却看不见的东西；而这一“潜流”正对组织成员的士气造成消极影响。所以，作为领导者，你应该尽快找到造成这种现象的原因。

找一张纸，在中间画一条线，这是第三章谈到的“篱笆技术”里的篱笆。你努力想一次把所有的组织成员都划到篱笆的一侧，但可能总有那么一两个成员会因为某种未知的原因跑到篱笆的另一侧。

试验开始时，先把你的名字写在篱笆的左边。然后一个个回想所有的组织成员以及最近观察到的他/她们每个人的情形。如果那个人一切都很好，那就把他/她的名字和你的写在同一侧。这样依次把每个组织成员都

检查一遍，寻找习惯、态度和人际关系等方面可能的变化。

比方说冉迪这个人。你突然想到，他最近经常迟到，可能午饭时间也拖得很长。你可以先把他的名字写到篱笆另一侧较远的地方，继续考虑组织中其他人。

然后名单中出现南茜这个名字。你在场时她总是很安静；而你看着她时，她会把眼睛转开。你也可以先把她的名字写到篱笆另一侧，继续往下看名单。

然后，你看见了艾尔的名字。他最近好像没什么工作热情，和同事的关系也不太融洽。所以，最好也把他的名字放在篱笆右边。

这样做完一遍之后你发现，大部分组织成员的名字和你的一起被放在篱笆的同一侧。这还不够，你希望那3只迷失的羔羊最终能够归队。

你可以进一步考虑他们每个人的具体情况。第一次考虑时有没有什么遗漏的地方？他们3个人之间的关系如何？他们是否正考虑离开公司开始经营自己的生意？还是说他们的名字被放在篱笆的另一侧只是一种巧合？

接下来你需要做的是和他们每人分别进行一次随意的非正式会谈——是你说"端上你的咖啡，到我办公室来聊两分钟"，或者"我想找人一块儿吃午饭。我请客。怎么样？"的那种。

这种轻松随意的聊天可以让你掌握到对方的生活现状，尽管可能很细微。你们可以聊家庭、目标以及未来——任何有助于了解问题起因的话题。然后你可以问："需要我做些什么，以便我们的组织能成为一个更吸引人的工作场所？使团队更加团结高效？"要仔细倾听对方的回答。

有时候，仅仅让他们知道你对他们的关心，你就能得到他们的信任。如果对方确实提出了问题，你应该引起重视，努力使问题得到解决或者对方得到帮助。

解决两人冲突的6步法

在我看来，下面的方法对解决各种形式的、各种年龄层的人际冲突都非常有效。

第一步。争议发生后，应立即避免有关方面单独接触，而是把他们召集起来面对面进行磋商。不要简单地让他们自己解决他们的分歧。这会使他们向组织成员鼓吹他们的论调，以征集同情者站到他们一边。由此产生的分化会降低组织的效率和士气。

第二步。不要听信争议一方的一面之词。在一方陈述时，让另一方也到场。带着理解的心态倾听双方的解释。不要让自己的情绪受到影响，以免产生偏颇。凭个人偏好作出判断会有损你作为公正公平的领导人形象，并将使另一方在他们的陈述中加入虚构的成分以力图争取你站到他们一边。应该让双方明白，你也希望问题尽快得到公平解决，不致影响组织的效率。

第三步。听完双方的陈述之后，你可以让一方站在另一方的立场上重复对方的观点。这一步骤可以消除某些激动情绪。当人们试着从对方的角度看问题时，他们不太容易继续保持敌对情绪。愤怒让人们变得盲目；而以对方的身份复述事情的经过则有一种神奇的使人变得冷静的效果，可以凸显所有的误会。这并不是说领导者要自己进行诠释；为达到上述神奇效果，争议双方必须准确地重复对方的观点。

第四步。不要急于作决定。如果可能，在同一天晚些时候，安排一次跟进会，这样争议不会沤到第二天。告诉争议双方，你不会匆忙作出判断。没有谁会责备一个有条不紊的领导者。

第五步。如有必要，可以进一步收集有关资料，并把情况重新整理一遍。相应作出决定，并检验其有效性，可以略掉有关人员的性格部分。最简单的消除性格影响和测试决定有效性的办法是在新场景中交换角色。这能保持工作的完整性。

第六步。在跟进会上，冲突的双方都应到场。陈述你的分析，然后宣布你的决定。先分析，再决定，这样与会者就都能跟上你的逻辑，明白你的决定是如何作出的。如果你一开始就宣布你的裁决，那么自认为利益受到损害的一方就会感到不公平，不愿再听你解释这决定是怎么来的了。甚至被判赢的一方也不会在乎你是如何作出这个决定的。如果你没有清楚地使冲突双方明白你所作的决定后面的逻辑的话，输的一方会向你的上级提出申述的——也即组织的其他成员。要诚实，但同时也要有技巧地处理任何问题或回绝。要一针见血。

第三方称赞

有时候，人们只是相互之间有一些性格上的小冲突，会有一些经常性的摩擦，并不至于造成严重矛盾。这就是为什么对领导者来说，了解他/她属下每个员工的性格特征是很重要的。如果你了解每个组织成员的长处，你可以称赞这一长处道："并不止我一个人这样认为。"被称赞的这个人会想知道还有谁也这么想，从这一线索你可以了解到他/她与这名隐形称赞者之间是否存在矛盾。怨火终将表现出来，因为你不可能说一个说你好话的人的坏话。或许人们对管理层有很多不满，但我相信，一个为着所有成员的利益最大化以及每位成员的个人发展的组织是不应受到指责的。诺曼·文森特·皮尔博士，一个公认的正直诚实的人，首创了上述"第三方称赞"这一概念。

私人问题

一位出色的领导者必须要深入了解其组织成员的另一个原因是，当成员的私人问题开始影响到他们的工作效率时，领导者能够及时察觉。爱德华·艾弗雷特·黑尔（Edward Everett Hale）曾说："有些人有3种问题：曾经有过的问题，现在有的问题以及想要有的问题。"很显然，要想相应作出判断，从长期而深入地了解某个组织成员的工作效率是很必要的。

如果一名领导者觉察到某位员工的私人问题开始渗透到工作场合当中，但还没有影响到该员工的工作表现，此时去找这人谈话是不明智的。你可能会被反问的第一个问题就是："我的问题有影响到我的工作效率或工作质量吗？"如果你的回答是"没有"，你接下来可能会听到"那就不关你的事了”。只有在该员工的工作表现欠佳，并因此影响到其他员工时，领导者才应介入。

如何对待自大狂

自大狂有很多。他们可以是经理、推销员、秘书、流水线上的安装工，或其他任何介于他们之间的人。不管他们是谁，自大狂对领导者来说都是一个挑战。和其他事情相比较而言，自大狂更喜欢抱怨别人的工作情况和个人习惯。如果有人试图指出自大狂自己的短处，结果会招来他们的强烈抵触。自大狂不愿听别人谈起他们自己可能有的问题。最重要的是，他们从不认为他们自己可能有问题。下面是正确对付自大狂的 5 个步骤。

第一步。应付自大狂最有效的办法是和他们讨论他们自己的优点和长处。他们太愿意谈自己有多好了！当他们告诉你他们将如何提高销售额、产量或其他什么东西时，把这些都记下来。再问他们打算何时及如何实现这些宏伟蓝图。把该人的目标和预计实现的日期记录下来，向他们提供你应有的支持。及时检查他们的进度，以确保实现目标的最后期限，能按时达成。从某种意义上来讲，你是在利用他们本身的自大来确保他们在做事，而不仅仅是说事。

第二步。如果自大狂是项目组的一分子，则其消极影响是巨大的。确保他们达成最后期限和工作效率标准很重要。这样，对待自大狂的过程实际上可以帮助项目组其他成员按预定的时间来计划和完成他们的任务。你也可以因此消除自大狂可能造成的某些重大纷争和分裂。

第三步。有选择地作战。没必要为不重要的事情浪费工夫。如果你较真的话，自大狂可以把任何一件小事都搞大。有时候，判断力是勇气中比较好的成分。你需要足够的自信让自大狂认为他/她已经赢了一两场战斗。作为领导者，你需要提醒自己去赢得整个战争，而不是纠缠于某些局部的小战役。不过也要记住，如果你不及时掌握战情，局部的小战役最终会累积成一场大战。

第四步。掌握自己的状况。自大狂通常很熟悉情况。如果你和自大狂争论，他们会利用你所了解的信息来辩论，弄得你很被动。正如肯尼·罗杰斯（Kenny Rogers）在歌中唱到的："你得知道什么时候收，什么时候放。"没必要在一场对方已占上风的争论中让对方把自己驳得哑口无言，让对方已经过度膨胀的自大心理更加高涨。故意让一个自大狂赢了一场和老板的争论并不会因此提高你在其他组织成员眼中的形象。即使你努力拔高自己的比分，宣布自己获胜，同事们也会知道其实是自大狂赢了。

第五步。解雇自大狂。有时候，领导者必须要作出决定。如果在你努力后，自大狂还是不听从管理，并对组织的效率和发展构成危害，你需要采取行动来保护组织中其他认真工作、抱成一团的员工的利益。有时候，这种行动就是解雇。在我的欧扎克山区老家，人们这样说："你没法教一头猪唱歌。这只会浪费你的时间，也会把猪搞得很烦。"

你被解雇了！

一位优秀的领导者不仅要懂得如何聘用具有潜质、与组织相匹配的人才，也应该懂得如何适时结束对与组织发展格格不入的雇员的聘用。在前面我建议你聘用一个不落俗套、具有发展潜力的人员之后，我现在这样说就显得很矛盾。有时候，继续留在组织中对某位成员来说并不是一件最好的事；而另一方面，继续让这位成员留下来对组织的利益来说可能也不是最好的选择。

有时候，该组织成员并不确切知道自己想要做什么，虽然你努力把他/她带回组织运作的正轨，但他/她令人失望的工作态度和效率总是会让你的努力落空。另外一些时候，人们可能是因为观点不同而听不进你的劝告。不管原因如何，领导者都有责任决定一名组织成员是否适合继续留在组织当中。你已经尝试了所有可能的办法给这名成员一个机会，让他/她重新回到组织当中；明白这一点可以减少解聘员工时通常会给领导者带来的负疚感和情绪波动。

另外，将组织和成员的共同目标和最大利益作为解聘决定的出发点也很有帮助，除非你认为这个决定只是你和这个问题成员之间的事。当你花了很多时间试图使一名成员回归组织时，你其实也是在占用其他组织成员的时间，而且是在重复没有意义的工作。

当一个人不适合一个组织，或者反过来，当一个组织不适合一个人时，没有谁能从中受益。经理们的领导能力发挥不出来，同事们的工作状态受牵连，整个组织的发展也受影响。果树被修剪时，有时候它们被剪得很多，看起来好像受到了损伤；但是，经过一段时间以后，你会发现它们比以前更大、更多产了。个人和组织也是这样。表面上看起来，让一个人离职是件很残酷无情的事，这也是为什么很多应有的解聘迟迟无法做出的原因；然而，从长期来看，适时、干脆的告别对组织和个人都是件好事。

解雇指南

一旦你决定让某人离开，参考下面这些步骤对你和对方都会有帮助。

谨　慎

出于对员工的尊重，不要公开宣布你的解聘决定。尽可能让最少的人知道这一决定。告诉他/她你需要他/她下班后到你办公室去一趟，这样在他/她从你的办公室出来后不用面对同事们好奇的目光。解聘员工时应该找一个他/她可以安静地离开的时间。帮助他/她在情绪激动时保持自己的尊严。解聘必须是在非公众场合以及理智的状态下进行的。

干　脆

当你关上办公室的门后，请该员工就坐。可以开门见山地说："从现在起，你被解聘了，因为那些问题一直得不到解决。"（这是指以前你和他/她曾进行过几次谈话，但并没有带来让你满意的结果）记住，从现在开始你是在和公司的一位前雇员谈话。

承担一部分责任

你的谈话应该是真诚的："对于事情没有朝着最有利你的方向发展，我也负有一部分责任。这并不表明你以后的老板不能帮你做到这点。"

结 束

祝福这个人，然后起身！如果这时你不能及时站起来，那么接下来你听到的将会是你所听过的最好的自我推销讲演。

另外，如果你对自己的决定有所犹豫和顾虑，因而给了对方又一次机会，这以后你将陷入更大的麻烦中。在接下来的一周里，他/她会努力寻找工作，并可能做些影响团队士气的事。然后，在新工作定下来之后，他/她会走进你的办公室，门也不关就开始炒你的鱿鱼！

通知其他组织成员

假设这个人是鲍勃，而你要在第二天的公司会议上宣布对鲍勃的解聘。最好这样说："或许大家已经知道了，鲍勃上周被解聘了。他和公司之间有一些问题一直得不到解决，对此我也是有责任的。我相信大家和我一样，希望鲍勃今后一切顺利。"这就够了。然后你可以言归正传。

把反对者变成支持者

正如我一直强调的，领导者应该深入了解他/她的员工。如果你够细心的话，你会发现人们对特定消息的反应是何等灵敏。如果你对员工的了解达不到这种程度的话，那你需要进一步了解他/她们。每个组织里都会有一些人比其他人做事更不积极。这些人会很抵触，很愤世嫉俗。这种消极态度不能帮助你把事情做好，而你也不想引爆一个炸弹来破坏你的业务会议。能让这些凡事说不的人积极行事的一个刺激因素是变化——任何形式的变化。

使局面朝积极方面转化的关键是隔绝所有可能的负面因素。一旦你知道你需要公布一个将会引起争议的决定，你可以马上把最有可能激烈反对这一决定的人请进办公室，一起喝咖啡、聊聊天。把这个不可避免的决定告诉他/她，对他/她说你需要他/她的意见和建议。用公司的这一变化来打击他/她，而他/她最多只能打击你办公室的天花板，而不是在其他员工面前打击你。向他/她请教如何向其他员工宣布这一决定，然后和他/她一起讨论这一变化，并解释为什么必须采取这一行动。让他/她们的雷霆发在你的办公室里，而非其他员工面前。然后把谈话转回到如何向其他员工作出解释这一关键问题上。

倾听。倾听他们的建议，并且适当采用一些。当你接下来在公司会议或其他场合公布这一决定时，你将会得到一些支持者，而不是反对者。

集体辞职

一天下午，我接到几个合伙拥有一家销售公司的客户打来的求救电话。公司的一名前销售人员在街对面开了一家公司，我的这些合伙人客户于是惊恐地看着公司员工们走出门，去对面公司工作。公司的这名前雇员提供给他的后任同事们更高的佣金。我的客户们很慌张，不知如何是好。

在简单回顾局势之后，我建议全面看待这个问题。这些合伙人看问题的视角需要改变。我建议他们给那些离开公司的员工们的配偶打电话，问他/她们如何看待丈夫/妻子工作上的这一变化。我为这些客户提供了电话谈话要点，告诉他们应该问这些员工配偶是否家里遇到一些经济困难，以至她们的配偶需要辞职去另一家公司。

他/她们对公司的一些基本运作问题是怎么看的？一家已上正轨的公司肯定比一家新开张的公司具有更确定的发展前景。成本则是另一个问题。即使新公司佣金比例更低，它的运营资金也会更少，所以员工的销售压力就更大。这样，用不着直接批评这些离职的员工以及他们进入的新公司，我的客户已经帮助这些前员工的配偶们看清了一些重要问题。这样，我的客户们其实是帮了这些急功近利的销售员们一把，因为他们在离职的时候都没有考虑到这些重要问题。

那天晚上 10 点钟的时候，我的客户们的电话开始响了，那些离开公司的销售员们都想回来了。3 天之内，所有的人都回来了，除了那个煽动哗变的始作俑者。其实我们所做的只是帮助销售员们及其配偶从另一个角度来看问题。如果从凸面，而不是凹面来看，同一样东西会变得很不一样。当然，在具体运用这本书所倡导的原则、理念及技巧来开导那些禁不住诱惑的销售员们时，我的客户们发挥得更好。

宰杀肥牛犊

如果你最终还是失去了一位精通业务、深受同事喜爱的员工——不管你曾多么努力想挽留他/她——不要为此生气，不要告诉这个人说他/她从此不再受欢迎了。应继续保持顺畅的沟通渠道，如第六章关于如何处理“90 天我想辞职综合症”时所谈到的那样。邀请这名辞职者时常回公司看看，和你一起喝杯咖啡。告诉他/她你希望和他/她保持联络，想知道他/她的近况。每个月给他/她家里寄封亲笔信，告诉他/她同事们都很想他/她，希望他/她一切都好。

最终，这名辞职者的配偶会认识到，你比他/她的新老板更关心他/她的生活和未来。但愿这位前雇员不必别人提醒就能收到这一信息。而另一个清楚明确地送出的信息是：公司的大门永远向他/她敞开。而当它发生时，你知道那意味着什么。

公司里的每位成员都知道这些人是为了“更绿的草地”走的。他/她们通常会发现自己的离职是个错误，想再回来。你应该张开双臂欢迎他/她，因为浪子回来了。应该把家里的肥牛犊杀了来庆祝。应该在公司会议上宣布这个消息，并把它写在公司的内部杂志上。还要告诉全世界！这也等于在告诉公司全体员工：留在公司对他们更有好处。

公司成员会立即认出这些去而复返的同事，会好奇地问他们“外面的”世界怎么样，为什么要再回来。这时候，这些回归者会起到一种很有说服力的示范效果；所以，应该尽一切可能让这些回归者们重新爱上这个公司，如果他们以前还没有的话。如果你觉得组织里有人想离开，你可以让这些公司的新支持者们和这个人好好聊聊，可能会帮助把他/她留在篱笆的这边。

5 个为什么

有时候，一些重大问题会被发觉并很快得到解决，但其根源——可能有几层之深——却尚未得到清除。简单地处理“症状”意味着问题将会不断重现。出色的领导者懂得如何应用“5 个为什么”，从表层开始解决问题，一步步触及深层。

尽管问题可能很简单，它们的答案还是会让组织中的许多人感到不舒服，甚至头痛。比如，有人提出员工流动率在上升。你问：“为什么？”这就立即给出了一个信号：简单地报告一个坏消息就像把一个婴儿放在门口一样，并不是事情的结束，而只是开始。你可能会得到一个公式化的回答，比如：“他们好像更喜欢为其他公司工作。”

“为什么？”你继续问。

“他们希望赚多些钱。”对方这样告诉你。

“为什么他们不能在这里多赚到钱？”你又问，“我们的薪金制度需要调整吗？”

“这个，”对方试图解释，“其他公司的培训计划比我们的好。”

“为什么？”你继续问道，“为什么比我们的好？”

“嗯，”你听见对方这样说，“他们的培训资金比我们的多，而且比我们更重视培训。”

“为什么他们比我们更愿意把钱和重点放在培训上？他们的培训计划是如何转化成效率和利润上的提高的？”

当你不断问“为什么”并认真听取回答时，你会得到有关公司状况、市场地位，更重要的是得到公司在效率和成长方面的障碍等重要信息。“5个为什么”程序会为你的战略思考提供富有价值的重要资料。

第一个“为什么”的答案永远是不够的。第二个“为什么”的答案要好一些，但仍然有些肤浅。第三个“为什么”的答案开始指向事情的真相，要求真实披露事实。第四个“为什么”的答案包含了准确的相关资料——尽管有些可能是令人不快的。第五个“为什么”的答案是变化的开始，为了将你的组织发展成行业内最有吸引力的机构而必需的变化。

将问题减少到最低限度的方法

如果你认识到任何组织，无论大小，都会有问题发生，你就已经准备好了可以采取以下6个方法将问题可能造成的负面影响降到最低限度了。

1. **坚持培训**。如果你不为员工提高学习的机会，他们自然而然会开始回到阻碍工作效率的旧习惯中去。当你不学习时，你就在失去了。持续的培训项目要求你进行计划和投资。作为领导者，你应该支持这种计划和投资，并尽你最大所能将公司建设成彼得·森爵（Peter Senge）所说的“学习的组织”。应该让学习成为一种日常行为，而不是可有可无的事。当公司员工学习时，他们会去思考。而会思考的人是最可能较早发现问题并采取必要行动解决问题的。
2. **信息公开**。让员工对公司所发生的事情一无所知不会有助于工作效率的提高。应该努力通过公司主页、新闻简报、会议记录、布告栏以及培训课程等方式，让员工了解公司里正在和将要发生的事情。当人们了解所发生的事情时，他们会觉得事情与他们有关，并用心考虑如何把事情做好，甚至用你意想不到的方式。
3. **倾听并不断提高自我**。当员工看到作为领导者的你在努力提高自己的工作水准时，他们也会尽可能这样去做。反过来也是：当他们看到你并不想提高自己时，他们自己对工作也不会有什么兴趣。如果领导者对公司的发展没兴趣，员工又怎么会有呢？员工知道你有没有提高的方法之一是和你谈话。当你谈到你正在学习的东西时，也问问他们在学什么。认真听对方谈话是最好的领导方式之一，它可以向员工表明，作为领导者，你的个人发展和提高中一个很重要的部分是关心他们个人的发展和提高。当你勾勒出每个员工过去一年里的成长状况时，要记住，同样的道理，他们也对你在这一年里的表现看得清清楚楚。

4. **保持顺畅的沟通**。你之所以要有事及时通告团队成员以及提倡学习和提高是每个人的事，是为了避免万一信息没有传递出去时，大家不会茫然失措。你可以运用这本书介绍的方法和技巧向员工提供信息，然后请他们提供反馈，以确保他们收到了这些信息。如果员工能够比较清楚地复述你想要传递的信息，你的工作就做好了。不过要记住：在沟通这件事上，你总是可以不断提高的。
5. **定期谈话**。这并不是一般意义上的随便聊天。通过建立一个定期的谈话机制——不必经常，但必须定期——让每个员工都明白，他/她有机会讲出自己的感受和建议。让人们知道他们所讲的话被听到了，对于这一点的重要性，我再怎么强调也不过分。这个谈话机制也是一个很好的机会，让员工借此了解公司的现状、现有问题、潜在问题以及可能的解决办法等。这种谈话的性质类似于我们在第六章里谈到的士气鼓舞战。
6. **把员工当顾客**。为你工作的人通常是你的第一线顾客。如果你觉得这没什么，你应该再好好想想。你怎样对你的员工，他们就会怎样对他们的第一线顾客。领导者和员工的关系会反映到公司的最终客户那里。在听到这话以后，参加研讨会的很多经理告诉我说他们好几晚睡不着，总是想着这与他们以前所理解的员工和最终客户之间的关系是多么不同。

高人员流动率/低工作效率：彻底改变组织

当老板告诉我他正在找人取代我时，我去海边呆了两天认真思考这件事情。办公室里的每个人也都知道老板在找人替我。第二天晚上，我给每位员工家里去电话，请他们星期五上午 8 点准时参加一个特别会议。“有些事情需要向大家宣布。”我这样结束每个电话。他们可能想着到时候我会宣布我要辞职或者被解雇了。另外，他们可能还认为我会把失败的责任推给别人，甚至推到他们身上。那天，他们都准时到达，因为想看看事情到底会怎样发生。

“谢谢大家光临，”我开始说，“当我得到这份工作时，你们面对的恐怕是世界上最差的经理了。与此同时，我得到的却是我所能得到的最好的团队。我希望大家知道，我准备尽最大努力让自己好转起来。不是公司，也不是团队——而是我自己！我的目标是要证明，我能成为你们想要的和配得上的那个经理。”

我就这样结束了会议。通过直接面对问题，我为自己赢得了进行提高的时间。这是从我着眼于他们的优点，而不是缺点时开始的。几乎是一夜之间，几乎要把总部电话打爆的对我的投诉全部停止了。

互相学习

我成功地重塑了自己。在管理这个后来打破公司销售纪录的办事处两年半以后，我被提升为地区销售经理，管理整个地区的所有办事处。上任后我面临的第一个最大挑战就是如何降低人员流动率和提高工作效率。这两个问题普遍存在于整个地区。我帮助销售经理们彼此分享经验，提高管理能力。正如我前面所说的：“没有任何一个人比我们所有人更聪明。”

每位经理都做对了一些事，但这不意味着他们所有人都做对了同一件事情。所以，大家应该分享彼此的经验。在第一次经理会议上，我问他们想了解其他经理的管理风格的哪些方面。我把每个人最关心的问题写下来，贴在墙上。

这个单子包括如何处理办事处的人事记录、人事问题、个人发展问题（销售和管理）、时间管理系统、关于未来的销售会议的建议、个人演讲技巧等。在第一次会议结束时，我向大家宣布下一次会议将在下周举行。届时他们会了解自己将如何运用这张清单来提高业务。

接下来的一周里，我们继续在同一个房间开会；我已经把这个房间命名为想像会会议室。每位经理都拿到一个订好的有关他们想了解的其他经理管理风格的问题清单。这个清单非常简明扼要，每个问题后面都留出了很大空间，以便经理们做笔记。

然后我宣布，一周以后我们要聚在贝茜的办公室里，这样她可以给我们演示她是如何处理所有事情的。贝茜吃惊得说不出话，而其他 7 位经理则都把手举了起来。奇怪！他们只有一个问题："下一个会轮到谁？"

"下周我再告诉你们。每次我会提前一周告诉大家，直到我们把 8 个办公室都走一遍。"要记住这是一个销售业绩一直徘徊不前的地区。我的几位前任都没有取得太好的成绩。现在，这些销售经理们意识到事情要有所改变了，而最好的办法就是——在努力中！

我的想法是，每个销售处都需要重新整顿，不仅在形式上，而且在结构上。每位销售经理也都希望自己的办事处不仅看起来，而且也真的井井有条。这样，当同仁们来参观时，自己不会难为情。

还是让我们回到这些销售处的变化上吧。由于每位经理都担心自己的办事处会是下一个聚集地，而他/她希望当同仁们来的时候，自己能为这个办事处感到骄傲；所以，这种动力的一个间接效果是，8 个销售处的 145 位销售员从未见过他们的经理这么忙进忙出的。他们也知道会有些事情要发生了。

每一次会议结束时，下一个要被参观和讨论的销售处会被挑选出来。那个销售处的经理会拿到一张清单，就像他们用来给其他销售处做记录的清单一样。在这一系列会议结束之后，每个经理都会得到 8 张很有价值的写满笔记的概要。

第9次会议重新回到想像会会议室进行。在那里，我们一起讨论我们学到了什么，又将什么付诸实施当中。令人欣慰的是，工作效率正随着士气的上涨而提高。托马斯·爱迪生有一次对他的工作人员，他称之为“失眠小组”的人说：“更好的办法总是有的。去找到它。”我们正在经历这一理论的神奇效果。难怪这一系列会议成了全公司谈论的焦点。

另外，每位经理还会召开办事处全体员工都参加的每周销售会议。我宣布要参加这些销售会议，但因为它们都在同一天举行，所以我没办法参加每一个会议。也就是说，没有经理会事先知道我将到场。“当我从门外走进来的时候，你就知道我来了。”我对他们说。

这样过了几周以后，很多经理给我打电话，希望我能提前一周参加他们销售处的业务会议，因为这实在是太棒了。以前，销售经理们都不喜欢头儿去他们的办事处，更不要说参加销售会议了。而现在他们却主动邀请我参加会议，因为现在他们对自己作为销售经理的工作感到骄傲。

而说到每周的想像会，我本来可以让不同销售处的经理们每人每周写篇报告就好了，不必每次都开会。但是，我仍然坚持会议每周都召开，让销售经理们在同仁面前作口头汇报。当他们谈到自己销售处的成就时，这成为一个令他们骄傲的时刻。

在管理销售处和汇报业绩的时候，他们也感到一种彼此之间竞争的压力。尽管我从来不小看他们中的任何一位，我知道，在业绩偶尔不好时，他们还是痛恨在其他销售经理面前说起这些不理想的数字。想到同僚们知道自己有一周业绩不好，这会让他/她在接下来的一周里更加努力工作，以求在本周的会议上汇报更好的业绩。

惊喜教练系列

在每个人都清楚了自己能从其他销售经理学到什么之后，就可以为他们安排下一阶段的学习任务了。这就是每周的阅读任务。我们每周学习一篇商业文章或一本商业书籍中的一章，讨论其中的信息与我们的业务有什么关系。我自己很少做教员。我提前一周把作业布置下去，但直到会议开始时才宣布谁将主持当天的讨论。没人愿意让自己显得毫无准备，所以通常每个人都是有备而来。他们很快了解到，这些信息是可以用于提高销售处的工作效率的。

会议的形式同时又是轻松愉快的，没有人觉得枯燥乏味。再没有什么比问一位经理过去一周里工作效率提高的原因何在，然后听到的回答是"哦，是我在几周前的讨论会上学到的东西"时更让人兴奋的了。你能看到这一讨论会是如何与我们在第六章里谈到的 5 阶段学习法中的第三阶段联系起来的吗？难怪在 5 年半的时间里，管理层的流动率降到了零，而销售额则提高了 800%。这些经理正在实践他们学到的东西。

第 13 号非正式地带

在每周高强度的每次为时 2 小时的想像会之后，由于意犹未尽，或者不愿中止学习的过程，这些销售经理们散会后会再去酒吧里坐坐。正式说来，他们都是第 10 区的销售经理，但他们决定把这一非正式集会称为"第 13 区"。当他们在酒吧圆桌旁落座，时不时喝一两口杯中酒时，讨论在继续，而友情也在提升。他们正在成为一个精英团队。常常会有其他地区的销售经理来问他们能不能参加这个具有传奇性的讨论会。他们通常会得到很有礼貌的一句："对不起，你可能会不明白的。"

我经常会接到一些电话，可能是这样开始的电话："昨天，在第 13 区会议上……" 这是说，他们自己想出一个主意，想要付诸实施。让我印象深刻的是，一旦开始我们的学习过程，有那么多创造潜能被释放出来！每次我都会接到参加第 13 区会议的邀请，但我总是借故拒绝。我觉得对他们来说，有一段完全属于他们自己的时间，而没有我在其中是很重要的。当我在就职了 5 年多以后离开公司，开始在公共演讲领域谋求自己的事业时，第 13 区邀请特蒂和我去海边的一处豪华酒店度周末，所有费用由他们承担，以此表示他们的谢意。我猜他们也在此基础上发展出了一些培训课程。他们后来仍邀请我参加第 13 区会议，而因为我已不再是他们的地区经理，我于是参加了一些这样的会议，如果我的出差计划允许的话。不管是在原公司，在他们新去的公司，还是在他们自己创建的公司，所有这些经理们都做得很成功。我一直相信，这种成功可以归因于这种努力学习、乐于分享的精神。

永远不要停止向员工推销你们的公司

当你使学习成为公司的头等大事时，你从中学到的事情之一是很多积极的事情正在发生。我现在经常会问业界人士："上一次你在公司里听到有关公司的一些正面评价是什么时候?"他们无一例外会说："当我被聘用的时候。"当你不能称赞你的组织、组织成员以及组织的成就时，很多机会就被错过了。这一点就像组织在聘用有才能的人时应该用最好的材料来勾画组织一样重要——不仅对外部世界来说是这样，对你的团队成员来说也是这样。他们不会愿意离开一家富有朝气、欣欣向荣的组织。

应该通过我所谈到的一切媒体资源来传扬组织的好消息。突出销售、生产、效率或其他衡量指标上的增长，即使这种增长只是阶段性的。宣扬你的员工为社区及/或你的组织为世界做的好事。作为领导者，你不应该在公关场合或公司交流会上略去这些事迹。或许这些事只能起到很微小的公关作用，但这个信息仍然需要从上层传递下去。必须让你的员工相信，他们在公司简报、公司主页以及其他地方看到的有关公司的报道真实地反映了你的理念和信仰。

小结：有关解决问题之艺术的思考

如果你或组织中的其他人觉得别人从没遇到过你目前正在面对的麻烦，那我前面已经列出了其他也有麻烦在身的人给你做伴。应该记住艾伯特·哈伯德的名言："如果生活给你一个柠檬，也可以用来开柠檬汽水店。”这些用充满哲理的话为我们揭示出生活真谛的人们肯定不会没有受过问题侵扰的。

我觉得，再没有比查尔斯·狄更斯（Charles Dickens）在他的名著《双城记》的开头部分所做的对生活的矛盾性和思辨性更好的总结的了：

那是最美好的时代，那是最糟糕的时代；
那是智慧的年头，那是愚昧的年头；
那是信仰的时期，那是怀疑的时期；
那是光明的季节，那是黑暗的季节；
那是希望的春天，那是失望的冬天；
我们全都在直奔天堂，我们全都在直奔相反的方向……

骚乱其实不仅会给我们力量，也会给我们新的方面。遇到问题时不应去害怕或回避，而应该积极寻找解决方法，用我们所具有的创造力去挑战它。如果你对明天还有梦想的话，那你必须诚实对待今天的现实。一个男人在看着一个穿上新滑冰鞋的小男孩滑冰。小男孩摔倒了很多次。男人问：“你为什么还不放弃？”男孩咬咬牙说：“先生，我得到这双新滑冰鞋不是为了放弃的，是为了学会滑冰的。”摔倒是事实，不要否认这一点。什么是你的“回弹力”？奢侈和舒适并不能真的成为伟大胜利的绊脚石。

下面是一些战胜过各种困难的伟人的至理名言：

“很多人的生命缺乏挑战困难的壮丽。” ——查尔斯·司布真
“逆境是人生最好的磨砺。” ——塞姆赛特·毛姆
“造化弄人，造化助人。” ——爱默生
“勿因犯错而害怕坚持真理。” ——白瑞尔·马克罕
“勇敢的战士从不害怕强敌。” ——阿吉斯二世
“强者非由环境生成。”
——弥尔顿（盲人诗人，50岁以后写成他的第一部史诗）

“与逆境抗衡的人是诸神眼中最美丽的风景。”

——奥里森·斯维特·马登

“最后的胜利属于锲而不舍的人。” ——麦考利对亚历山大大帝的描述

“失败是我一生最好的导师。” ——西德尼·波因茨

“战胜那些看似不可战胜的困难就是进步。” ——诺尔曼·考辛斯

“失败意味着认输。” ——奥里森·斯维特·马登

“人不是时势所造，而是造就时势。” ——狄斯莱利

“比起困苦，富贵更能培养傻瓜。” ——艾伯特·哈伯德

“逆境成就品德，失败孕育成功。” ——奥里森·斯维特·马登

“成功与失败往往只有一线之差，许多人因为在这一关头放弃而失败。” —— 托马斯·爱迪生

“久经风雨，才会珍惜阳光。” ——佚名

“猎狗偏着头，是为了喘气时也不放松警惕。” ——温斯顿·丘吉尔

“当命运向你关上一道大门，它往往暗中打开了另一道门，而弱者只会徒劳地对着紧闭的门，伤心不已。” —— 亚历山大·格雷厄姆·贝尔

“危难之中的一句鼓励，要胜过成功之后的大篇颂辞。” —— 佚名

“身处困境，必须坚持不舍，勇于面对。” ——W. C. 菲尔兹

“我从小意识到，自己处事十有八九会出错，因此我每次总是把事情做上10遍。” —— 乔治·萧伯纳

“奇智总是在绝境当中产生。” ——亨利·基辛格

“危难之中无懦夫。” ——R. E. 钱伯斯

“任何情况下都不要轻易说出‘不可能’一词。”

——威尔纳·冯·布劳恩

“比才能更可贵的是韧性。” ——佚名

“擅为己所善并非上善，擅为人所善方为上善。” ——温斯顿·丘吉尔

“虽然人世充满苦难，但也充满战胜苦难的希望。” ——海伦·凯勒

“成功属于坚忍不拔的人。” ——弗兰克·克莱恩博士

“轻松人生，令我快乐。” ——威利·尼尔森

“勇者绝不言败，因为他总会找到机会重整旗鼓。”

——玛丽·匹克福德

“永不放弃!” ——戴维·泰勒·索特斯博士

“人生的阅历并非是你遇到过什么，而是你如何对待你所遇到的。”

——阿尔都斯·赫胥黎

第九章

第七步：压力之下要领导变化（而不只是管理变化）

“勇气是当你怕得要死时，仍然咬牙挺住。”

——演员约翰·韦恩（John Wayne）

变化：惟一不变的事

吉姆·牛顿（Jim Newton）是《非凡的朋友》一书的作者。该书讲述了作者在他20多岁时与托马斯·爱迪生、亨利·福特、哈维·凡士通、诺贝尔奖得主爱力克斯·卡罗博士以及查尔斯·林德伯格等非凡人物的亲密友谊。这些善于领导变化的伟人们不仅带给20世纪巨大的影响，并且也对我们这些21世纪以及以后几个世纪的人们产生非凡的影响。

吉姆是我最重要的精神导师，也是和我与在一起时间最长的一个。从我在1981年认识他起直至他于1999年以94岁高龄去世——他称之为“毕业”——我们有过几次很有趣的谈话。在其中的一次谈话中，我问他什么是这些变化领导者们共有的动力。他说他们有3个共同点：目标明确、敢于冒险以及不断进取。对于第三点，他说：“他们清楚自己并不懂所有的东西。”吉姆告诉我，爱迪生在被一名记者问他打算什么时候退休时回答说：

“葬礼前一天。”

查尔斯·林德伯格说吉姆是他最亲密的朋友。林德伯格有一次说："我总是抓住一切机会，但不给任何事情机会。"我问吉姆这句话的意思。吉姆解释说，查尔斯所做的事情靠"机会"是因为这些事情以前没有人做过；但这位飞行员"不给任何事情机会"则因为他做每件事都经过深思熟虑，考虑到了任何可能性。这很清楚地说明了吉姆的这些非凡的朋友们所共有的冒险精神。

任何形式的组织都需要变化领导者，而不仅仅是变化管理者。我们经常以为所谓管理变化就是慢慢地接受变化，慢慢地应付变化。不过这不是说我们应该迫不及待地迎接变化，而是说变化领导者们不放过任何机会，也不给任何事情机会。

然而变化领导者们总会有这种破釜沉舟的激情吗？不是的。他/她知道，此时此刻的发展只是一种过程。领导者经历的变化（包括成功的和一两次失败的）越多，他/她积累的信心和能力就越大，而从团队成员那里得到的理解、尊敬和信任也就越多。

我的第一位编队飞行指导是个说话不多的人。在一次飞行前的说明会上他告诉我们，4 号机飞行员要紧盯 3 号机，3 号机要紧盯 2 号机，而 2 号机则要紧盯 1 号机。"有什么问题吗？"他问。

我是飞 2 号机的，于是我举起手。"教官，如果一号机向山头飞去呢？"

"那我希望山头有 4 个一模一样的洞。"他答道。他当然是在开玩笑，可是接下来他说的话我却一直还记得："我是飞头机的，我的飞行计划里不包括带你们飞山头这一项。"那天我一直"缩在"他的机翼旁飞行。我飞得离他特别近，后来再没有一次编队飞行我能飞得离邻机这么近的了。他的信心是有感染力的。

后来，当一位在我们所飞的这种高性能战斗机上有几百小时飞行时间的老牌飞行员加入我们中队时，这位编队飞行指导非正式地离开了。当他再次飞一号机时，我们的飞行编队变得很松散，直到我们对他重新有了信心。

现在，我们是在飞四机编队，你就坐在我的战斗机的后座舱里。在

4.5万英尺的上空，另外3架价值上百万美金的超音速战斗机跟过来了，二号机在我们右机翼后面，三号和四号机在左机翼的后面，他们离我们都不过5~6英尺的距离。每架飞机的燃料只够再飞20分钟的了。4架飞机上共有8条非常宝贵的生命。而这4万英尺上空的气候又非常恶劣，我们刚刚收到指示要小心这个区域的强大气流（有时这真能让你手心流汗——不只是出汗，而是流汗）。耳边传来控制中心的指令，"大鼠一号，"控制员低沉地说到，"带领4架飞行开始下降。"

"罗杰，"我一边说着一边把节气阀缓缓向后扳去，并把机头慢慢向下朝向大地。其他3架战斗机也和我做同样的动作。有个声音在我脑中回响。是我的编队飞行指导的声音。他说什么来着？是他经常说的："你的飞行计划里没有失败这一项。"

强大的气流让人牙齿打战。每个人都紧紧吊在空中。然后我们安全降到5000英尺的高度。大地已经清晰可见。接下来是4个完美的时速达6.4万公里的俯冲，4个完美的急速下降。

到了飞行小结时间。"今天的飞行怎么样？"

"没什么特别的，小意思而已。"

军官俱乐部的斗士酒吧里不仅有茶点，还有许多击节拊掌。也许，仅仅是也许，我编队里的一个飞行员会像任何一个领头飞行员所祷告的那样说："你要飞去地狱，我就跟你一起飞去地狱。"我的二号机飞行员就是这样站在我身旁，把胳膊搭在我肩膀上说这话的！突然间，我觉得呼吸变得困难起来。有什么东西哽在喉咙里。啊，是我的心！可这真是美好的一天，尽管我的手心流汗了。是的，的确是流汗了。

信心鼓舞变化

信心不是一夜之间就有的，它是持续学习的结果。我们将学到的东西记下来，并将此运用到实践中。然后，我们把这种经验放到我们自己的万花筒中，从不同的角度来观察它，并把它与我们以前经历过的变化进行对比。能不能采取更有效的方法来更好地处理下一个变化？最好能把这个过程和结果记录下来。这样你可以更快更有效地应对下一个变化。

当你日益成为一个有经验的变化领导者时，你会发现你的团队对变化的接受能力也提高了。他们对你和变化过程的信心和信任在增加。他们开始和你靠得更近一些了。

你正在培养一个对新事物抱欢迎态度的敢做敢为的团队。敢于冒险正在成为一种生活方式，而你正在不断拓展极限。你正在让你的竞争对手们——他们还只是在努力去管理变化——流汗。是的，是流汗！

在和数以千百计的公司合作过之后，我可以很肯定地说，他们中的大多数一边糊里糊涂向未来闯去，一边却还把眼睛盯着后视镜。他们不愿改变的原因有以下几种：

- 有些人觉得接受别人的建议是自己的失败。这就像用那种“非此地制造”的陈旧方式来思维，或者“这不是我的主意，所以肯定不是个好主意”。
- 有些人担心新项目会带来新问题。一成不变的现状至少让我们知道每天会是怎样的。
- 在行业内有一种错误认识，认为新事物一定比我们正在做的事情要困难。
- 高层管理人员通常会认为，不管公司经营得有多糟糕，避免新的和有潜力的好点子至少会保住他们的现有职位。这就是为什么许多很有作为的经理人被人劝告不要急于改变现状，就做一个“过滤器”好了。

作为变化管理者的领导者

如果某件事两年来一直是用这样的方式来做的，那80%的可能性有一种更好的方法来做它。我不是说有些事会自动改变或必须改变。但拓展知识和资源几乎总是能创造新的更好的机会。检测这一判断的办法之一是找一个现有的、存在了两年或更长时间的方法或程序，问问自己如果今天必须要用不同的办法来做它，在现有资源下该如何去做。

你可能会发现，现存的方法和程序根本没有继续存在的必要。一个曾经很重要的努力某天可能变成了一种毫无效率的传统或习惯。为什么会有这种不同呢？变化带来不同。知识似乎以一种比我们所能理解的要快得多的速度在拓展。我们还不知道该怎么去应用，新技术就面世了。解决某一特定问题的努力经常会产生更多宝贵的、超过解决这一问题最初所需的信息。只要有问题，人们就会去寻找解决办法。一个对那些渴望进步的人们来说的好消息是，这个世界总有问题需要解决。

组织需要变化的另一些信号包括经理拒绝下放权责、大家普遍认为不能从竞争者或外部资源那里学到东西。优秀的领导者能够注意到好的领导原则有没有在组织里得到应用。如果有人不愿意把任务分派下去，这说明他/她认为别人不能像他/她那样把工作做好。这种危险的想法需要改变。任何时候，组织里有人开始相信事情只能按他/她的方法来做时，这个组织就需要有所改变了。坚信现状不可改变的想法会把组织引向衰败和灭亡。

成功变化的基础

变化是令人害怕的。变化意味着一些新的、不同以往的事情将要发生了。在接受新思想前先打好正确的基础是很重要的。这个打基础的过程有两个基本步骤。

不要惊讶

要让组织成员知道，在重大变化发生前，他们会得到充分通知。换句话说，你的组织在实行新措施前，应该是经过充分的讨论和思考的。如果人们对意料外的事情一无所知的话，他们对此不会有信任感的。即使是一个好点子，让毫无准备的人们来实施也会造成骚动，会让他们做事时小心谨慎、犹豫不决。而你想要的却是一群在你领导下，经过变革后变得很有信心、自发工作的组织成员。

仔细考量

第二步和第一步有点类似。必须重点把时间和精力放在新点子和新项目的真正挑战上。这将有助于创造新点子可以凭以生长和发展的氛围。那些总是做最坏打算的悲观者会使自己远离新思想。而那些对实行新点子的过程中各种可能发生的问题没有充分准备的人，如果不断向他们推销新点子的巨大潜力，却不给他们装备必需的信息和资源，他们也会和新点子保持距离的。人们常说，做最好的计划，同时也做最坏的准备。

对我来说，这听起来像是现实治疗法。要努力确保你的领导者艺术是持续的、可靠的。将无惊奇法则付诸实践当中。尊重组织成员的感受。不要暗中酝酿一个计划，然后立即让毫不知情的人去实施它。在实行一个新计划时，要让你的组织成员对他们未来的这件大事做好准备。不要破坏新点子的益处而让组织成员失望。没有大家的努力和投入的话，是不能做成什么事的。当新点子成功时，你的组织成员会很高兴他们参与当中了。

为了帮助建立一个有利于变化成功的坚实基础，要牢记以下几点：

- 串连图板是一件极好的帮助演示新点子的益处和潜在问题的工具。要看好坏两面。这是一个你需要带回家去做的串连图板。如果在办公室做，可能会引起一连串的争论。
- 记住尼亚加拉峡谷铁桥是从一只风筝开始的。你知道最终的变化是巨大的，但没必要把所有的担子都压在一线人员的肩上。人们也没有指望那个把风筝飞过峡谷的小男孩来建造大桥。所以，不要先急着让你的人造大桥，先让他们把风筝飞过去再说。
- 使用篱笆法来处理变化（见第三章）。篱笆法是一个很有效的衡量整个团队对于新变化反应的工具。即使是一个很强的团队也需要认真对待变化。所以，在考虑新项目或新变化时，把所有团队成员和你分开，分别放在篱笆的两侧。这样，正如我们在第三章中谈到的，把重点放在最重要的团队成员上。让那个成员知道他/她个人的力量对于处理变化有多重要。然后是下一个最重要的成员，然后再下一个，一直这样下去。记住，当你把团队1/3的成员，最重要的1/3的成员，放在你的同侧时，另外2/3就会很快跟进了。

变化的领导艺术是一系列事件的结果

成功的变化管理有6个基本阶段。在一个繁忙的组织中，作为领导者，你可能同时要照管几个项目。了解这6个基本阶段可以帮助你在完成后面11个步骤时，明白自己处在哪个阶段。这6个阶段是：

1. 教育
2. 参与
3. 沟通
4. 支持
5. 信息
6. 回顾

教育阶段。例如在变化发生前事先通知团队成员。可以用前面谈过的展示屏帮助团队成员做到胸有成竹。

参与阶段。鼓励所有成员都参与到计划和计划的实施中。这将加强大家对组织和项目的信心和热情。

沟通阶段。这是对将要进行的变化所做的最后一次展示。可以使用显示所有最后变化的串连图板等工具。

支持阶段。变化即将来临。在这一阶段，领导者的实际参与将带来巨大效益。沟通和咨询只能到这个阶段为止。领导者本人必须介入到项目中去以显示他/她对项目的信心和贡献。

信息阶段。现在，领导者真的要眼观六路、耳听八方，掌握项目的最新进程。与组织成员非正式、轻松随意的接触可以给你带来许多这样的重要信息。这时你可能就会了解到为什么没能做到适当放权，或者自己的思考本身还是太狭隘了。

回顾阶段。热情和能量并不能持续长久。在目标初步锁定后，评估和分析新项目的进展是很重要的。应该采取必要的调整和改变以提高项目质量。

实　施

成功实施一个新点子有11个基本步骤。仅仅把它们大部分都做对是不够的。重要的是所有这11个步骤都引起你的重视。这些步骤就好比是建筑用的梁木。上面的梁木完全依赖下面的梁木。

1. **显示你对新点子的热情**。你的员工会从你这里得到启发。组织里没有人比你对将要实施的新点子更感到兴奋的了。你的热情是有感染力的。
2. **向关键人员预售新点子**。当你在想像会上用串连图板演示一个新项目时，一个需要考虑的重要问题是："谁是让计划起飞的关键人员?"你肯定不希望当你向组织宣布你的新项目时，一些有影响力的人面露不满。找出这些关键人员，然后单独和他们会谈。向他们解释即将到来的变化是什么，并询问他们的意见。如果他们不喜欢你的计划，让他们对你一个人发泄不满也好过让他们在整个团队成员面前发泄。另外，他们也会感谢你对他们的信任。
3. **解释需要变革的所有原因**。在演示一个新点子时，要特别认真仔细，这很重要。由于我前面谈到的原因，你大概不会只想一味沉浸在新点子能够带来的益处上，而不考虑实施这个新点子所需付出的努力。很多人可能并不真正明白为什么要有变化。不要让他们依旧对此一无所知。确保每个人都理解新项目是为什么、为谁以及怎样为这些人的。

4. **讨论风险**。设想你的人对接受未知事物持保留态度。于是，你需要向他们解释为什么需要承担应有的风险。有理性的人们会倾听并给出反应的。你不能指望大家盲目跟从你。
5. **演示预想的结果**。没人愿意购买永远不会交付的产品。推行新概念肯定对组织及成员都有好处，否则你不会推行的。关键是要现实。向大家说明新点子将如何帮助组织来实现它的目标，比如在竞争中取胜以及帮助有关人员通过可行的方式得到提高等。
6. **介绍项目的有关情况**。不要依赖于人们可能认为新项目将会怎样。有时候游戏结束了人们还会是一头雾水。介绍情况时要尽可能做到符合实际和精确。不管别人怎样，至少有些组织成员会有选择地听他们想听的有关新项目的情况。让他们告诉你他们对新项目的理解，这样你可以知道他们对你所传递信息的了解程度。要衡量一个人对一个新概念的理解程度，再没有比这更可靠的方法了。
7. **鼓励人们发表不同意见**。你经常会碰到人们对新点子有不同意见。不过，鼓励坦率健康的争论有助于改善新项目；还会给争论者发表意见的机会，不会让他们觉得没人听他们说话。另外，当你创造出一种开放的氛围时，人们也不会觉得新项目很突兀了。
8. **给每个人设立短期目标**。放飞风筝要比建造大桥来得容易多了。如果任务看起来太大、太不可行时，人们很快就会失去兴趣了。当一项浩大的工作被细分时，它看起来会更可行，并且每一个参与其中的人会感到个人得到了不断发展。
9. **让有影响力的人参与进来**。我所说的有影响力的人并不只是在权力、地位等方面的影响。还包括组织里那些非正式的领导者，那些有时候走过来对你说“我们需要谈谈”的人以及那些偶尔会揭露一些你不曾注意的潜在问题的人。仅仅取得他们对新项目的初步同意是不够的，重要的是让他们一起参与进来。随着项目的发展，这些被你带到篱笆同一侧的重要人士会对组织的士气发挥积极且持续的影响。

10. **将问题置于掌控之中**。随着项目的进行，要做到纵观全局，及时掌握出现的新问题。一个问题如果过了一天或一个周末还得不到解决，就会损害团队成员的士气。出色的领导者应该善于发现问题，并以闪电般的速度准备好去解决它。这会让你的人感到你是和他们在一起的；不管何时何地他们需要你，你就在那儿。这样会极大地加强团队的凝聚力和信心。
11. **准备好了吗**？如果你没有让大家做好准备，或者甚至你自己都没准备好的话，你为实施新点子所做的所有辛苦努力很可能会全部丧失。如果你真的理解一个新点子是如何发展起来的话，你会在领导变化时处在一个更有利的位置。

其他需要考虑的事项

利益带来问题。一个新点子在其发展过程中，会带来益处，也会造成问题。要预想到，寻找解决这些问题的新方法和新技巧可不像开球会上讨论新点子的益处时那么轻松有趣。因为益处一开始比较难以衡量，所以应该把重点放在新点子带来的问题以及它对组织士气的影响上。

预想到组织成员的疑虑。在这一阶段，对团队士气最大的威胁来自最严重的挑战。在新点子的实施过程中，人们会开始怀疑，会犹豫。作为领导者，你应该了解并掌握这些感觉，并帮助你的团队成员克服它们。要让他们知道，你对这个新点子的投入就像他们每个人一样。

不要停止推行新项目。工作效率的提高和组织士气的增强只有当领导者在持续推行新项目的漫长过程中表现出耐心和毅力时才会发生。当人们需要你的建议时，不要仅仅停留在重复做好工作所需的纪律和原则上。领导者必须表现出他/她希望在成员身上看到的素质。换言之，实践你自己所倡导的。如果你开始出汗，看起来好像要从建筑物的顶端跳下去的样子，人们将对你和新项目失去信心。

“另一只鞋子”综合症

如果有必要进行彻底改革，那么应该做出一个涵盖所有有关因素的周密计划。如果你在每次变化之后才一点点提出改革的需要，这会让组织成员感到压力，影响他们的工作情绪。如果你时不时地提出变革的需要，大家会有一种“等着另一只鞋子掉下来”的心理，因而不会对任何变革感兴趣或有热情。作为领导者，你应该尽量不要经常喊“狼来了”，以免大家神经麻木，从而对真正需要变革的声音也漠然置之。

小结：以欢迎的态度拥抱变革

如果你只是努力倡导变革，而不努力实施变革，员工将很快对你失望，并开始抱怀疑态度。关于变革，你最大的卖点是这次变革最后将极为成功这一事实。换句话说，你的详细周密的实施计划奏效了。在实施变革时关注过去的成功很像关注一个人的优点而不是缺点，而且两者有着同样积极的效果。

你对变革的态度不应该仅仅是忍受它，这点很重要。如果你总是认为变革是威胁甚至是敌人的话，你将永远受它的折磨。对变化的定义应该是正面的、充满机会的。比如，“使事情变得不同或带来改变”这一说法，在我听来，说的就是一个使事情变得有趣的机会。“取代某一事物”让我觉得变革需要新能量、新人员以及新想法等。

从长远的角度来说，变化是应该受到欢迎的。如果我们希望变化对我们是种友善力量，我们自己一定要变得灵活。我们的态度、政策和程序等一定不要受时间的限制。无时间性是一种终极意义上的灵活，反过来也是。从定义上来说，灵活性是指使事情适于新的或更合适的用途的能力。能够适应新的情形或环境意味着我们没有受到时间或情势的限制。

一个领导者在一个充满变化的世界里必须要灵活。如果天性中没有这种灵活性的话，他/她仍然可以从后天学习。未来并没有给那些僵硬教条、顽固不化的人一席之地。另一方面，适应并不意味着必须改变，而是代表着警惕和开放，代表着对新的以及可能不太熟悉的人和情况的主动接受。适应性并不是使我们成为和继续成为一个出色的领导者以及在全球市场上保持竞争力的一种选择。变化才能确保我们将永远不会失去保持竞争力的机会。

我们需要那些成员能紧密“贴近”他们，并和他们一起飞越地狱之门的变化领导者们。

第十章 从今天开始迎接明天的领导才能挑战

“有些人畅饮知识之泉。有些人只是浅尝辄止。”

——佚名

“无知的一个问题在于它让人变得大胆。”

——佚名

精彩之岛

每次讲演完之后，总会有经理们走过来对我说：“丹尼，我真的很想学习成为一个真正的领导者，但似乎我上面的经理并不这样想。我该怎么办?”

这时我一般会给他们两个建议。第一个建议是你无法改变你上面的任何人或任何事。你不能在高于你职位的地方来管理公司，所以连试都不要去试。

我给出的第二个建议来自乔·托普（Joe Topper），我某次讲演的听众之一。他向我解释说他无法改变公司里地位比他高的人，所以他决定在他的影响范围内成为一个“精彩之岛”。他肯定做得非常棒，因为公司里出现了很多可喜的变化。

这就是一种精神！这就是我下面要讲到的！

没有人比你自己更对你的事业感兴趣的了，也没有人比你自己更对你的未来感兴趣的了。不管别人怎么样，你自己应该成为公司里的一个“精彩之岛。”这对你有3个方面的好处：

1. 你将成为公司非常有价值，甚至是不可或缺的资产。一份持续具有精彩工作表现的记录会为你和你的家庭锁定一个光明的未来。
2. 你的工作业绩越好，你的竞争能力就越高。你名列第一。你还有家庭需要照顾。如果老板不开给你应得的工资，你完全可以轻松地凭着出色的工作业绩和优秀的领导才能另谋高就。
3. 最后，可能你会想离开公司开始自己的事业。你在公司里做经理时每次学到的东西都可以帮助你成为一个懂策略、讲技巧的企业主。你越是一个这样的企业主，你就越可能使自己的事业成功。

塑造领导才能

我们都在为未来奋斗。我常常为我们生活其中的这个变化中的世界感到振奋，因为它带给我们前所未有的机会。曾有人说成长并不会让我们变老，停止成长才会让我们变老。对我们的未来构成最大威胁的是裹足不前。个人和事业上的持续发展是明日比今日更强的有力保证。当你认识到，作为领导者，你负有启动和引导组织进行变化的责任时，你就领会了管理艺术的实质。只要你以身作则，你的团队成员也会愿意花时间、精力和财力来提高自己的工作成就。

墙

在第一章里，我向大家介绍了自设障碍构成的封闭世界。我在这里再次重复这一点，是因为对个人的未来发展构成最大威胁的正是个人本身和领导者。如果我们被任何一种形式的自设障碍所限制，第九章中提到的变化的“无时间性”就不可能实现。

适应性，这一有助于你应付未来的领导才能挑战的素质，正潜藏在你的不容置疑的正直品格及其他管理才能当中。我在第一章中概括的领导者才能是不受时间影响的，对明天的效果与对今天的一样好；甚至它们对明天的重要性比对昨天更甚。回顾过去的10~20年间，很容易看到，未来对领导者才能的挑战从未减弱。在一个如我们自己一样变化着的世界里，未来一如现在一样复杂和多变。

一个关于墙的特殊生日体验

几年前，我带妻子特蒂去一所监狱给她过生日。每次我在研讨会上谈到这件事时，在作出解释以前我总能看到大家诧异的目光。那年特蒂对我说她并不太期待那个生日，说她想出城去做一些特别的事。我想不出有什么比在圣昆廷监狱呆6个小时更特别的事了。

我有一个朋友为监狱里的服刑人员开设了一门名为“重建人生”的课程。我给他打电话，问我们能不能参加。他很愉快地说他可以为我们安排好一切，并且最后建议我们届时不要穿“李维斯”牛仔裤。

“为什么?”我问。

“因为犯人们都穿‘李维斯’，”他解释到，“如果有骚乱或暴动的话，警卫们会径直朝穿‘李维斯’的人开枪。”

于是我们把我们的“李维斯”留在家里。

那天，当我们走进监狱，巨大的铁门在我们身后“砰”地一声关上时，我觉得自己这个主意简直是再好不过了。第二道大门关闭的声音简直就像用扩音器放大了一样。我和特蒂听着这巨大的声音在高大的水泥墙壁之间回响，看着眼前的“院子”，脊梁上感到一阵阵寒意。

我们站立的地方的隔壁是所谓的“调整中心”。我知道这是用来调整犯人的态度和身体的。“调整中心”的上面是死亡线。

警卫在第二道大门口迎接我们。“你们要参加的‘重建人生’课程在那边集合。”他对我们说，并指向一个几乎空无一人的院子。“看见角落里那些穿运动衣的人吗?”他继续说，“从他们身后的那道门过去。”

意识到他并不会陪我们过去后，我和特蒂开始朝那群人走去。走到一半的时候，在这样一种不真实的场景中，我看着特蒂并对她说："亲爱的，生日快乐。"

"希望如此。"她答道。

当我们走近这群衣着随意，聚集在教室门外的服刑人员时，他们中的一个首先看见了我们。他的脸上露出笑容，并走出人群迎向我们。他向我们伸出手说："嗨，我叫朱力安，是个诗人。"

说着，他从口袋里拿出一首他写的一首名为《给孩子一个微笑》的诗。我迅速读了一遍这首诗，诗里充满了感情。我被最后一句深深地打动了。他说："是呀，如果我小时候能常常看到人们的微笑，今天我就不会在这里了。"

我低头看去，朱力安正穿着"李维斯"牛仔裤。

更多穿"李维斯"的人靠拢过来，向我们介绍自己。一个男人告诉我们，他们并不是总穿运动衣的。"我们只有晚上出去上课时才可以穿。"我没想到这就是他所谓的"出去"，我猜这是和他呆在牢房里比较而言吧。

特蒂和我赶在6个小时的课程开始前走进教室。教室布置成一间现代的监狱。我是说真格的。"重建人生"课程的规则之一是你得6小时都坐在铁制的折叠椅里，连上厕所都不可以。考虑一下什么时候开设一次这样的公司培训课吧！

特蒂和我被告知在大约100名听众中坐下，我们于是在后面的角落里找好位子坐下来。访客不能坐在一起，所以特蒂和我是分开来坐的。教室里没有警卫，也没有武器（除了犯人自带的，我想）。我现在才意识到，那可不是平时在公园里散步啊。

坐在特蒂两旁的两个家伙整晚都在她耳边轻声解释说现在在做什么以及前几次课又做过什么，特蒂也轻声和他们交谈。课后她才知道，这两个人一个是虐幼狂，一个是强奸犯。课程中有一堂课是关于先入之见的。我很高兴我事先一点也不知道这两个家伙的事。我也不记得我曾经听过有关这个课程的任何事情。

我自己则坐在两个很有趣的男士中间。左边这位是圣昆廷市重量级拳击冠军，而他看上去也就像是一个圣昆廷市重量级拳击冠军。我以前从没有，以后也再没有看过那样一张脸长在一个人头上。看起来他好像头天晚上把自己的脸包起来，塞在嘴里，然后就那样睡了一晚上。

而右边这位显然掌握了某种高强本领，可以做把腿挂在无袖汗衫的袖口这种高难度动作。我猜大的那条是腿，因为我从没见过那么粗的胳膊。有意思的是，他的另一条腿也是以同样的方式挂在另一边。当我知道这位仁兄赤手空拳杀死了另一个监狱的一位警卫时，我一点儿也不惊讶。害怕是有一点儿的，但惊讶却一点儿也没有。他就是那种可以两只手同时卡住两个人的脖子的人，只要他想这样做。如果这两位仁兄中的任何一位侧过身对我说："就今天晚上了。我们得离开这个鬼地方。"我肯定会说："我跟你们去。我兜里有车钥匙。"

在整个6小时的授课中，有一个一遍遍重复的主题是：不要担心过去，也不要担心未来。那么就剩下现在了。我们的重点应该放在我们正在经历的丰丰满满的此刻。未来不过是一系列正在走来的现在。把精力用于懊悔过去或者担忧未来无异于让精力从现在溜走。除此之外，他们还一再强调我们应该对自己的现在负责这一观念。

对领导者来说，无论新老，再没有比这个更大的挑战了。无论是对我们自己，还是对我们的组织，再没有比尽可能高能有效地活在现在更大的承诺了。也再没有比高能有效地活在现在更好的应对变化的方法了。对今天负责是为明天打下的一个坚实基础。一个人不会因为他/她如何完美地重复昨天而被人记住，而是因为他/她如何出色地度过今天。在圣昆廷的讲座将要结束时，这一切越来越清楚地向我显现出来。就好像飞出一片乌云，飞向清新纯净的晴空。

当讲座的组织者环视满屋的犯人，对他们说"和外面的人比起来，你们有一个优势"时，我觉得他是在开玩笑，并且希望我身边的这两位大力士也有同样的幽默感。

而他并不是在说笑。即使我们现在是坐在人间离地狱最近的地方，即使从窗外的院子看出去就是死亡线，这位组织者所说的这些人的优势也很明显。他说监狱里的人能看见他/她的墙，并深知这一界限的位置、高度和厚度。而外面的人，包括你我，都不知道我们的界限在哪里。而阻碍我们的界限是每个人都有的，正如圣昆廷监狱的墙一样，可能还更严重。我们虽然看不见它们，它们却一直在那儿。

对领导者才能的挑战是很清楚的。作为领导者，我们有责任努力帮助我们的队员爬过他们各自的墙。个人和职业的发展会受这一个人能力极限的限制。我们的第一目标是爬过我们自己的障碍，然后帮助其他人爬过他们各自的障碍。我们想方设法要彻底甩掉我们的障碍，但发现它们其实是在轮子上。我们要做的是把它们尽量远远地推开。

变化着的经济和社会压力会把墙推回我们身边，于是挑战变得更大。我们必须不断提高我们的效率以确保我们不断向着明天迈进。这些墙有一种要回到原地的惯性，我们必须得把它们推回去。压力总是存在着。

4 个永远重要的词

梦　想

梦想，美丽的梦想。不插电、没有止境、向高处冲击的梦想。梦想给我们方向，给我们目标。它们是我们人生中已经发生的和将要发生的最美好的事。如果你确实按照你作为团队领导者的潜能去做了，情况会是怎样？这个梦想如此生动诱人，你根本不会感到为它努力的任何痛苦——借用乔治·弗尔曼（George Foreman，美国拳王，世界重量级拳击冠军）的话说。

学　习

学习一切可以帮助你实现梦想的东西。从书本、杂志和其他发表的信息中学习。还可以听磁带和看录像带。花时间和你可以向之学习的人在一起，包括一起吃午饭或是参加学习班和研讨会。千万不要不急于纠正任何拖你后腿的事，并要把这作为一生的原则。任何可以提高你效率的事都是值得做的，无论成本如何。

计　划

计划好你的时间，也照看好你的计划。把你的时间按需分类，并给自己一些向前的压力。我前面谈过，如果你知道接下来怎么应付，你大可以去揪老虎尾巴。如果没有计划就一头冲向未来是很危险，也可能很没有效率。而对无计划者来说一个最大的问题是，他们不管有没有计划都会一头冲向未来。而那些知道计划重要性的人也深知安排好未来的重要性。当然，未来会有很多事情同时发生，但计划会指给我们当走的路。

行　动

计划不是用来保管，而是应该付诸行动的。把计划付诸实施。前几年有一项对参加讨论会或类似学习课程的人的调查。结果表明，如果学习结束后 3 天之内没有任何改变，那么你所有投资的时间、精力和金钱都会浪费掉了。

勾勒未来的领导者

领导者为后人开辟道路。他/她们这样做时，会在一路上留下记号。因为深知组织的未来维系在组织成员的成功之上，所以领导者会不断寻找办法提升自己的素质，而且也鼓励组织里的每个人都这么做。下面是我所理解的未来领导者的 10 大素质：

1. 未来领导者是出色的团队精神的建造者；
2. 未来领导者具有恒定的信心，并且教导团队成员也这么做；
3. 未来领导者有创新精神，不害怕承担风险；

4. 未来领导者理解变革的价值；
5. 未来领导者很公正，不惧怕被挑战和去挑战；
6. 未来领导者对新点子和新建议具有开放的心态；
7. 未来领导者理解并体谅他人；
8. 未来领导者懂得安排好事情的重要性，并照此计划做事；
9. 未来领导者不断学习，保持个人持续的发展；
10. 未来领导者懂得如何平衡好工作和生活。

你可能会根据自己的情况调整以上素质的次序。但是，具备以上素质以及第二章谈到的素质的人才是未来的领导者。伟大是没有时间性的。没有时间性的素质勾画出一个伟大的领导者。

终极挑战

不要不敢去梦想。或许有一天你会回过头看并问自己："我是否真的梦想过，还是现在太迟了。"我告诉你，这永远不迟。在工作上，我们靠建立内外部客户来实现我们的梦想。当领导者帮助他/她的员工成长并越过他们各自的墙时，这个组织就是有活力和成功的。

终极的回报并不是指提升、补贴或更多奖金。这些东西也很不错，但最棒的回报是下班后回家时可以对自己说："今天某某某得到我了的帮助，进步很大。"作领导者的就应该这样。看见有人进步是工作中惟一能让你的心蹦到嗓子眼的高兴事。当你的团队成员亲眼见到他们的进步和你作为领导者的进步时，他们会一直记得你和你为他们的生命带来的改变。

所以，接下来3天里你需要些什么呢？

决定。

开始。

永不止息。

更多赞誉之词

“这本书让我和我的经理们重新感觉到自己身上的活力。它使我们成功地将注意力转移到今后的发展目标上。丹尼帮我们创造了很多‘迪斯尼奇迹’。”

——堂娜·休·戴维斯

Disney Resort Group 销售与服务总监

“丹尼·考克斯真实地展现了领导艺术特征之二——精力充沛。无论是在这本书里还是在听众面前，他都表现出旺盛、充沛的精力。好好读这本书吧！然后，请他为你的领导小组讲演。你将得到不可思议的投资回报。”

—— 罗斯·阿姆菲那

RTM 公司总裁

“这本书非常及时地为我们带来了对每个处在领导岗位的人来说都非常重要的信息。丹尼在教导有效的领导技巧方面所表现的活力、幽默和热情是无与伦比的。”

——丹·麦达克斯

American Payroll Association 执行总监

“这本书不仅给私人领越的人，也给我们这些处于公众领越的人带来了强大的冲击，所以每个公共服务领域的人都应该去读它。这本书帮助人们实现了在一个更高水平上的领导艺术和客户服务。”

——乔·D. 赖达瑞特

加利福尼亚州 Irwindale 市警署总长

“哇！深刻……有趣……实用。它会将你的事业提升到另一个层次，并且它是你团队的一位好教练，应该读这本书。丹尼·考克斯非常具有远见，为人们提高领导能力提供了真实可行的建议。无论是对新毕业的大学生还是对资深的经理人来说，本书都是一部不可多得的教材，是一项你今后可以一再参考的重要资源。”

——史蒂夫·盖瑞斯

南加州大学摩尔商学院（Moore School of Business）教授

“来自世界各地的人们参加了我们斯图·莱昂纳多大学的客户服务课程。我们聘请丹尼·考克斯来训练为数2000人的这些学员，并看到他的管理理念在实践中得到应用。我们向每位学员都推荐这本书。”

——吉尔·苔沃露

斯图大学教务长

“这本书非常成功。它是个能帮你和你的团队打破纪录的最好、最完美的向导。”

——D. 里恩·维勒

Citizens Business Bank 总裁/首席执行官

“这本书用生动的案例和实用的方法使成长中的领导者们得到振奋。就像在部队里我们会对干得不错的同伴说的——喔哈！”

——约翰·波高特

军队总务处审计官

“如果你一直在管理而不是领导，这本书会打动你的。它应该被反复学习，因为它包含了成为一位成功领导者的基本‘处方’，如果你需要去领导，那这本书就是为你而准备的。”

——杰瑞·艾卡夫

Delta Leadership Group 总裁/首席执行官

“在带领我的部门向着更好、更强大的明天奋斗时，我每天都会用到这本书中讲到的原则、教训和事例。无论是在个人生活还是职业生涯中，这本书都在帮我获得成功。谢谢丹尼。”

——莱格瑞德·盖厄瑞

南加州 Clover 市警署总长

“这本书完美地讲述了令人受益匪浅的信息，是一本非常宝贵的，充满了有效的、脚踏实地的领导技巧的好书。”

——丹尼斯·W. 拉森

Central Illinois Builders 执行副总裁

“这是本内容丰富、可读性很强的书。丹尼·考克斯凭着真诚和热情使其破纪录的领导艺术得到了成功。”

——汉瑟尔·哈特

南加州 Credit Union League 高级副总裁

书系代码	书名	作者	定价
经营管理			
BM001	《并购成长》(Digital Deals)	Geis	29.80
BM002	《绩效！绩效!》(企业培训版) (Coaching for Improved Performance)	Fournie	39.80
BM003	《质量无泪》(Quality Without Tears)	Crosby	39.80
BM004	《海阔天空——我在 DELL 的岁月》	方国健	20.00
BM005	《心时代——一个情感化的世界及其经济图景》	曹世潮	20.00
BM006	《情境领导者》(The Situational Leader)	保罗·赫塞	18.00
BM007	《EMBA 销售管理》(Sales Management)	Calvin	45.00
BM008	《EMBA 财务管理》 (Finance and Accounting for Non-financing Managers)	Weston	49.80
BM009	《EMBA 兼并与收购》(Mergers and Acquisitions)	Weston	38.00
BM010	《EMBA 公司战略》(Corporate Strategy)	Colley	39.80
BM011	《EMBA 创业管理》(Entrepreneurial Management)	Calvin	49.80
BM012	《EMBA 领导艺术》(Managerial Leadership)	Topping	35.00
BM013	《EMBA 战略营销管理》 (Strategic Marketing Management)	Parry	42.00
BM014	《EMBA 公司治理》(Corporate Governance)	Colley 等	48.00
BM015	《六西格玛是什么》(What is Six Sigma)	Pande	15.00
BM016	《六西格玛基础教材》(The Six Sigma Basic Training Kit)	Juran	80.00
BM017	《六西格玛团队实战手册》 (The Six Sigma Way Team Fieldbook)	Pande, Neuman, Cavanagh	49.80
BM018	《六西格玛团队怎么做》(Six Sigma Team Pocket Guide)	Federico	16.00
BM019	《杰克·韦尔奇领导艺术词典》 (Jack Welch Lexicon of Leadership)	Krames	32.00
BM020	《杰克·韦尔奇的 29 个领导秘诀》 (29 Leadership Secrets from Jack Welch)	Slater	29.80
BM021	《通用电气“群策群力”》(GE Work - Out)	Ulrich, Kerr, Ashkenas	39.80

书系代码	书　　名	作　者	定价
BM022	《顶峰——如何成为最赚钱的咨询顾问》(Million Dollar Consulting)	Weiss	48.00
BM023	《战略计划实务》(Applied Strategic Planning)	Goodstein 等	48.00
BM024	《平衡计分卡实用指南》(Balanced Scorecard)	Paul Niven	49.80
BM025	《战略物流管理》(Strategic Logistic Management)	Stock	80.00
BM026	《整合——企业并购成功之道》(M&A Integration)	Schweiger	39.80
BM027	《战略领导》(The Art and Discipline of Strategic Leadership)	Freedman	32.00
BM028	《经理薪酬完全手册》(The Complete Guide to Executive Compensation)	Bruce R. Ellig	65.00
BM029	《突破困境的领导艺术》(Leadership When the Heat's On)	Cox, Hoover	39.80
经济学			
E-001	《中国经济》(Chinese Economy)	蔡昉　林毅夫	39.80
E-002	《宏观经济学》(Macroeconomics)	Dornbusch	60.00
E-003	《经济学》(Economics)	McConnell, Brue	79.00
E-004	《微观经济学与行为》(Microeconomics and Behavior)	Frank	
E-005	《环境经济学》(Introduction to Environmental Economics)	Field 等	
管理学			
MT001	《战略物流管理》(Strategic Logistic Management)	Stock	80.00
MT002	《物流战略咨询》(Supply Chain Strategy)	Frazelle	49.80
MT003	《组织人员配置》(Staffing Organization)	Heneman, Judge	
MT004	《人力资源管理:生产率、工作生活质量和利润》(Managing Human Resource: Productivity, Quality of Work Life, Profits)	Cascio	
MT005	《战略管理》(Strategic Management)	Dess 等	40.00
MT006	《数据模型与决策:运用电子表格建模与案例研究》(第1版)(Introduction to Management Science)	Hillier 等	75.00
MT007	《数据模型与决策:运用电子表格建模与案例研究》(第2版)(Introduction to Management Science)	Hillier 等	75.00
MT008	《电子商务》(E-Commerce)	雷波特	50.00
营销管理			
MM001	《定位》(Positioning)	Ries & Trout	39.80

书系代码	书　名	作　者	定 价
MM002	《营销战》(修订版)(Marketing Warfare)	Ries & Trout	39.80
MM003	《营销革命》(Bottom-up Marketing)	Ries & Trout	39.80
MM004	《新定位》(The New Positioning)	Trout	39.80
MM005	《颠覆广告》(Disruption)	让—马贺·杜瑞	40.00
MM006	《创意的竞赛》(Which Ad Pulled Best?)	Purvis	39.80
MM007	《广告文案名人堂》(The Art of Writing Advertising)	Higgins	29.80
MM008	《产品经理的第一本书》(The Product Manager's Handbook)	Gorchels	39.80
MM009	《全球整合营销传播》(Communicating Globally)	舒尔茨	39.80
MM010	《整合营销传播:利用广告和促销建树品牌》(IMC: Using Advertising and Promotion to Build Brands)	Duncan	
MM011	《市场战略》(The Market Makers)	Spulber	48.00
MM012	《全球营销》(Global Marketing)	乔尼·约翰逊	50.00
MM013	《网络营销》(Internet Marketing)	拉菲·默罕默德	50.00
MM014	《产品经理的第二本书》(The Product Manager's Field Guide)	Linda Gorchels	39.80
销售管理			
SM001	《成功销售管理的7大秘诀》(7 Secrets to Successful Sales Management)	Wilner	39.80
SM002	《电话行销,轻松成交》	姚能笔	39.80
SM003	《摸透顾客心》	Mooney Bergheim	39.80
SM004	《练就铁齿铜牙》(Secrets of Power Persuasion for Salespeople)	Dawson	39.80
SM005	《轻松收款》(Collections Made Easy)	卡罗尔	39.80
SM006	《打倒墨菲定律　挽救我的销售》(Beating the Deal Killers)	Giglio	39.80
SM007	《增加销售的12种核心技术》(Beyond E)	Diorio	39.80
SM008	《销售管理》(Sales Force Management)	Johnston 等	49.00
SM009	《汽车销售的第一本书》	孙路弘	39.80

书系代码	书　　名	作　者	定 价
SM010	《终极销售力》(Ultimate Selling Power)	莫伊,洛伊德	39.80
职场发展			
CD001	《外企面试宝典》(More Best Answers to the 201 Most Frequently Asked Interview Questions)	DeLuca	25.00
CD002	《人才心理测评》(Psychological Testing at Work)	Hoffman	25.00
CD003	《演讲的艺术》(Strictly Speaking)	Buckley	29.80
CD004	《五大会计师行》	周年洋　等	24.80
CD005	《职业经理自修手册》(The Manager's Self-development Guide)	Pedler	35.00
投资理财			
IF001	《投资艺术》(Winning the Loser's Game)	Ellis	19.80
IF002	《向格雷厄姆学思考,向巴菲特学投资》(How to Think Like Benjamin Graham and Invest Like Warren Buffett)	Cunningham	29.80
IF003	《巴菲特怎样选择成长股》(How to Pick Stocks Like Warren Buffett)	Vick	29.80
IF004	《最后的合伙人》(The Last Partnership)	Geisst	29.80
IF005	《财务报表分析与证券定价》(Financial Statement Analysis and Security Valuation)	Penman	98.00
IF006	《技术分析》(Technical Analysis Explained)	Pring	80.00
IF007	《技术分析 A－Z》(Technical Analysis from A to Z)	Achelis	55.00

销售服务:010－88191017,88191063(FAX)

E-mail:　webmaster@ewinbook.com

邮购地址:北京市阜成路甲28号新知大厦

　　　　中国财政经济出版社邮购部

邮购费用:书价加15%

电　　话:010－88190406　88190457

邮　　编:100036

图书订购单

（可复印使用）

第一步：请您填写以下资料：

公司名称：　　　　　　　　　　　　收书人：

发货（邮寄）地址：　　　　　　　　邮编：

联系电话：　　　　　　　　　　　　E-MAIL：

第二步：请您填写您所选购的图书及册数资料：

图书名称（请注明版次）	数　量	单价（RMB）	合计（RMB）
合　　计			

第三步：请您到银行将款项汇至以下账号（20 册以下请加上总价款 15% 的邮费）：

户　名：中国财政经济出版社

开户行：工商银行东四分理处　　　　账号：046633 -27

第四步：请确认您是否需要增值税票，如果需要请在传真中注明您的增值税信息：

☐ 开具增值税发票　　　　☐ 开具普通发票

第五步：请您确定您所需要的发货方式：

☐ 铁路快件　　☐ 铁路慢件　　☐ 邮局邮寄　　☐ 汽运

第六步：如果您想了解其他详细情况，请垂询销售热线：

TEL：010 -8819 1017

第七步：请您在以下空白处签字确认：

客户：

日期：

第八步：请将此单及汇款凭证传真到以下可自动接收的传真机：

FAX：010 -8819 1063